"十四五"时期国家重点出版物出版专项规划项目

★ 转型时代的中国财经战略论丛 ◢

我国货币政策与宏观审慎政策双支柱调控框架有效性研究

An Research on the Effectiveness of
the Double-pillar Regulatory Framework of Monetary Policy
and Macro-prudential Policy in China

吴 琼 著

中国财经出版传媒集团

经济科学出版社
Economic Science Press

·北京·

图书在版编目（CIP）数据

我国货币政策与宏观审慎政策双支柱调控框架有效性研究／吴琼著． -- 北京：经济科学出版社，2024.8.
（转型时代的中国财经战略论丛）． -- ISBN 978 - 7 - 5218 - 6255 - 3

Ⅰ. F822.0

中国国家版本馆 CIP 数据核字第 2024ZS1996 号

责任编辑：撖晓宇
责任校对：王苗苗
责任印制：范　艳

我国货币政策与宏观审慎政策双支柱调控框架有效性研究

吴　琼　著

经济科学出版社出版、发行　新华书店经销
社址：北京市海淀区阜成路甲 28 号　邮编：100142
总编部电话：010 - 88191217　发行部电话：010 - 88191522
网址：www. esp. com. cn
电子邮箱：esp@ esp. com. cn
天猫网店：经济科学出版社旗舰店
网址：http：//jjkxcbs. tmall. com
北京季蜂印刷有限公司印装
710 × 1000　16 开　13.5 印张　211000 字
2024 年 8 月第 1 版　2024 年 8 月第 1 次印刷
ISBN 978 - 7 - 5218 - 6255 - 3　定价：55.00 元
（图书出现印装问题，本社负责调换。电话：010 - 88191545）
（版权所有　侵权必究　打击盗版　举报热线：010 - 88191661
QQ：2242791300　营销中心电话：010 - 88191537
电子邮箱：dbts@ esp. com. cn）

2021 年度国家社会科学基金项目一般项目（21BJY245）的阶段性成果

济南市市校融合发展战略工程项目"数字化消费与制造业数字化转型协同创新中心建设"（JNSX2023052）

总　序

　　"转型时代的中国财经战略论丛"（以下简称《论丛》）是在国家"十四五"规划和2035年远景目标纲要的指导下，由山东财经大学与经济科学出版社共同策划的重要学术专著系列丛书。当前我国正处于从全面建成小康社会向基本实现社会主义现代化迈进的关键时期，面对复杂多变的国际环境和国内发展新格局，高校作为知识创新的前沿阵地，肩负着引领社会发展的重要使命。为响应国家战略需求，推动学术创新和实践结合，山东财经大学紧密围绕国家战略，主动承担时代赋予的重任，携手经济科学出版社共同推出"转型时代的中国财经战略论丛"系列优质精品学术著作。本系列论丛深度聚焦党的二十大精神和国家"十四五"规划中提出的重大财经问题，以推动高质量发展为核心，深度聚焦新质生产力、数字经济、区域协调发展、绿色低碳转型、科技创新等关键主题。本系列论丛选题涵盖经济学和管理学范畴，同时涉及法学、艺术学、文学、教育学和理学等领域，有力地推动了我校经济学、管理学和其他学科门类的发展，促进了我校科学研究事业的进一步繁荣发展。

　　山东财经大学是财政部、教育部和山东省人民政府共同建设的高校，2011年由原山东经济学院和原山东财政学院合并筹建，2012年正式揭牌成立。近年来，学校紧紧围绕建设全国一流财经特色名校的战略目标，以稳规模、优结构、提质量、强特色为主线，不断深化改革创新，整体学科实力跻身全国财经高校前列，经管类学科竞争力居省属高校首位。随着新一轮科技革命和产业变革的推进，学科交叉融合成为推动学术创新的重要趋势。山东财经大学秉持"破唯立标"的理念，积极推动学科交叉融合，构建"雁阵式学科发展体系"，实现了优势学科的联动发展。建立起以经济学、管理学为主体，文学、理学、法学、工学、教育学、艺术学等多学科协调发展的学科体系，形成了鲜明的办学特色，为国家经济建设和社会发展培养了大批高素质人才，在国内外享有较高声誉和知名度。

山东财经大学现设有 24 个教学院（部），全日制在校本科生、研究生 30000 余人。拥有 58 个本科专业，其中，国家级一流本科专业建设点 29 个，省级一流本科专业建设点 20 个，国家级一流本科专业建设点占本科专业总数比例位居省属高校首位。拥有应用经济学、管理科学与工程、统计学 3 个博士后科研流动站，应用经济学、工商管理、管理科学与工程、统计学 4 个一级学科博士学位授权点，11 个一级学科硕士学位授权点，20 种硕士专业学位类别。应用经济学、工商管理学、管理科学与工程 3 个学科入选山东省高水平学科建设名单，其中，应用经济学为"高峰学科"建设学科。在 2024 软科中国大学专业排名中，A 以上专业 23 个，位居山东省属高校首位；A＋专业数 3 个，位居山东省属高校第 2 位；上榜专业总数 53 个，连续三年所有专业全部上榜。工程学、计算机科学和社会科学进入 ESI 全球排名前 1%，"经济学拔尖学生培养基地"入选山东省普通高等学校基础学科拔尖学生培养基地。

山东财经大学以"努力建设特色鲜明、国际知名的高水平财经大学"为发展目标，坚定高质量内涵式发展方向，超常规引进培养高层次人才。通过加快学科交叉平台建设，扎实推进学术创新，实施科学研究登峰工程，不断优化科研管理体制，推动有组织的科研走深走实见行见效，助力学校高质量发展。近五年，学校承担国家级科研课题 180 余项，整体呈现出立项层次不断提升、立项学科分布逐年拓宽的特征，形成以经管学科为龙头、多学科共同发展的良好态势。其中，国家重点研发计划 1 项，国家社会科学基金重大项目 5 项、重点项目 9 项、年度项目 173 项。学校累计获批省部级科研奖励 110 余项，其中，教育部人文社科奖一等奖 1 项，成功入选《国家哲学社会科学成果文库》，实现学校人文社科领域研究成果的重大突破。学校通过不断完善制度和健全机制激励老师们产出高水平标志性成果，并鼓励老师们"把论文写在祖国的大地上"。近五年，学校教师发表 3500 余篇高水平学术论文，其中，被 SCI、SSCI 收录 1073 篇，被 CSSCI 收录 1092 篇，在《中国社会科学》《经济研究》《管理世界》等中文权威期刊发表 18 篇。科研成果的竞相涌现，不断推进学校哲学社会科学知识创新、理论创新和方法创新。学校紧紧把握时代脉搏，聚焦新质生产力、高质量发展、乡村振兴、海洋经济和绿色低碳已搭建省部级以上科研平台机构 54 个，共建中央部委智库平台 1 个、省级智库平台 6 个，省社科理论重点研究基地 3 个、省高等学校实验室 10 个，为教师从事科学研究搭建了更广阔的平台，营造了更优越的学术生态。

　　"十四五"时期是我国从全面建成小康社会向基本实现社会主义现代化迈进的关键阶段，也是山东财经大学迎来飞跃发展的重要时期。2022 年，党的二十大的胜利召开为学校的高质量发展指明了新的方向，建校 70 周年暨合并建校 10 周年的校庆更为学校的内涵式发展注入了新的动力；2024 年，学校第二次党代会确定的"一一三九发展思路"明确了学校高质量发展的路径。在此背景下，作为"十四五"时期国家重点出版物出版专项规划项目，"转型时代的中国财经战略论丛"将继续坚持以马克思列宁主义、毛泽东思想、邓小平理论、"三个代表"重要思想、科学发展观和习近平新时代中国特色社会主义思想为指导，紧密结合《中共中央关于制定国民经济和社会发展第十四个五年规划和二〇三五年远景目标的建议》和党的二十届三中全会精神，聚焦国家"十四五"期间的重大财经战略问题，积极开展基础研究和应用研究，进一步凸显鲜明的时代特征、问题导向和创新意识，致力于推出一系列的学术前沿、高水准创新性成果，更好地服务于学校一流学科和高水平大学的建设。

　　我们期望通过对本系列论丛的出版资助，激励我校广大教师潜心治学、扎实研究，在基础研究上紧密跟踪国内外学术发展的前沿动态，推动中国特色哲学社会科学学科体系、学术体系和话语体系的建设与创新；在应用研究上立足党和国家事业发展需要，聚焦经济社会发展中的全局性、战略性和前瞻性重大理论与实践问题，力求提出具有现实性、针对性和较强参考价值的思路与对策。

洪俊杰

前　言

　　自 2008 年次贷危机爆发以来，世界经济政治形势变化莫测。尤其 2020 年以来，受到新冠疫情的冲击影响，世界经济萎靡不振，加上俄乌冲突爆发和地缘政治因素极度不确定，导致全球供应链遭到破坏，能源价格持续攀升，通货膨胀在世界范围内蔓延，经济形势前景不明。为遏制高通胀，各国纷纷开始加息，美联储自 2022 年伊始开启暴力加息，加息频率和幅度前所未有，货币政策不确定性水平大幅上升。货币政策不确定性的上升带来了很多负面影响，银行业首当其冲，2023 年初，以硅谷银行为代表的美国三家银行的破产事件引发了美国金融市场的动荡不安，各界普遍将此归咎于美联储自 2022 年开始实施的一系列大幅度加息举措。在这一系列事件冲击下，作为国际市场的积极参与者，我国经济环境受到深刻影响。

　　回顾我国近二十年来的货币政策，我国货币政策不确定性自 2008 年次贷危机爆发以来一直处于高位。为维持金融市场的稳定，我国央行不断运用各种政策工具进行调控，使用的政策工具在数量上越来越多，技术上越来越精准，也导致在当前和今后的一段时间内，较高的货币政策不确定性可能都是我国经济发展的一个重要特征。货币政策不确定性的上升会给经济金融发展带来一定风险。尽管我国金融风险攻坚战已初见成效，金融杠杆率明显下降，存量信用风险得到有效缓释，但在货币政策不确定性冲击下，防范和化解金融风险仍然任重而道远。在经济方面，较高的货币政策不确定性可能使市场参与者难以做出合理的投资和决策，从而产生市场波动加剧、经济增长放缓、通货膨胀预期波动等负面影响（Bloom，2009）。在金融方面，货币政策不确定性偏高可能会影响货币政策的最终效果，甚至产生反作用，隐含着金融风险的产生，不利于金融系统的稳定。国际货币基金组织就曾提出，货币政策的不确定性在一定程度上加大了金融危机的破坏性。

货币政策作为政府宏观经济调控的核心工具，其决策和执行效果一直是学术界和实务界的热议话题。尤其是在全球经济复苏步伐放缓的大背景下，各国政府频繁调整货币政策以刺激经济增长，然而政策路径的高度依赖性增强了货币政策的不确定性，这种多变性带来的不确定效应有可能对国内经济产生难以预料的冲击，从而严重影响货币政策的有效执行。在关于金融市场风险积聚与传导的反思中，业界和学界将方向聚焦在探讨政策效果与机构间风险承担的互动上。近年来，我国央行在货币政策调控方面努力创新，对各种货币工具进行灵活运用，尤其是结合我国经济运行实践搭配运用了多种结构化货币政策工具，不断健全货币政策和宏观审慎政策双支柱框架，为理顺货币政策传导机制、优化货币政策传导效果做出了有益尝试。综上所述，在宏观政策的制定和传导层面，如何将金融机构的风险承担纳入双支柱协调框架考量范围得到越来越多的关注和研究，成为学界亟待解决的关键问题。

本著作基于货币政策的银行风险承担渠道理论及宏观审慎监管理论，系统全面地对货币政策和宏观审慎政策双支柱调控框架和银行风险承担渠道做了理论及实证研究、模型研究上的高度融合，结合我国政策实践延伸出更具体和完整的政策工具组合，同时考虑结构性货币政策、常规性货币政策、财政政策及宏观审慎政策，借助效用函数观察各种货币政策与宏观审慎政策组合的政策效果；分析结构性货币政策在产业结构调整目标实现的过程中对金融稳定目标的外部性影响，使用动态随机一般均衡模型（Dynamic Stochastic General Equilibrium，DSGE 模型）模拟双支柱调控框架的合并效应及其对银行风险承担的影响；进一步地，建立封闭经济体多部门动态随机一般均衡模型（New Keynesian Framework，NK 模型）模拟新冠疫情风险的动态冲击和双支柱框架政策应对机制，观测疫情形成和持续加重情况下对宏观经济的冲击效应和微观银行的风险承担变化，在中国实际经济运行实践语境下分析双支柱调控框架的有效性和稳健性；最后，从宏观角度提出有效实现党的二十大提出的金融稳定目标的双支柱政策框架的政策组合及搭配思路，从微观角度提出银行体系在双支柱强调控背景下的风险承担约束及控制策略。

第 1 章为绪论，介绍本研究的选题背景、理论价值、实践应用价值以及国内外研究现状。

第 2 章以货币政策的银行风险承担渠道视角为切入点，对货币政策、宏观审慎监管及银行风险承担的文献进行梳理，阐述了传统货币政策及结构性货币政策的内在作用机理和外在传导机制。影响银行风险承担的因素既依赖于宏观经济发展状况、市场结构约束，也基于内部公司治理机制，更与外部监管环境密不可分。根据现有研究，我们将银行风险承担效应系统梳理后分为追逐收益效应、习惯养成效应、风险转移效应、价格传导效应、沟通反馈效应和杠杆效应六类，其中，前三类效应反映了银行对风险承担意愿和水平的主动调整，后三类体现了银行风险承担能力的被动变化。货币政策对银行风险承担的影响可以归纳为正向和负向两种方式：正向影响意味着当利率提高时，银行的风险承担相应增加；负向影响认为宽松的利率政策有助于银行加大风险承担。宏观审慎政策是基于宏观层面的视角上建立起的监管体系，旨在防范系统性金融风险，不过实际运行中监管的标准和政策的实施仍然基于个体金融机构，因为宏观审慎政策的宏微观效应实现的同时，会对银行等金融机构的风险承担产生必然影响。在理论与实践不断深化的过程中，学术界和实务界进一步认识到应当将宏观审慎监管与货币政策二者以更加互补、高效的方式配合实施，推动二者协调完善，即货币政策与宏观审慎政策的协调作用会促进发挥政策最优效果。货币政策主要用来维护价格稳定并保持经济稳定增长，通过影响金融市场风险与盈利的预期进而调控金融体系；而宏观审慎政策主要用来降低系统性风险，通过对金融中介和金融市场的政策干预降低金融机构的风险承担动机进而调控金融体系。在制度安排上，相关研究主要从货币政策与宏观审慎政策的实施力度、时间维度顺序，以及协调的具体方式等方面展开分析。

第 3 章基于货币政策的银行风险承担渠道理论，借助塔纳卡（Tan-aka，2002）构建的扩展的宏观经济体系模型，分析纳入资本约束和结构性货币政策的冲击对货币政策的银行风险承担渠道的影响机理及影响方向，揭示在此过程中银行信贷行为及风险承担的变化，构建结构性货币政策影响资本约束作用于银行风险承担过程理论的模型基础，在此基础上分析货币政策与宏观审慎政策的搭配策略。根据丁伯根政策搭配法则，两个不同的宏观经济目标需要两种不同的政策工具。同时，两种政策在效果上不能完全替代，否则另一项政策就没有存在的必要。两种政策也不能完全对立，否则一种政策的使用会对另一种政策的实施效果产生不利影响，出现"拉你推我"的情况。货币政策与宏观审慎政策在目标上密切相关，并且相互影响：宏观审慎的最终目标是维护金融稳定，以减少金融不稳定造成的宏观经济成本；货币政策的最终目标是维持物价稳定，同时在一定程度上对金融稳定予以关注。从长期来看，物价稳定与金融稳定之间没有冲突，货币政策与宏观审慎政策的目标是相互促进的。从中短期看，需研究具体的实体经济与虚拟经济情况，两种政策目标之间可能互补、独立或者冲突。当目标互补时，两种政策能够相互协调。实证研究证明，若两种政策之间保持严格的独立性，货币政策以价格稳定为主要目标，宏观审慎以缓解金融顺周期性为主要目标，将是政策搭配的最优方案。

第4章以宏观审慎监管的发展脉络及信贷类、资本类和流动类三大类政策工具架构为依托，通过动态随机一般均衡模型的福利分析分别针对三大类政策工具进行有效性识别，探究宏观审慎政策的传导机制及其对银行风险承担的影响；在DSGE模型分析中，我们将在对结构性货币政策的产生、工具和实施效应进行系统理论分析的基础上，针对我国结构性货币政策"调结构"的核心目标，构建含有两家同质商业银行和两类平行产业的DSGE模型，在中央银行部门的模型构建中，我们同时考虑结构性货币政策、常规性货币政策、财政政策及宏观审慎政策，借助效用函数观察各种结构性货币政策与宏观审慎政策组合的政策效果，考察各类结构性货币政策在产业结构调整目标实现的过程中对金融稳定目标的外部性影响，归纳结构性货币政策对宏观审慎政策有效性的作用效果。

第5章展开货币政策与宏观审慎政策双支柱协调配合路径研究，从目标定位、目标执行和目标测度三个角度分析双支柱框架目标的协调配合；从工具种类设置、工具使用规则、工具使用时机三个角度分析其工具的协调配合；从制定及实施主体的设置、制定及实施主体的机制设计、开展国际合作的措施三个角度分析其组织安排的协调配合；从抵押品价值渠道、资产负债表渠道、银行资本渠道三个传导渠道分析其微观传导机制的协调配合。资产价格是将宏观审慎管理和货币政策联系起来的重要中介变量和传导因子。资产价格波动引发系统性风险的微观机制分为银行信贷机制、市场流动性机制、信息不对称机制和非理性行为机制。要实现宏观审慎管理和货币政策在微观传导机制上的有效协调配合，把握资产价格这一中介变量对金融机构、企业和个人经济活动影响的方向和程度，是在中长期实现金融安全、经济增长、物价稳定的关键。

第 6 章引入 2020 年以来的新冠疫情冲击分析双支柱调控框架对银行风险承担的影响，提出适配我国经济运行模式的双支柱调控政策搭配模式及银行在此调控框架下的风险控制策略建议。着眼于灾难风险下的货币政策与宏观审慎政策双支柱策略选择，无论在当前经济背景还是政策目标上来看都具有极强的现实意义。我国利率市场化进程中的货币政策机制有别于美联储，纵观本次疫情暴发后，我国央行货币政策审慎稳健且不失灵活，在战"疫"中发挥显著成效，中国政府对疫情的有效防控成为全球典范，"中国策"为全球战"疫"开出药方。从现实情况来看，目前我国实行货币政策与宏观审慎政策的"双政策双工具"的货币政策体系，采用利率和汇率并重的货币政策框架，同时利用利率和汇率两种工具以实现人民币币值内外均衡稳定的目标。我们建立了封闭经济体多部门动态随机一般均衡模型作为分析框架，在中央银行的货币机制设定中包含泰勒规则的价格型货币机制以及反映外生货币供给的数量型货币机制以及我国当前使用的混合型货币机制；实体经济设定包括生产商与家庭；在分析疫情演进和中国救市措施效应时，我们将混合型货币机制情形与我国的经济实际联系在一起，基于我国实际 GDP、通货膨胀率、居民消费及货币供给（M2）等数据，采用贝叶斯估计（Bayes estimation）方法对模型中的变量进行拟合。本部分研究着重从三个方面探讨灾难风险的动态冲击和政策应对机制：一是分别考量数量型货币政策机制、价格型货币政策机制和结构型货币政策机制情形下，灾难事件发生对宏观经济的影响；二是动态模拟新冠疫情对宏观经济的影响，分别观测疫情形成和持续加重情况下对宏观经济的冲击效应；三是结合三种货币机制下的冲击动态效应，模拟货币政策和技术进步因素在经济体灾难恢复中的作用。

目　录

第1章 绪 论

1.1 研究背景

自 2008 年次贷危机爆发以来，世界经济政治形势变化莫测。尤其是 2020 年以来，受到新冠疫情的冲击影响，世界经济萎靡不振，加上俄乌冲突爆发和地缘政治因素极度不确定，导致全球供应链遭到破坏，能源价格持续攀升，通货膨胀在世界范围内蔓延，经济形势前景不明。为遏制高通胀，各国纷纷开始加息，美联储自 2022 年伊始开启"暴力"加息，加息频率和幅度前所未有，货币政策不确定性水平大幅上升。货币政策不确定性的上升带来了很多负面影响，银行业首当其冲，2023年初，以硅谷银行为代表的美国三家银行的破产事件引发了美国金融市场的动荡不安，各界普遍将此归咎于美联储自 2022 年开始实施的一系列大幅度加息举措。在这一系列事件冲击下，作为国际市场的积极参与者，我国经济环境受到深刻影响。

回顾我国近二十多年来的货币政策，我国货币政策不确定性自 2008 年次贷危机爆发以来一直处于高位。为维持金融市场的稳定，我国央行不断运用各种政策工具进行调控，使用的政策工具在数量上越来越多，技术上越来越精准，也导致在当前和今后的一段时间内，较高的货币政策不确定性可能都是我国经济发展的一个重要特征。货币政策不确定性的上升会给经济金融发展带来一定风险。尽管我国金融风险攻坚战已初见成效，金融杠杆率明显下降，存量信用风险得到有效缓释，但在货币政策不确定性冲击下，防范和化解金融风险仍然任重而道远。在经济方面，较高的货币政策不确定性可能使市场参与者难以做出合理的投资和决策，从而产生市场波动加剧，经济增长放缓，通货膨胀预期波动等负面影响（Bloom，2009）。在金融方面，货币政策不确定性偏高可能会影响货币政策的最终效果，甚至产生反作用，隐含着金融风险的产生，不利于金融系统的稳定。国际货币基金组织就曾提出，货币政策的不确定性在一定程度上加大了金融危机的破坏性。

另外，金融危机时期，为了应对市场恐慌情绪，解决金融机构的"惜贷"问题，以美联储为首的发达国家货币当局采取了非常规货币政策（unconventional monetary policy）及选择性信贷宽松（credit easing）政策，解决常规货币政策在危机时期不能有效解决的信贷市场功能失调问题，为抑制欧美经济的持续恶化和促进缓慢恢复发挥了积极作用，因而促使"结构性货币政策"进入各国中央银行的监管工具范畴并逐步作为常规性货币政策工具定向使用。后金融危机时代，巴塞尔资本协议Ⅲ中重点引入"宏观审慎管理"（prudent macro-management）的理念，主要从宏观的、逆周期的视角采取措施，弥补货币政策在维护金融稳定方面的不足，同时提高货币政策对宏观经济调控的效力，协同防范系统性风险，维护金融体系稳定。而结构性货币政策的实施会通过银行风险承担渠道传导，影响宏观审慎政策的作用效果，从而给金融体系风险控制带来新的不确定性。同时，我国学术界和政策实践部门也结合我国当前"新常态"的特殊背景推出了一系列结构性货币政策，旨在引导金融资源流向国民经济重点领域和薄弱环节，改善信贷资金的产业布局和结构，具有典型的行业及机构倾向性。

在我国金融市场体系中，银行仍然是非常关键的组成部分，并且发挥着传导货币政策的枢纽作用。银行业风险管理是国家金融安全的重要一环，处理不慎有可能会发展为系统性金融风险。商业银行是金融体系的关键枢纽，是货币政策传导的重要环节，货币政策不确定性的上升会使商业银行面临更大的挑战。一方面，货币政策要想对经济运行产生影响，需要通过金融机构的信贷活动调控货币供应量，进而达到预期的目标。当货币政策的方向、力度以及调控频率变得捉摸不定，金融机构的正常运营必然受到影响。而目前在我国的金融体系中，商业银行仍然是最重要的金融机构之一。货币政策不确定性的上升必然会增加决策成本和难度，影响其风险承担。另一方面，商业银行风险承担水平的变化，会带来一系列的连锁反应。这种变化不仅会使其调整资产配置，影响整个社会的投资和消费，还会通过信贷活动传导，影响金融市场整体的风险水平，甚至引发金融危机。

货币政策作为政府宏观经济调控的核心工具，其决策和执行效果一直是学术界和实务界的热议话题，尤其是在全球经济复苏步伐放缓的大背景下，各国政府频繁调整货币政策以刺激经济增长。然而，政策路径的高度依赖性增强了货币政策的不确定性，这种多变性带来的不确定效应有可能对国内经济产生难以预料的冲击，从而严重影响货币政策的有效执行。在关于金融市场风险积聚与传导的反思中，业界和学界将方向聚焦在政策效果与机构间风险承担互动的探讨上。近年来，我国央行在货币政策调控方面努力创新，对各种货币工具进行灵活运用，尤其是结合我国经济运行实践搭配运用了多种结构化货币政策工具，不断健全货币政策和宏观审慎政策双支柱框架，为理顺货币政策传导机制、优化货币政策传导效果做出了有益尝试。综上所述，在宏观政策的制定和传导层面，如何将金融机构的风险承担纳入双支柱协调框架考量范围得到越来越多的关注和研究，成为学界亟待解决的关键问题。

1.2 理 论 价 值

本书的理论价值体现在：第一，在对货币政策、宏观审慎政策和银行风险承担渠道理论进行梳理阐述的基础上，使用改进的塔纳卡（Tanaka，2002）宏观经济体系模型分析货币政策和宏观审慎政策的传导机制及政策效应，对以银行风险为表征的金融稳定目标的影响效应做出理论推导，拓展宏观审慎政策有效性理论研究视角；第二，根据方意（2013）的研究将宏观审慎政策按照其盯住目标的区别分为信贷类、资本类和流动类三大类政策工具，借助DSGE模型的福利分析分别针对三大类政策工具进行有效性识别，细化宏观审慎政策有效性理论研究内容；第三，利用DSGE模型的福利分析结果和内生变量均值—波动率方法研究宏观审慎政策的传导机制，丰富宏观审慎政策有效性理论研究层次；第四，通过在福利函数中引入外部性冲击，建立适合分析双支柱框架的DSGE模型并模拟其传导机制，考察新冠疫情代表的灾难风险对双支柱框架协调效果的冲击影响，完善了双支柱框架有效性理论研究内容并充实了货币政策传导机制的研究内容。

1.3　实践应用价值

本书的实践价值在于：第一，为监管当局、金融机构以及学术界关于双支柱框架有效性理论的认识及效果甄别提供了更为细致翔实的观察和证据，有助于推动各界对宏观审慎监管的理论理解和行为配合。第二，以银行风险承担渠道进行双支柱框架有效性的研究，为监管当局提供了高度切合我国实际的宏观监管环境及其政策效应分析，有利于货币当局更好把握宏观政策工具组合的运用时机，并在协调多重宏观经济目标下实现进一步的货币政策工具和宏观审慎工具创新。第三，本书的策略研究部分阐明了双支柱框架协调的策略搭配模式，并构建了微观银行体系风险控制策略组合，有利于优化监管当局和货币当局的政策工具组合和促进部门间协同决策，有利于银行部门更有的放矢地控制宏观政策波动带来的风险承担。

概括而言，本书在银行风险承担渠道视角下通过对货币政策和宏观审慎政策双支柱框架协调有效性深入的研究，据以提出增强双支柱框架有效性的金融稳定框架和策略选择，对于实现党的二十大提出的金融稳定目标，不断完善开放经济条件下符合中国国情的金融宏观调控体系，防范系统性金融风险，促进经济持续健康发展，具有紧迫的政策指导意义和重要的实践操作价值。

1.4　国内外研究现状和趋势

从现有国内外研究文献的研究内容和角度上看，与本书主旨相关的研究大致分为三个方面：第一，结构性货币政策理论及实践观察；第二，宏观审慎政策理论及其有效性研究；第三，宏观审慎政策与货币政策的关系研究和搭配模式研究。

1.4.1 结构性货币政策理论及实践观察

在金融危机中，西方发达国家纷纷通过降低市场利率的货币政策手段来促进本国经济复苏、引导实体经济发展，超低利率环境改变了常规货币政策的传导渠道，导致常规货币政策的传导效果失真，并催生了量化宽松（quantitative easing）等一大批非常规货币政策的诞生。但是随着经济环境的不断变化，各国货币当局与经济学家们开始发现，在危机初期实施的不计成本与规模的宽松货币政策，其政策效果正在日益弱化而副作用日益显现。保提斯（Portes，2012）、沃尔斯（Volz，2013）、古拉拉和纽博（Gurara and Ncube，2013）等的研究发现发达国家的宽松货币政策不但对本国的政策效果不能持久，副作用较大，而且会通过汇率、进出口贸易以及资本流动等渠道对新兴市场国家的经济产生压制作用。在后金融危机时期，世界各国货币当局的政策调整日益理性化，定向调控类的货币政策由于成本更低、效果更精准、副作用更小得到了越来越广泛的青睐，因而美国、欧盟、日本等经济体都积极地推出了定向调控类的非常规货币政策（unconventional monetary policy）。这些非常规货币政策不仅在中介目标上有别于传统货币政策，而且在政策实践上也不再是仅重视总量，而具有了一定的指向性和结构性，因此也被称为结构性货币政策。当前，关于结构性货币政策并没有一致的定义，根据对相关文献的梳理，广义地说，中央银行为了实现某种结构性调整目的而实施的货币政策即为结构性货币政策，这种结构性调整既可以针对宏观经济结构，也可以针对商业银行的资产结构。纵观国内外现有文献，主要集中于对于结构性货币政策的研究主要针对欧美等发达国家定向调控类政策的实践效果及政策效应分析，以及对我国近年来实施的结构性货币政策工具及效果分析。我们分别梳理如下。

1. 美联储的定向调控类货币政策分析

美联储的扭转操作是一种典型的定向调控类的货币政策，通过大量卖出短期国债买入长期国债的形式，定向调整长期融资利率从而引导投资向长期转化。在对扭转操作的作用机理研究方面，现有研究认为扭转操作实质上改变了央行国债资产的中性特征，通过商业银行的资产组合效应影响市场波动（Ehlers，2012）。在该政策操作过程中，美联储购买长期资产提高了市场流动性，相对增加了市场上高风险资产的供给（Gagnon et al.，2011），并通过资产负债表的"组合平衡"效应间接降低了实体经济的资金成本（Joyce et al.，2011）。有学者通过研究扭转操作对长期国债利率的影响发现，当美联储大量购进长期国债时，其他长期资产的名义利率将出现大幅下跌（Krishnamurthy and Jorgensen，2011）。不过，也有不少学者对美联储定向调控类货币政策的实施效果提出了质疑，认为扭转操作虽然有一定作用，但是对收益率曲线的长期和绝对影响微弱，仅能抵消主权债务增发对政府债券价格的消极影响（Ehlers，2012）；还有学者发现扭转操作并没有很好地通过降低长期利率而刺激信贷，其定向调控效果还需要取决于其他途径的融资成本，因此对信贷的刺激作用不明显（Swanson，2010）。

此外，麦克安德鲁斯等（Mc Andrews et al.，2008）则重点关注了美国的定期贷款拍卖工具（Term Auction Facility，TAF），认为该工具可以显著降低市场利率，但泰勒和威廉姆斯（Taylor and Williams，2008）则发现通过 TAF 新增的贷款对缓解信贷市场紧缩没有明显效应。

2. 欧洲央行的定向调控类货币政策分析

欧洲央行的定向长期再融资计划（Long - Term Refinancing Operation，TLTRO）定向支持商业银行向家庭（不含房贷）和非金融企业放贷。早期学者的研究就曾指出，中央银行综合运用定向再融资工具，可以根据经济发展需要和市场的流动性状况相机操作，从而起到调控商业银行信贷规模的作用（Mishkin，2005），还可以调节市场利率的波动，同时表明央行的政策取向，引导市场预期。自 TLTRO 推出后，学者们基于欧元区的经验指出，TLTRO 将会有效刺激产出，且本国银行的资本化程度越高，货币政策传导至实体经济的效果越好（Boeckx et al.，2014），并且由于欧洲央行对新增贷款额度的去向做出了约束，因此 TLTRO 不是广泛的无条件的信贷投放，可以达到定向调控的效果（Praet，2014）。TLTRO 对利率的调节作用还会进一步产生正向的外部性效应，例如德拉吉（Draghi，2014）认为，随着 TLTRO 交易的常态化，二级市场上的资产支持证券的价格和银行抵押获得的再贷款利率之间联系愈加紧密，能够促进二级市场的交易和证券发行，降低银行融资成本，直接促进实体经济发展。

但学界仍有许多对 TLTRO 政策效果的质疑声音：伊什格林（Eichengreen，2014）通过研究欧洲央行的定向长期再融资计划，坚持认为该政策效果有限，是否能按照预期影响实体经济还处于未知状态；贾布茨（Jazbec，2014）指出实体企业普遍资产质量较差和资产数量不足时，定向长期再融资计划难以落到实地，而且相应贷款可能面临着较高的违约率和风险权重；特汤可（Tetangco，2014）认为欧盟边缘国的持续低需求会阻碍 TLTRO 的传导机制，使 TLTRO 只能引起经济小幅提升。

英格兰银行的结构性货币政策——融资换贷款计划（funding for lending scheme，FLS）也受到了学者的关注。图姆等（Churm et al.，2012）的研究发现，FLS 具有一定的定向调控作用，可以促进商业银行信贷供给的增长，增强对实体经济的融资支持；而且若银行有足够的抵押品，定向贷款的增额可以带动信用供给的增长，融资换贷款计划对实体经济融资支持程度显著。而李（Lea，2014）的研究却发现英格兰银行的 FLS 贷款更多地流入了建房互助协会而不是商业银行体系，因此未能有效地促进实体经济的发展。

3. 中国的结构性货币政策研究

针对我国央行的结构性货币政策实践，学术界在借鉴国外结构性货币政策实践经验的基础上，从理论角度对其合理性及有效性进行了一些探索，并对央行现行结构性货币政策工具展开了一定分析。

在国际比较研究方面，马理和刘艺（2014）从发达国家、新兴市场国家以及中国的实践三个方面梳理了借贷便利类货币政策工具的传导渠道与传导效果，认为我国的常备借贷便利工具在熨平经济的不正常波动过程中发挥了一定的作用，可以向商业银行灵活地注入流动性。卢岚和邓雄（2015）总结了欧美等国采用的 FLS、TLTRO 以及 TAF 等主要结构性货币政策工具的运行机制和模式，分析其实施效果及我国可借鉴的运作经验。他们认为我国目前推出的创新型结构性货币政策工具主要用来解决当前"流动性结构性缺口"问题，缓解实体经济融资难融资贵现象，定向扶持"三农"和中小微企业。

在政策效果分析方面，早期研究认为，由于各货币层次与宏观经济变量关系的差异、不同经济主体对货币政策的预期和敏感程度的差异，

以及不同地区经济发展水平的差异，货币政策会产生明显的结构效应
（马贱阳，2011），因此，对不同的区域实施结构性货币政策更符合国
情（周孟亮和马昊，2007）。最近的一些研究结合经济环境和央行的政
策实践，认为结构性货币政策有利于"新常态"下经济结构转型（陈
炳才，2010；刘伟和苏剑，2014；卢岚和邓雄，2015），但这些研究并
未对结构性货币政策及其传导机制进行严谨的理论分析和实证检验。孙
国峰和蔡春春（2014）则建立了流动性供求模型对货币市场利率波动
进行分析，提出中央银行应当通过常备借贷便利稳定货币市场利率，按
需向银行体系提供流动性，发挥"自动稳定器"的作用；战明华等
（2023）提出金融加速器边际效应对大小企业的差异性会导致经济结构
进一步扭曲并恶化银行资产负债表，结构性货币政策通过风险补贴可以
校正这种结构扭曲并提高银行资产负债表质量，从而在调整结构的同时
实现促进增长和弱化系统性风险的双重目标。

在政策工具的研究方面，定向降准作为一种有中国特色的精准调控
流动性的结构性货币政策操作的创新手段，普遍引起学者们的浓厚兴
趣，因此对定向降准的政策效应研究的文献较为丰富。不少学者肯定了
定向降准的积极作用，认为定向宽松可缓解弱势部门结构调整阵痛，有
效引导信贷资金投向（陈彦斌等，2014）；刘伟和苏剑（2014）建议采
取以供给管理为主、需求管理为辅的定向微刺激，定向降准可在需求管
理中起到辅助作用；汪仁洁（2014）认为定向降准具有稳健持续、适
时适度和灵活性高的特点，可以兼顾重点和薄弱环节。不过也有学者认
为定向降准存在着不足，朱妮和孙含越（2014）认为定向降准本身具
有局限性，只能有限地拉动经济增长。为了让定向降准的政策充分发挥
作用，应提供配套措施，认为降低税收和经营成本的财税政策可以帮助
定向降准产生较好效果，同时降低实体层面风险（陈萍，2014）。定向
降准突出的是货币政策的结构调整的职能，不过归根到底来说，货币政
策的强项并不在调结构，虽然在实践中我国货币政策操作较为注重数量
调控，但向利率调控转型是未来的发展方向（项卫星和李宏瑾，
2012）。马理等（2015）的研究也认为定向降准政策还需其他政策的协
调配合才能更好地引导信贷流向，充分实现结构性货币政策目标，为定
向降准货币政策的实施提供了理论支撑。

纵观国际文献，自格特勒等（Gerali et al.，2010）和迪布（Dib，

2010）在标准动态随机一般均衡（DSGE）模型中引入垄断竞争性银行部门起，大量学者开始使用模型研究金融危机之后的量化宽松货币政策和宏观审慎政策，如格特勒和卡拉第（Gertler and Karadi，2010）。在此基础上，国内也有一些文献采用 DSGE 模型分析传统货币政策的有效性和传导机制，以及最优货币政策，如金中夏等（2013）、裘翔和周强龙（2014）、胡志鹏（2014）等。郭丽娟和沈沛龙（2023）的研究构建了 DSGE 模型分析货币政策冲击、宏观审慎政策冲击及银行自身行为冲击下不同银行对金融经济变量的影响及作用机制，并运用福利分析探索针对不同银行最优的双支柱政策组合搭配。但用该方法来分析结构性货币政策问题的文献尚不多见，仅有彭俞超和方意（2016）的研究将负外部性产业引入 DSGE 模型，对结构性货币政策促进产业结构升级和经济稳定的有效性进行了探索性研究。此外，较多研究阐述了我国当前应该实施多目标、多手段的货币政策（周小川，2013)[①]，但是，鲜有学者将结构性货币政策作为一类特殊的宏观调控政策，探讨其政策效应及其对银行风险承担的影响，以及与其他宏观调控政策之间的搭配与权衡关系。

1.4.2　宏观审慎政策理论及其有效性研究

"宏观审慎"的概念是与金融监管的演进历程紧密相连的。依据克莱门特（Clement，2010）的研究，"宏观审慎"一词的起源可追溯到 20 世纪 70 年代末，库克委员会（Cooke committee）的一份未发表的会议纪要。当时的"宏观审慎"主要关注了由于对发展中国家贷款的快速增长所带来的金融风险，而其中反映的监管理念则意在强调"审慎监管"（prudential measure）需要一个更为广阔的宏观视野，即在微观监管对宏观经济影响日益增强的条件下，重新加强金融监管应从整个宏观经济的角度进行考虑[②]。在此后的一段时期，"宏观审慎"通常表示与

[①]　如一些学者强调应该重视以汇率为政策工具促进国际收支平衡（伍戈和刘琨，2015），另一些学者强调应该采用多种手段控制"杠杆率"、促进金融稳定（陆磊，2008；胡志鹏，2014；王爱俭和王璟怡，2014）等。

[②]　"Prudential Measure"主要指维护单个银行层面上的稳健经营以及对存款人的保护措施等。1929 年大危机后，金融监管的历史经历了"加强监管—放松管制—重新加强"的演变过程。而"Prudential Measure"则是在提出"宏观审慎"之前，金融机构监管措施的一种新的发展。"审慎"体现了金融监管中的"前瞻性"，因此也可被称为"微观审慎监管"。

宏观经济相联系的一种调控和监管导向（Borio，2009），其关注的焦点也先后经历了从发展中国家的超额借贷、金融创新与资本市场发展到金融系统顺周期性、系统重要性机构影响等方面的不断演进。

2008 年金融危机后，"宏观审慎"的内涵得到了进一步扩展。除对金融体系顺周期性问题的关注外，截面维度上的系统重要性金融机构、"大而不能倒"、系统风险识别应对、金融与宏观经济间的相互关系等问题均被纳入了宏观审慎的考虑范畴之中。尤其是货币政策在应对金融周期方面的不足也得到了重视。与此同时，"宏观审慎"也逐步超越了金融监管的范畴，形成了"宏观审慎政策"，并用于泛指应对系统风险的各种政策考量以及与宏观经济和金融稳定相互作用相关的所有主题。

依照国际清算银行（BIS）的界定[1]，宏观审慎政策是指运用潜在工具为达到促进金融系统稳定目的而制定的所有政策。G20[2] 则明确，宏观审慎政策是运用审慎工具控制系统风险，限制金融服务突然中断对实体经济造成的影响。具体方式有：其一，抑制金融失衡的形成，降低系统风险对实体经济的影响；其二，将金融系统视为一个整体，识别和应对那些能够产生危及金融系统功能的风险传染或风险溢出效应的因素[3]。

国内关于宏观审慎问题的提法也分别经历了由"宏观审慎监管""宏观审慎管理"到"宏观审慎政策"的转变。这一方面反映了宏观审慎范围的不断扩展，另一方面更体现了对宏观审慎认识的不断加深。从宏观审慎的演变来看，其源于对微观监管的发展，主要政策工具也多涉及金融监管的范畴。但理论上讲，宏观审慎政策并不是一个微观概念。因为它不仅要求在更广阔的范畴上对其相关内容进行讨论，而且其目标的实现更需要其他宏观经济政策的配合（Caruana，2011）。对我国而言，金融体系的稳定性与宏观经济政策的关系更为密切，银行信贷在全社会融资中占比较高，信贷波动与经济周期变化及系统风险之间有很大

---

[1]　该界定源自 William White（2010）在出席 IMF "宏观审慎政策：亚洲视角"高级研讨会上的讲话。

[2]　G20（2011），Macroprudential policy tools and framework；Update to G20 Financial Ministers and Central Bank Gov – FSB IMF BIS 14 February，2011.

[3]　如共同风险暴露、风险集中及相互关联程度的变化等。

关系，因此更应该将宏观审慎延伸到更广的层面上予以考察。

1. 宏观审慎政策的目标

在危机爆发之前的二十多年里，货币政策的相关研究在目标上是清晰且基本趋同的，即货币政策应面向物价稳定和充分就业，而操作目标也通常为 CPI 或核心通胀指标。但宏观审慎政策的相关研究在政策目标上还不够清晰，而且也并未形成共识。通常的看法认为，宏观审慎政策的最终目标可被视作维护"金融稳定"。然而，即便是对于"金融稳定"本身也依然是一个难以准确界定的概念①。在梳理现有研究的基础上可以发现，宏观审慎政策的目标是一个多层次的概念。

（1）目标的层次。

从层次顺序来看，宏观审慎政策的目标可以划分为最终目标、直接目标与操作目标。宏观审慎政策的最终目标是维护金融稳定，避免或减少由于金融不稳定造成的宏观经济成本（BIS and G20，2011）。而宏观审慎政策的直接目标则主要是防范和应对系统风险，只是不同研究在强调系统风险的来源上有所差别。布鲁纳迈尔（Brunnermeier，2009）认为，宏观审慎的具体目标包含了降低系统风险产生成本的所有内容；英格兰银行（2009）则提出宏观审慎政策应着眼于稳定地提供金融中介服务，以避免金融危机中所呈现出来的信贷和流动性的繁荣萧条周期；布里奥和德雷曼（Borio and Drehmann，2009）则提出宏观审慎政策的目标是限制那些带来严重宏观经济损失的系统性危机爆发的风险。此外，卡鲁阿纳（Caruana，2011）、希姆（Shim，2007）等还强调了金融失衡与金融周期波动作为宏观审慎政策目标的重要性。随着反思的不断深入，不同国家对宏观审慎政策目标的理解也不相同。周小川（2010）提出宏观审慎政策意在弥补传统货币政策工具和微观监管在防范系统风险方面的不足，应将金融业作为一个有机整体，根本目标是防范和管理跨行业和跨经济周期中金融体系的风险。

从操作层面上讲，大部分研究均主张从时间与截面维度对宏观审慎

---

① 金融稳定也是易于识别但难以定义的范畴。当下对"金融稳定"的界定主要有两类：一是指金融系统应对外部冲击的韧性（Allen，Wood，2006；Padoa Schioppa，2003）；二是强调金融稳定是金融体系应对其内部冲击的弹性或在正常冲击下金融系统的脆弱性，此处更强调金融风险的内生性本质（Schinasi，2004；Borio，Drehman，2009）。

政策的具体目标进行说明。如：克罗克特（Crockett，2000）提出应从时间与截面两个维度进行分析，一是时间维度上的整体状态，二是截面维度上的网络稳定程度。时间维度（time dimension）关注的是整个金融体系的变动，即将金融系统视为一个整体，关注系统的运行情况与顺周期性变化等；截面维度（cross-sectional dimension）关注的则是在给定时点上，由于金融机构之间的相互关联和风险共担而形成的金融网络的结构及变化。卡鲁阿纳（Caruana，2010）将宏观审慎政策的目标描述为"通过处理金融机构共同暴露及其与金融周期的相互联系以降低系统性风险"；佩罗蒂和苏亚雷斯（Perotti and Suarez，2009）则将宏观审慎政策视作旨在阻止单个银行引发的系统性风险进而给金融体系带来的负外部性。

（2）范围上的区分。

此外，有学者通过列举微观审慎与宏观审慎的差别，从政策范围上辨析了宏观审慎政策的目标。布里奥（Borio，2003）在克罗克特（Crockett，2000）的基础上对宏观审慎和微观审慎进行了更为详细的区分。宏观审慎的直接目标为防范金融体系的系统性风险，而微观审慎的目标则是防范单个金融机构的破产风险；宏观审慎的最终目标是避免金融体系的风险给实体经济带来破坏；而微观审慎则主要是着眼于对投资人或存款者保护，而并没有过多地顾及可能给实体经济带来的危害。

2. 宏观审慎政策工具

在危机后，各方提出了很多关于宏观审慎政策工具的构想，但目前很难就不同政策工具的重要性与分类方式形成共识。这主要是对宏观审慎政策目标的看法不一致的结果。争论的焦点之一就是宏观审慎工具与其他宏观政策工具间的区别和联系，尤其是金融监管政策（Caruana，2010）与货币政策（Caruana，2011）等同样具有维护金融稳定功能的政策工具。因此，关于宏观审慎政策工具的讨论主要集中在如何区分宏观审慎政策工具、有哪些主要的宏观审慎工具及如何进行分类等问题上。

（1）角度一：时间维度和截面维度。

时间维度描述的是风险随时间的演变过程，即风险的顺周期性（BIS，2001；Borio，2001；Borio and Zhu，2008；Brunnermeier，2009；Brunnermeier，Pedersen，2009；Shin，2009）。一些讨论重点分析了资

本要求产生的顺周期性。希恩（Shin，2010）认为，逆周期资本要求和前瞻性的保证金计划，可以降低资产证券化的负面影响。卡什亚普和斯坦（Kashyap and Stein，2004）的研究则显示，如果政策制定者的目标既包括保护存款基金又包括在危机时期保持信贷，那么随时间而变的准备金要求是最优选择。而汉森（Hanson，2010）认为，动态的监管约束可能使公众对危机时期银行资本的充足性产生怀疑，并加大问题银行的融资难度。因此，应该在经济境况良好时，执行比危机时期更高的最低资本要求。

此外，贷款拨备、贷款价值比、保证金要求等政策也可能产生顺周期效应。布里奥等（Borio et al.，2001）就深入讨论了抵押品估值和贷款价值比例（LTV）之间的联系引发的顺周期性，并提出可以通过最大LTV比例来解决。对于贷款拨备，布里奥等（Borio et al.，2001）则提出，由于会计准则、税收约束和衡量风险的方法等因素，在经济衰退时期，贷款拨备会增加；Fernande 等（2000）则讨论了前瞻性的拨备如何减少顺周期性；希门尼斯和索里那（Jimenez and Saurina，2006）建议前瞻性的贷款拨备应考虑到银行信贷风险在经济周期中的变化。

截面维度关注的是某一时点金融体系内的风险分布，尤其是由于资产负债表关联性产生的共同风险暴露或关联行为的反馈。对截面维度的分析较多，如关于风险管理的系统层面研究（Hellwig，1995）或系统风险理论（Acharya，2009），其中市场失灵（Calomiris，2009）和传播渠道（Calomiris and Khan，1991）是关注的重要方面。文献中提出的宏观审慎工具大多涉及对银行资本的监管，如系统重要性资本附加（Basel，2011）或系统重要性税、风险集中度限制等。同时短期债务比例过高也被认定为是机构脆弱性的主要来源（Brunnermeier，2009；Gorton，2009；Shin，2009；Hanson，2010）。这些脆弱性往往被看作一种冲击，并且通过系统内的相互关联被放大，如信贷链条、支付与结算网络或由无法区分无清偿力机构和有清偿力机构引发的挤兑等。

（2）角度二：相机抉择与确定规则。

按照宏观审慎政策工具的调整规则，也可以对工具相关的讨论进行区别，即是确定性规则（内在稳定器）还是相机抉择的调整宏观审慎政策工具（Borio and Shim，2007）。古德哈特（Goodhart，2004）认为，与货币政策相似，确定性规则为基础的宏观审慎工具十分重要。例如，贷款损失准备金、资金要求/资本附加费或贷款价值比率等可以按固定规则的方式制定。布里奥和希姆（Borio and Shim，2007）也认为，一个重要的内在稳定器有利于将金融失衡的风险内生化。但在政策讨论中，也有学者强调了相机抉择工具的重要性。一类常用的工具就是对金融风险发出警告，如在演讲或金融稳定报告中。其他相机抉择工具还包括：监督审查压力或针对各种审慎工具的数量调整等（Hilbers，2005）。

（3）角度三：数量限制与价格限制。

第三个角度是从数量限制或价格限制的角度对工具进行区分。维茨曼（Weitzman，1974）提出，在合规成本不确定的情况下，由于外部性的存在，两种政策工具会产生不同的福利结果。佩罗蒂和苏亚雷斯（Perotti and Suarez，2010）从理论上对价格和数量工具进行了分析，认为价格型工具固定了边际成本，但数量水平上存在不确定性；而数量型工具固定了数量水平，但边际成本不确定。他们进一步将"庇古税"与净融资比率等数量管制工具的表现进行比较，结果表明，当监管部门无法针对个别银行特点进行监督时，行业对监管的反应依赖于银行特点构成，而社会效率可能可以通过"庇古税"、数量监管或两者相结合取得。

3. 宏观审慎工具的有效性

目前为止，对宏观审慎工具有效性的研究相对有限。这主要是因为能够反映宏观审慎政策工具的数据基础还没有得到足够的重视。布里奥和希姆（Borio and Shim，2007）总结了一些国家对宏观审慎工具有效性的评估。在西班牙，评估结果表明，拨备对信贷增长的影响较小，但在建立逆周期缓冲区以提高银行偿付能力方面具有较大作用（Caruana，2005；Saurina，2009）。索里纳（Saurina，2009）发现西班牙的动态拨备尽管没有保证足够应付萧条时期的所有信贷损失，但在当前的金融危机中确实提高了单个银行和整个银行体系的弹性。纳道尔德和谢伦德（Nadauld and Sherlund，2009）通过对美国次级抵押贷款证券化交易的分析后认为，提高资本要求在一定条件下可能会限制泡沫的增长。他们认为，在2004年证券交易委员会降低部分券商的资本要求之后，五个大型承销商不成比例地增加了上涨较快但平均质量较差的信贷资产。利用加拿大银行账面贷款、风险敞口，以及包括场外衍生品在内的银行间关联数据，戈蒂埃（Gauthier，2010）发现，宏观审慎的资本分配机制可以将银行的违约概率和系统性风险的概率降低 25%，即宏观审慎资本缓冲可以大幅度地提高金融稳定性。

通过以上梳理可以看出，我们很难为宏观审慎工具进行准确分类和定性。因为每种工具都可能具有多重属性并产生多种效果。若从宏观审慎政策的最终目标出发，那么一切具有维护金融稳定、降低系统风险的政策均可以被纳入宏观审慎政策的工具箱中。因此，问题的关键可能并不在于工具的已有划分，更重要的可能是工具的使用目的和实际效果。

1.4.3　货币政策与宏观审慎政策的关系研究和搭配模式研究

次贷危机的爆发表明，货币政策不能有效防止系统性风险，并无法对资产价格波动进行有效控制，同时货币政策"事后性"的救助方式无法维护金融稳定。而宏观审慎监管可以对传统货币政策形成补充，弥补货币政策在维护金融稳定方面的不足，同时提高货币政策对宏观经济调控的效力。由此可见，宏观审慎监管创造的金融稳定环境是货币政策发挥作用的前提。同时从功能上来看，宏观审慎监管可以维护金融稳定，而货币政策可以调控宏观经济。

尽管宏观审慎监管以维护金融稳定为主要目标，但仅有宏观审慎监管也不足以实现金融稳定（Blanchard et al.，2010）。因此，宏观审慎监管只有与货币政策形成有效配合，才能更好地维护金融稳定，促进经济增长。

1. 关于货币政策和宏观审慎监管配合必要性的研究文献

从学术界的研究来看，以"逆风向而行"为主要特点的货币政策与宏观审慎监管的配合正得到更多学者的赞同（Trichet，2009）。布里奥和德雷曼（Borio and Drehmann，2009）认为，宏观审慎监管虽然可以对货币政策解决金融失衡或不稳定等问题提供支持和补充，但仅依靠宏观审慎监管来解决时间维度的金融不稳定会使该政策实施的成本过高，并导致不堪重负的情形。迪耶（Diaye，2009）赞同宏观审慎监管与货币政策相配合的必要性。他认为逆周期的宏观审慎监管有助于维护金融稳定，并减少产出的波动性，尤其是逆周期的资本充足率监管要求可以使中央银行通过小幅度的利率调整实现物价稳定目标。同时，宏观审慎监管与货币政策配合也能减缓金融加速器的作用和进程。卡鲁阿纳（Caruana，2010）也认为货币政策由于在本质上受到政策立场的影响，不应将信贷周期和资产价格视为外生变量。同时，货币政策在应对经济衰退和繁荣时应更加全面，并且在面对金融失衡状态的积累时采取"逆风向而行"的政策。因此，货币政策不应当局限在仅对通货膨胀的控制，而应以金融稳定为目标，并对资产价格和信贷信息进行全面总结。卡鲁阿纳（Caruana，2010）的研究是关于货币政策和宏观审慎监管相配合的一种比较全面的考察。安吉利尼等（Angelini et al.，2010）认为，宏观审慎监管只有与货币政策配合，才能取得审慎监管的绩效。他们运用动态的一般均衡模型来对宏观审慎监管与货币政策的互动进行评估，发现如经济遭受的冲击较小，宏观审慎监管的作用不是很大，并且如宏观审慎监管不与货币政策紧密配合，两者将可能发生冲突。

2. 关于货币政策和宏观审慎监管配合方式的研究文献

金融稳定同属于宏观审慎监管和货币政策的最终目标，因此在宏观审慎监管框架的设计中，一个非常关键的问题就是如何与货币政策相配合。古德哈特等（Goodhart et al.，2009）通过构建一个房地产市场危机模型，来判断货币政策和宏观审慎监管的配合是否可以控制杠杆率周期。他构建的模型中包括抵押品、货币以及银行部门等因素，并认为存贷款利差取决于违约率和货币政策等变量。模型的分析结果认为，在未来通胀的压力下，货币政策会提高违约率和加重违约程度，以对杠杆率形成约束。由此可见，货币政策可以与宏观审慎监管相配合以控制杠杆率周期。亚古尔和德梅尔齐斯（Agur and Demertzis，2009）构建了一个最优货币政策与内在商业银行风险之间的互动模型。他们的研究结果表明，中央银行在经济持续低迷时期，应更大幅度地下调利率。而在经济繁荣时期应进行相反操作，并对更多的风险承担或偏好行为进行限制。安格洛尼和法伊亚（Angeloni and Faia，2009）认为，货币政策与宏观审慎监管的配合方式应取决于当时的经济条件，相关的政策组合应包括温和的反周期资本比率要求，以及对资产价格、通货膨胀或杠杆率做出反应的货币政策规则。坎南等（Kannan et al.，2009）构建了一个以房价波动为基础的动态一般均衡模型，并以该模型为基础分析货币政策与宏观审慎监管配合的机制。他们研究发现，若货币政策对资产价格泡沫或信贷快速扩张做出强有力的反应，将有助于形成应对金融加速器的主要机制。与此同时，宏观审慎监管政策在应对信贷的周期性波动时，也能有效地抑制信贷快速扩张。庇由等（Beau et al.，2011）构建了一个动态随机的一般均衡模型，并以美国和欧元区 1985 ~ 2010 年的数据为样本，对货币在货币政策和宏观审慎监管相配合或互动时对价格稳定的影响进行分析。他们的研究结果表明，若货币政策以价格稳定为主要目标，宏观审慎监管以信贷的周期性波动为主要目标，并且两者之间保持严格的独立性，这样的政策搭配将是维护金融稳定的最优方案。

3. 货币政策与宏观审慎监管实施主体的争论

关于宏观审慎监管和货币政策实施主体的争论，其实质就是货币政策的主体——中央银行是否应当承担起维护金融稳定的责任。也就是说，中央银行实施货币政策的职能是否应与宏观审慎监管职能分离。从当前的实践来看，许多国家已经设立了金融服务监管委员会（美国）、欧洲系统性风险委员会（欧盟）以及金融稳定委员会（英国）等机构。由此可见，通过改革现有金融监管的组织框架、防范和化解系统性风险以及维护金融稳定已成为共识。但对于宏观审慎监管的职责是否应由中央银行来承担，学术界并没有形成统一观点。

（1）主流观点：货币政策与宏观审慎监管职能相统一。

关于两者实施主体的主流观点，就是中央银行应履行宏观审慎监管的职责。也就是说，尽管金融稳定的维护主要由宏观审慎监管来完成，但并不意味着中央银行放弃履行宏观审慎监管的职责。中央银行在应对金融稳定时具有行动和信息上的优势，同时中央银行独具最后贷款人的职能，因此中央银行应当具有宏观审慎监管的实施权（Blinder，2010）。还有学者从其他角度分析了中央银行应履行宏观审慎监管的职责，比如阿格列塔和斯亚罗姆（Aglietta and Scialom，2009）构建了一种自上而下的宏观审慎监管方法。他们认为，中央银行应处于宏观审慎监管金字塔结构的顶端。布兰查德等（Blanchard et al.，2010）认为，由中央银行承担宏观审慎监管职责是由于其具有如下几点优势：第一，中央银行具有监测宏观经济运行的优势，有利于其成为宏观审慎监管的执行者；

第二，中央银行承担宏观审慎监管的职责，可以避免在金融危机期间，由于不同金融监管主体之间协调困难而导致的一系列问题。第三，货币政策可以对金融机构的杠杆率和风险偏好产生一定的影响。韦伯（Weber，2010）也认为，中央银行具有宏观经济信息的收集和判断能力，并且宏观审慎监管决策正是在对上述信息进行正确判断的基础上做出的，因此中央银行在实施宏观审慎监管政策时具有信息上的优势。

（2）对主流观点的反对意见：货币政策与宏观审慎监管职能相分离。

反对意见主要集中在两点：一种反对中央银行承担宏观审慎监管的职责，另一种是在现有监管体系的基础上，设立专门的机构行使宏观审慎监管。传统货币政策认为，中央银行货币政策和监管职能的结合会导致利益冲突，中央银行对微观金融机构的监管会影响其货币政策实施，并且货币政策无法有效应对金融稳定（Borio and White，2004）。亚古尔和德梅尔齐斯（Agur and Demertzis，2009）认为，中央银行的逆周期操作会加剧经济波动，因此反对中央银行实施宏观审慎监管。卡梅尔（Karmel，2009）认为，应建立独立的机构负责宏观审慎监管，宏观审慎职责和权力集中在单一机构会导致利益冲突，因此应有独立的机构来协调中央银行、监管机构和金融机构等共同执行宏观审慎监管，以应对系统性风险。

总之，关于货币政策与宏观审慎监管实施主体的争论，主要集中在"中央银行是否应承担宏观审慎监管职能"。从现有实践来看，美国、欧盟以及英国等国家已经成立相关部门来监控系统性风险，并促进监管的协调与合作，相对于学术界而言，这些国家的做法是比较一致的。比如，IMF 和 FSB 明确提出宏观审慎监管是中央银行的职责，美国、英国及欧盟等国家也明确了中央银行在宏观审慎监管中的地位和作用，法国甚至在中央银行之下成立了"审慎监管局"。但是，由于时间的局限，中央银行实施宏观审慎监管职责的有效性还有待检验，同时这些国家所成立的机构都是用来监测和预警系统性风险，它们对直接的监管渠道和工具并没有具体涉及。从理论上来讲，货币政策属于宏观政策框架的范畴，宏观政策和宏观审慎监管的最终目的应是维护金融稳定。考虑到金融稳定应是共同的责任，关于宏观审慎监管的实施，需要监管部门、中央银行和财政部门共同发挥作用，因此关于宏观审慎监管主体的确定，应综合考虑中央银行、监管部门和财政部门来确定。

4. 货币政策与宏观审慎监管的功效差别——基于维护金融稳定有效性的视角

虽然金融危机并没有否定以物价稳定为主要目标的传统货币政策框架，但货币政策在维护金融稳定时并没有表现出应有的效果。为此，学者们在研究中对传统货币政策框架进行改进，以更好地维护金融稳定。比如，布里奥和怀特（Borio and White，2004）认为，根据货币政策与金融周期的相互依赖关系，可以考虑延长货币政策的操作期限，这样能够更加均衡地对金融周期作出反应，并有助于金融稳定。科恩（Kohn，2009）将金融机构的资产负债表、资产价格以及金融机构的媒介作用等因素纳入宏观经济模型。这对于货币政策更有效地评估资产价格和金融稳定具有重要的意义。

布里奥和希姆（Borio and Shim，2007）的研究总结了一些国家对宏观审慎工具有效性的评估，如在西班牙，拨备对信贷增长的影响较小，但在建立逆周期缓冲区以提高银行偿付能力方面具有较大作用（Caruana，2005；Saurina，2009）。纳道尔德和谢鲁德（Nadauld and Sherlund，2009）通过对美国次级抵押贷款证券化交易的分析后认为，提高资本要求在一定条件下可能会限制泡沫的增长。戈提尔（Gauthier，2010）发现，宏观审慎的资本分配机制可以将银行的违约概率和系统性风险的概率显著降低，即宏观审慎资本缓冲可以大幅提高金融稳定性。在宏观审慎政策与货币政策的关系研究和搭配模式研究方面，以"逆风向而行"为主要特点的政策配合正得到更多学者的赞同（Trichet，2009）。宏观审慎监管虽然可以对货币政策解决金融失衡或不稳定等问题提供支持和补充，但仅依靠宏观审慎监管来解决时间维度的金融不稳定会使该政策实施的成本过高，并导致不堪重负的情形（Borio and Drehmann，2009；Diaye，2009）；货币政策由于在本质上受到政策立场的影响，不应将信贷周期和资产价格视为外生变量，货币政策在应对经济衰退和繁荣时应更加全面，在面对金融失衡状态的积累时则应采取"逆风向而行"的政策（Caruana，2010）。庇由等（Beau et al.，2011）通过构建动态随机的一般均衡模型，研究发现货币政策以价格稳定为主要目标，宏观审慎监管以信贷的周期性波动为主要目标，并且两者之间保持严格的独立性，这样的政策搭配将是维护金融稳定的最优方案。

以上，这些学者通过对货币政策的框架进行修正，使其更好地维护金融稳定。但对货币政策在维护金融稳定的效果方面是否更优于宏观审慎监管，这些学者的研究并没有涉及。法赫和提洛尔（Farhi and Tirole，2009）认为，货币政策的非对称性导致其维护金融稳定的效果不如宏观审慎监管。一般而言，宽松的货币政策有利于摆脱通货紧缩，并维护金融稳定。但在经济繁荣时期，用以应对金融失衡的货币紧缩可能导致通胀波动以及产出缺口扩大，并无助于金融稳定。

因此，若货币政策无法对金融失衡进行强有力的逆向操作，其内在的非对称性特征可能会导致风险的积累，这时需要宏观审慎监管来应对金融失衡。维纳斯和费切尔（Vinals and Feichter，2010）认为，在维护金融稳定方面，宏观审慎监管的资本缓冲规则和逆周期的拨备调整远比货币政策的相机抉择具有优势，因为这些规则增强了市场参与者的预期，并减轻了金融机构调整的负担。但他们也认为，宏观审慎工具的影响也具有不确定性，因此需要与货币政策相配合。克里斯蒂森等（Christensen et al.，2011）通过构建住房抵押贷款的动态随机一般均衡模型，分析了货币政策和宏观审慎监管的优劣。他们在模型中增加了一个贷款抵押率的反周期上限来表示宏观审慎监管，并与短期利率（传统货币政策工具）的作用进行对比。研究结果表明，当经济的繁荣是由提高家庭部门借贷能力和重估抵押品的冲击驱动时，抵押率监管要求可以有效抑制家庭债务的上升，并对房价上涨和住宅投资扩张进行控制。而若采取货币政策进行调控，利率大幅上升带来的是房地产市场、GDP 和通胀率的大幅下降。因此，他们认为，抵押率监管要求能够在显著缓解对宏观经济影响的情况下对家庭债务的增加进行抑制。也就是说，相对于传统的货币政策，宏观审慎监管在缓解住宅信贷投资造成金融失衡方面更具优势。

在当前的实践中，若使货币政策更多地考虑金融稳定，其前提是这一目标与价格稳定不存在任何冲突。如果将金融稳定作为货币政策的目标，则会涉及一个政策工具对多个目标的问题。这将使政策工具面临多个目标的权衡，同时也不符合丁伯根原则。从理论研究和实践来看，在维护金融稳定方面，宏观审慎监管比货币政策更有优势。学术界也基本同意"正是由于宏观审慎监管的缺失导致了金融不稳定的发生"这一观点。因此，维护金融稳定的责任应落在宏观审慎监管上。

第2章 货币政策、宏观审慎政策与银行风险承担传导渠道：理论分析

2.1　货币政策的银行风险承担传导渠道理论

货币政策的银行风险承担渠道在国外已经有较长的历史以及较全面的研究。第一篇文献可以追溯到基利在 1990 年发表的文章（Keely，1990），其研究表明，在金融市场受到外界冲击时，由于市场竞争和信息不对称的作用，会激励银行追求高风险项目以获取高回报，进而银行贷款将增加，最终随着风险资产比例的增加和贷款标准的下降，银行债务更有可能成为不良贷款。雷简（Rajan，2006）也研究了货币政策对银行风险承担的影响，但这一问题受到学术界的关注较少。雷简研究认为，在宽松的货币政策下，商业银行有动力去承担风险以追求更高的回报，美国金融危机前，由于宽松的货币政策带来的低利率环境，银行热衷于高风险项目。

上述所有文献均是 2008 年美国金融危机之前所进行的研究。尽管他们都明确了货币政策对银行风险承担的影响，但没有明确提出货币政策的银行风险承担渠道，并没有引起学术界的广泛关注。直到 2008 年金融危机之后，研究者们才发现了这个渠道的存在，并意识到了它的研究价值。布里奥和朱（Borio and Zhu，2008）首次提出此渠道，认为利率水平下降会影响银行的资产估值、利润和现金流，导致银行进一步承担风险的行为。与此同时，利率下降幅度扩大提高了资产和抵押品的价值，从而降低了银行对违约概率的估计，导致它们采取风险较高的投资策略，并增加了银行的风险行为。并对"追逐收益效应""类金融加速

器效应""央行沟通效应"等机制也进行了详细解释，认为货币政策通过这些机制影响银行的风险承担，进而影响银行的信贷选择。

2.1.1 货币政策的银行风险承担渠道理论研究概述

银行如何确定自身风险承担意愿、明确风险承担水平、根据风险承担结果调整风险管理策略，是一项复杂且干扰因素众多的工程，面临着风险如何量化、评估以及收益与发展如何平衡等棘手问题。本书所指的银行风险承担，更侧重于银行的风险承担意愿及能力，即从政策反馈机制的角度，来解析银行调整自身风险偏好，确立风险承担水平的过程。银行等金融机构在确定风险承担水平时，一方面受制于外界因素如政策影响和监管措施等，被动调整风险承担策略；另一方面，银行等金融机构也会基于内在驱动如逐利的特性和发展的考量，主动调整风险承担水平。

1. 主动风险承担

（1）追逐收益效应。

制度、契约或者行为等因素会影响金融市场参与者的风险承担意愿。追逐收益效应的产生有以下几方面原因：一是心理因素，投资者受货币幻觉等因素影响，追求较高的名义收益率，增加风险资产所占比重，导致金融机构的风险承担意愿及水平显著提高；二是竞争压力，宽松的货币政策使银行等金融机构间的竞争相当激烈，金融机构偏好放松信贷标准、扩大风险资产占比来抢占市场；三是体制限制，一些具有长期承诺的金融机构如养老基金、保险公司等，由于其持有的是具有长期固定利率的名义负债，如果利率下行，为平衡长期收益，上述机构倾向于主动投资高风险资产来获取高回报；四是激励机制，管理待遇与绝对收益相关，低利率环境下稳健保守的投资意味着经理人较低的薪酬福利，故其更倾向于投资高风险资产以博取更高回报。

雷简（Rajan，2006）指出，长期稳定的低利率环境会使银行降低对风险的预期，从而倾向于承担更大风险。基利（Keeley，1990）、德艾里西亚和马奎斯（Dell'Ariccia and Marquez，2006）强调了银行信息不对称的问题，较低的利率平抑了逆向选择问题，却导致了信贷扩张的竞争加剧，从而使银行有更大的动力去寻求收益、提高利润，选择具有较高预期回报的、较大风险水平的项目。因此，宽松的货币政策环境使银行倾向于放松信贷标准进而增加风险承担。

（2）习惯养成效应。

投资者自身的消费结构和消费习惯不仅会受到消费历史的影响，还与整个社会的消费水平相关，这种基于过去形成的习惯会对当下的消费行为产生持续性影响。当市场上流动性充裕时，市场参与者对未来产生乐观预期，在思维定势的影响下，倾向于认为市场会持续繁荣下去，从而提升自身的风险投资偏好。在"棘轮效应"的驱动下，个体的消费水准易于向上攀升而难以降低，在消费和投资时，既受到业已形成的习惯的影响，又抱有对未来市场的乐观偏好，从个体到机构，从机构到市场，推动风险偏好逐步加大。

坎贝尔和科克伦（Campbell and Cochrane，1999）在其文章中指出，扩张期间经济主体规避风险的偏好降低，因为其消费量相较正常水平有所上升。因此，降低货币政策利率，刺激经济，保持市场活跃，会使消费者对风险的厌恶降低，也即风险偏好有所提升。这与资产定价模型的有关研究结果是契合的，研究认为低利率期间长期信用利差将会更高（Longstaff and Schwartz，1995；Dufresne et al.，2001；Altunbas et al.，2010）。

当经济长期处于低风险和低利率的时候，经济主体会由于当下的良好态势而对未来过于乐观。耶伦（Yellen，2011）指出，资产面临更大信用风险敞口的经济主体，可能不会对当下环境中的潜在损失充分了解或做出充分的风险抵补准备。博格和伍德尔（Berger and Udell，2003）在习惯养成假说的基础上提出了机构记忆假说，以解释银行贷款和贷款绩效问题的顺周期性。他们认为银行倾向在经济扩张期间承担更大的风险，因为自上次信贷危机之后，随着时间的推移银行信贷管理流程逐渐僵化，信贷人员难以发现贷款的潜在问题，随之放松了信贷标准。

（3）风险转移效应。

利率的降低并不必然引发银行的风险承担行为，利率的提高也同样可能促使银行加大风险承担意愿。当存款利率上升时，达到贷款利率的同步提高是不现实的，银行的资金成本出现大幅增加，收益水平随之降低，银行等金融机构迫于经营压力和绩效考核，可能会主动弱化信贷标准，加快发展高风险业务。

尼科洛等（Nicolo et al.，2010）认为，由于风险转移效应的存在，当利率升高时，可能诱发银行的风险承担行为。在这种机制的作用下，若政策利率降低，存款利率随之下降，银行的资金成本缩减，此时对于银行来说其利润是增加的，银行一般不会有过度承担风险的冲动。相反地，若政策利率提高，存款利率随之上升，但无法对等地影响贷款利率的变动，这就会增加银行的资金成本，降低银行的收益水平，在这种情况下，银行迫于经营上的压力和业绩上的考核，大概率会主动放松信贷标准，鼓励发展高风险业务，从而进一步扩大收益。

德艾里西亚等（Dell' Ariccia et al.，2010）认为，政策环境是否会引发银行风险承担，这种影响是不确定的。一方面取决于银行的资本构成，倘若银行在项目中的资金投入较多，当项目失败时其承受的损失也就越大，那么其发生道德风险的概率也就相较小，从这个角度来看，要求银行提高自身的资本充足率，将使其在项目投资时采取更为审慎的态度。另一方面是基于银行独有的特许权使用价值，倘若银行在投资高风险资产时出现问题，需要付出极大的成本和代价，这就对银行的风险承担意愿及行为起到一定抑制作用。

2. 被动风险承担

（1）价格传导效应。

利率会影响资产价格，从而使抵押物的估值发生波动。当货币环境宽松时，低利率对应着较高的资产价格，抵押物价值出现上升，银行倾向于降低预期违约概率，对资产回收较为乐观，从而模糊了风险的识别和测度。银行继而会降低信贷标准、放松审查要求，扩大高风险贷款所占比例，资产负债规模及杠杆水平不断调整，对风险的感知逐步降低，风险承担显著增加。这种机制会反作用于金融生态，从而不断加剧商业周期的波动性，进而放大"金融加速器"效应。

德艾里西亚和马奎斯（Dell' Ariccia and Marquez，2006）认为宽松的货币环境加大了借款人的逆向选择风险，推动金融机构风险承担水平不断上升。市场上充裕的流动性降低了银行的债务融资成本，使银行筛选合格借款人的动力减弱，面临逆向选择风险。在这种情况下，银行通常倾向于降低信贷标准，从而扩张信贷规模，推动风险承担水平不断攀升。在这一机制作用下，信用中介以一种顺周期的方式加剧整体金融环境的波动，当资产价格上升时继续增加杠杆，当资产价格下降时加速减小杠杆。

松山（Matsuyama，2007）指出利率下行时期金融机构的风险承担逐步增加。低利率环境下，借款人的资产价格和抵押品价值上升，较少的资产抵押就可以达到准入要求，同时，银行下调对借款人破产概率和预期损失的估计，降低对借款人风险水平的判定标准。与之相反，如果利率呈上升趋势，借款人持有的资产净值出现下降，金融机构的放贷动机随之减弱，银行更倾向于缩紧信贷投放，转而将资金投向更稳健、更优质的资产。在这种机制下，倘若货币政策由宽松转为紧缩，市场参与者将面临抵押物价值和金融资产的大幅缩水，无论对于借款人还是金融中介，都将面临剧烈冲击，信贷规模将大幅下降，进而导致资产的进一步贬值。

（2）沟通反馈效应。

与货币当局的沟通反馈，也会影响银行的风险承担水平，这主要表现在透明效应和保险效应两方面。倘若政策决策的透明度高，对利率走势的可预测性强，就会降低金融市场的不确定性，银行等金融机构的风险偏好增加，倾向于进一步提高对风险的容忍度，这就是"透明效应"。与此类似，如果央行的政策决策能有效预期，就能切断和阻止大的下行风险，这就是"保险效应"，换句话说，在经济不稳定时，市场参与者相信央行会实施宽松的货币政策或采取相应的救助措施，便会对经济继续下行降低预期，从而愿意进行更多的风险投资，提升风险承担意愿（Borio and Zhu，2008），这相当于中央银行提供了隐性保险。事实上这并非低利率本身，而是关于低利率的隐含承诺，导致了这个典型的道德风险问题，这种效应也被称为格林斯潘或伯南克效应，即通过可预期的低利率发挥功效（Nicolo et al.，2010）。

同样，戴蒙德和雷简（Diamond and Rajan，2009）指出，银行等金融机构如果预期货币当局会降低利率，就会主动承担更大风险。他们建议在经济趋稳时期的货币政策立场应在基本水平上略微从紧，以减少银行面临的流动性风险暴露。法赫和提洛尔（Farhi and Tirole，2009）在其模型中表示，借款人可能会在知晓未来流动性需求的不利消息后，提高对宏观经济状况的利率敏感性，这反过来又会导致货币政策在时间上的不一致，从而引起更多宏观层面的经济风险暴露。

（3）杠杆效应。

银行等金融机构的杠杆率一般具有顺周期特征。若利率处于下行期，市场上流动性充裕，银行的资产价格出现上升，资产规模相应扩张。此时，在负债规模保持不变的情况下，杠杆率会呈现下降趋势，而杠杆率顺周期的特性会驱动银行在资产规模扩张时，同步加大杠杆水平。

阿德里安和希恩（Adrian and Shin，2009）指出，银行杠杆率具有顺周期性，利率下行时期，银行的风险承担偏好会相应提高。具体来讲，由于利率下降，银行股权相对于其债务增加的价值，对资产价格产生了正向冲击，从而使杠杆率降低。杠杆率的下降导致了资产负债表上的盈余产能，使当前的股权价值大于风险价值需求，银行会转而增持风险证券予以应对。他们进一步假设，银行资产负债表中的这些调整是由观测的风险水平变动决定的，反过来又会扩大商业周期循环。

2.1.2 银行风险承担的实证研究概述

影响银行风险承担的成因十分复杂，目前，研究政策效应对银行风险承担偏好影响的实证研究仍占少数，本书将对已有的研究及其成果进行归纳和概述，以期对后续研究角度和方式提供参考。概括来看，关于风险承担渠道的实证研究主要涉及以下四类角度：一是通过宏观数据分析，验证货币政策整体效应并计量风险；二是从微观数据着眼，考量利率变动对银行个体风险承担的影响；三是宏微观相结合，从宏观角度切入，以微观数据为基础，研究风险承担渠道的宏微观影响；四是从信贷关系角度，从信贷行为和信贷标准的变动来考察银行风险承担水平的变化[①]。

1. 宏观视角

相较于微观视角的研究，应用宏观数据来分析货币政策及其风险传导的研究相对较少。安格洛尼等（Angeloni et al.，2010）采用向量自

[①] 贺雅兰：《货币政策和宏观审慎政策双支柱框架下的银行风险承担研究》，中央财经大学博士学位论文，2020 年。

回归模型（VAR），对美国及欧洲银行业的风险承担渠道进行了时间序列分析。他们选取了三种不同的风险度量指标，分别是：消费及抵押贷款占银行风险融资贷款总额的比率；银行资产的边际风险即杠杆率（定义为资产与存款的比率）；一般公司部门随着股票市场价格波动的风险变动。研究指出，银行风险承担的影响存在延续性，政策影响的方向、特征及效应取决于所采用的风险度量指标，且其在美国及欧洲市场呈现不同方式。具体来说，他们发现货币政策引起的利率下行，对美国及欧元区银行的资产负债表均具有显著积极的影响，对美国银行的杠杆率有显著影响，而对股市波动的影响均不显著。

　　艾克梅尔和霍夫曼（Eickmeier and Hofmann，2010）采用因子增强型向量自回归模型（FAVAR），收集了美国 1987~2007 年的季度数据，来探究金融危机前观测到的货币政策效应失衡，这体现在如下三方面：高房价通货膨胀、强劲的私人债务增长及低信用风险利差。作为衡量银行信用风险水平的指标，其选取了 3 个月欧洲美元存款利率和 3 个月短期国债的利差，以及工商业贷款利率和 2 年期国债利差。实证分析显示，各种信用风险利差对货币政策利率下行均呈现负面反应，为风险承担渠道的存在提供了依据。

　　贝卡尔特等（Bekaert et al.，2010）描述了风险、经济不确定性及货币政策之间的动态关系特征。其将 VIX 指数分解为风险厌恶和不确定性两类，利用 1990~2007 年的美国市场数据进行 VAR 分析，结果表明风险厌恶和不确定性与货币政策之间的相互作用差异显著。宽松的货币政策在中期内抑制风险厌恶，而高度的不确定性会导致短期内货币政策立场放宽。

　　艾伯特和泰勒（Abbate and Thaler，2015）基于银行部门的有限负债和风险承担构建 DSGE 模型，解析银行的风险驱动及投资偏好。扩张性的货币政策使其有承担过度风险的冲动，并降低其投资回报预期。该文使用贝叶斯分析方法，评估美国银行业的风险承担反馈机制对中央银行最优货币政策决策的影响。研究认为，货币当局应当保持实际利率稳定，可以适当承受通货膨胀的波动，来平抑风险水平的调整和生产产出的变化。

2. 微观视角

　　有关银行风险承担水平的实证研究大多采用微观数据，如选用某一国或国家集团之间银行层面的数据作为基础。其中，吉姆斯等（Jimen-ez et al.，2009）选取了西班牙信用登记机构1984～2006年的银行业个人信贷数据。综合贷前风险特征及贷后业绩表现，旨在探究货币政策变化对银行业信用风险状况的影响。研究发现，短时期的利率下调会降低借款人的利息负担，从而可以缓释借款人未偿还贷款的违约风险。但是在组织贷款之前下调利率则会引起更多风险贷款的发放。中期来看，银行会放松其贷款标准，接受信用记录不佳的借款人，或者由于较高的抵押品价值和对收益的看重而容忍较高的不确定性。综上研究认为，低利率在短期内有助于提升贷款组合质量，而在中期内会增加贷款违约风险。文中还指出，中小银行和存款储蓄性银行，在银行间市场中处于资金出借方的地位，它们倾向于承担更大的风险。因而作者认为资产负债表强度、道德风险和银行所有权是货币政策对银行风险传导的影响因素。此外，他们发现，与高资本化银行相比，资本水平较低的银行倾向于向高风险企业扩张信贷规模。

作为少数在美国或欧洲地区之外的代表性研究，约翰逊等（Ioan-nidou et al.，2009）采用1999～2003年的银行资产负债表及利润表数据，结合公共信用机构提供的个人资料，来验证玻利维亚银行业的风险承担渠道。考虑到当时当地的经济已经完全美元化，他们选取美国联邦基金利率作为外生的货币政策指标。值得注意的是，其在研究利率变动影响的同时，不仅关注新增贷款状况，还关注涉及贷款定价的利率本身。他们得出与约翰逊等（Ioannidou et al.，2009）相似的结论，认为在贷款发放之前的利率下调会增加贷款违约的概率。此外，当市场宽松时，银行会下调贷款利率来迎合高风险贷款。他们对银行特征的研究结果显示，流动性较低的银行和资金水平不高的外国机构倾向于承担更多风险。

阿滕巴斯等（Altunbas et al.，2010）使用欧盟15国及美国643家上市银行1998～2008年的季度资产负债表数据，来分析银行业的风险承担渠道。其选取具有前瞻性的预期违约概率（EDF）作为衡量风险的代理变量，综合考虑了国家层面的制度影响、经济环境因素以及银行经营的特征变量。结果显示，由扩张性货币政策引起的短期利率与基准水平的负向偏差，会导致违约概率的增加。而使用银行风险的代理变量，如适应更长时间跨度及异质性的预期违约概率时，该结论依然成立。通过对银行特征的研究发现，资本充足、流动性水平较高以及资产规模适中银行，实际面临的风险较低。

德里斯和科雷塔斯（Delis and Kouretas，2011）应用 16 个欧元区国家 2001～2008 年银行业的季度资产负债表信息，来分析低利率对银行风险承担的影响。研究选取风险资产与总资产的比例、不良贷款占总贷款的份额作为风险指标，综合各种利率来估算风险模型。德里斯和科雷塔斯发现，低利率大大提高了银行的风险承担水平，这一结果对不同类别和年度的银行数据都是显著的。此外，实证分析还表明，对资本充足的银行来说，低利率对风险资产的影响较小；对表外项目较多的银行，低利率对其风险资产的影响较大。

洛佩兹等（Lopez et al.，2012）在其之前研究的基础上，在商业贷款之外选取了消费贷款的详细信息，来检验银行在向家庭发放贷款时的风险承担行为，并进一步比较不同贷款种类对风险承担渠道的影响。作为首例关注消费贷款风险承担的研究，该文章通过实证分析得出，哥伦比亚银行业在利率水平较低时倾向于承担更多风险，商业贷款的表现比消费贷款更加显著。此外，小型银行面对低利率会主动承担更多额外风险，并会向风险较高的借款人提供更多贷款。

3. 宏微观结合角度

另一类研究在其分析中综合利用了宏观及微观层面的数据。其中，格雷沃等（Graeve et al.，2008）通过构建综合的宏微观数据模型，探究微观银行层面与宏观经济状况之间的作用反馈。他们使用德国 1995～2004 年的宏微观经济数据，通过包括 CAMEL 评级的 Logit 模型观测银行层面的违约概率，进而将此微观经济模型与结构向量自回归模型（SVAR）相结合。结果显示，在实行宽松的货币政策后德国银行业出现危机的概率降低。此外，不同类型的银行反馈不尽相同，小型合作性银行出现危机的可能性更大，这种动态的异质性可能基于银行不同商业模式的选择。

尼科洛等（Nicolo et al.，2010）通过构建两类模型，判断美国本土货币政策变化对银行风险承担水平的影响。模型一中，使用商业贷款的季度数据，构建衡量风险承担的两项事前指标：内部风险评级的均值和贷款利率与联邦基准利率之间的相对价差。研究结果表明，政策利率对风险评级及相对价差都有负面影响,若银行部门的资本化水平较低,则这种负面影响并不显著。模型二中,使用银行层面的报表数据,考察政策利率的调整对银行资产组合总体风险的影响。以风险加权资产与总资产的比率来衡量银行风险承担水平,结果显示,实际利率与银行风险加权资产占比之间存在显著的负相关关系。若银行的资本化程度不充分,则风险加权资产随政策利率下降而增加的绝对值水平较低。研究认为,宏观经济环境状况以及银行个体特征对银行风险承担水平的影响非常重要,较低的政策利率与更大的风险承担相关,尤其对银行资本充足性反应敏感。

布什等(Buch et al.,2011)在其后的研究中,使用 FAVAR 模型分析了美国 1997～2008 年货币政策、商业地产价格和银行风险之间的联动关系。文中利用美联储对商业贷款调查的信息,来估算新增借贷规模及价格,进而构建新增贷款的风险反应模型。尽管其未能证明货币性的扩张或超预期的房地产价格增长会导致整个银行体系风险承担的加剧,但其研究指出,宽松的货币政策对银行风险承担的影响存在不一致性。比如,不同的银行集团对扩张性的货币冲击会做出不同的反应,从国内来看,中小银行倾向于承担更多风险,而外国银行愿意降低风险偏好,对于国内大型商业银行来说,风险暴露并不会发生显著改变。

布鲁诺和沈(Bruno and Shen,2015)同时考虑了国内背景和国外背景,揭示了货币政策国内传导和国际传导之间的联动关系。国内背景下的研究结果说明,宽松的货币政策会导致风险衡量的弱化和银行信贷能力的提升,因而在国内背景下货币政策的风险承担渠道具有较强的可操作性。国际背景下的结果展示了货币政策的风险承担渠道及其通过银行杠杆效应对金融变量和实际经济变量的影响,当实行宽松的货币政策时,对风险感知的降低会驱动银行业增加杠杆效应,加速跨境资本流动;而当实行紧缩的货币政策时,跨境银行的杠杆率下降,跨境资本流动减弱,进而作用于美元汇率。

4. 信贷角度

这类研究使用银行贷款行为的调查结果(如欧元区的银行贷款调查、美国的高级信贷员调查),通过判定货币政策是否影响银行的信贷投放,来衡量银行承担风险水平的变化。总体来讲,这些调查提供了关于贷款标准的相对信息，但并非绝对水平。相反，调查中的问题属于定性问题，我们得以审查贷款标准相较过去是否发生了变化，而贷款标准的松动表明低质量的借款人更易获得贷款。值得注意的是，尽管这些分析考察了较低的政策利率对银行贷款标准的影响，但并未涉及标准放松后银行随之面临的各种风险，实际上，信贷标准的放宽对于银行来说也并不一定意味着风险增加。

罗恩和摩根（Lown and Morgan，2006）对美联储发布的银行信贷标准信息进行了向量自回归模型分析，发现联邦基金利率的冲击并未引起信贷标准的明显变动，相反，出借人的贷款利率会随着联邦基金利率的变化出现大幅波动。此外，他们指出，银行资本与资产的比率和贷款标准之间存在负相关关系。

马达罗尼等（Maddaloni et al.，2008）使用欧元区银行贷款调查的相关信息，研究了 2002～2008 年货币政策变动对银行风险偏好的影响。他们发现，当利率下降时贷款标准明显放款。银行通过降低平均贷款利差、减少担保和契约要求以及增加贷款规模、延长贷款期限来放松信贷标准。同时，信贷标准的放宽对非金融机构的贷款规模影响更大。此外，马达罗尼等认为，长期较低的持有率会进一步松化信贷标准。证券化条件下，隔夜利率对信贷标准的影响较大，其中，大型银行往往对隔夜利率的反应不敏感，尤其是在向中小企业贷款方面。

马达罗尼和佩德罗（Maddaloni and Peydro，2011）采用欧洲和美国的信贷调查数据，分析了 2003～2008 年低利率对企业和家庭贷款标准的影响。研究显示，较低的短期利率使贷款标准放松，而这一结论对长期利率并不适用。此外，证券化活动使银行资本监管弱化并延长了低利率的持续期，促使贷款标准的进一步松动。

2.1.3　银行风险承担的影响因素

1. 宏观经济环境

宏观经济环境会影响银行对当前形势的判断和对未来发展的预期，而这种影响的方向是不确定的，可能加剧银行的风险承担意愿，也可能促使银行降低风险承担水平。一类观点认为，经济发展环境良好时，企业稳定发展，生产有序进行，个人收入提高，信贷平稳增长，银行基于对未来形势的良好预期，倾向于加大风险承担，提高杠杆率水平，进一步扩张信贷规模。比如，阿德里安和希恩（Adrian and Shin，2009）研究得出，银行的杠杆率具有顺周期的特性，当利率下行时，有效刺激经济发展，促进信贷规模扩张，银行的风险承担水平会相应提高；布什等（Buch et al.，2011）研究得出，国内生产总值的增长会对银行信贷供给和信贷需求产生正向冲击，从而引发潜在风险，加重银行风险承担；德里斯和科雷塔斯（Delis and Kouretas，2011）研究发现，国内生产总值的增长与银行风险承担水平呈现正相关关系，良好的经济发展氛围有助于银行稳步拓展业务，秉承对未来乐观的预期，进一步提升对风险的容忍度。与此同时，也有研究得到了相反的结论，阿滕巴斯等（Altun-bas et al.，2010）研究指出，当宏观经济发展态势良好时，银行的收入是可预期的，这种情况下个别银行会结合自身发展规划，调整发展战略，放缓规模扩张进程，可能会减少信贷风险承担意愿并采取相应措施，保持相对稳健的经营发展策略。

2. 行业市场结构

行业市场结构也会影响银行的风险策略，行业的竞争程度可能会强化银行的风险承担行为，也可能会弱化风险承担意愿。一类观点认为，激烈的市场竞争会促使银行承担过度风险，比如，海尔曼等（Hellman et al.，2000）研究得出，当市场中竞争不明显时，银行可凭借较低成本获取较高收益，其风险承担的意愿显著降低，无须过度承担风险就可以轻松获利；而当市场中竞争相对充分时，银行趋利的特性促使其加速扩张信贷规模，努力抢占信贷市场，也因此不得不放宽信贷标准，增加信用风险暴露；同样地，肯利（Keeley，1990）研究认为，市场竞争会通过特许权价值来影响银行的风险承担行为，充分的市场竞争会使银行的特许权价值降低，银行迫于竞争压力会逐步提高风险承担意愿。与此同时，也有一类研究得出了相反的结论，比如，鲍得和尼科洛（Boyd and Nicolo，2005）研究发现，当市场中的竞争并不充分时，单一银行的定价能力更具优势，银行等金融机构会通过提高贷款利率来增加收益，这会导致借款人的借贷成本上升，贷款的违约风险相应增加，银行需要为此承担更大的风险；德里斯和科雷塔斯（Delis and Kouretas，

2011）研究发现，当市场的集中度较高，也即在竞争并不充分的市场里，银行等信用中介实际上可能承载更大的风险。

3. 银行个体特征

（1）资本水平。

银行的资本金水平会影响其对政策变动的敏感性。尼科洛等（Nicolo et al.，2010）提出风险共担效应理论，认为银行在进行项目投资时，若投入的资金越多，也即资本充足率越高，那么若项目出现风险，其自身需要承担的损失就越大。研究进一步认为，当利率提高时，银行的资金成本相应提高，同时需要付出自有资金的机会成本，因此，较高的资本充足水平会使银行面临的风险加大，银行在投资过程中越发趋于审慎，对政策的敏感性显著降低。德艾里西亚等（Dell' Ariccia et al.，2010）也通过实证研究得出相似的结论，认为银行的资本充足率水平与风险承担行为密切相关，当其自有资金占比较大时，实际上承担了过度的风险，由于自身投入资本过多，需要确定更为稳妥的投资决策，以避免可能引发的损失。

（2）银行规模。

规模不同的银行在进行战略发展规划时一般会有所差别，也因此会确定不同的风险管理策略与风险承担偏好。关于银行规模对其风险承担行为的影响存在两种截然相反的观点，一类观点认为，银行的规模与风险承担行为存在正相关关系，如阿滕巴斯等（Altunbas et al.，2010）研究指出，银行业存在"大而不倒"的趋势，在政府隐性担保的加持下，规模越大的银行受到市场的约束越小，在不断发展创新业务的驱动下，倾向于挑战更大的风险承担水平；与此同时，另一类观点指出，较大规模的银行往往具备较高的风险管理水准，整体风险水平较低，比如，德里斯和科雷塔斯（Delis and Kouretas，2011）发现银行资产规模与风险承担水平呈现负相关关系，银行的资产规模越大，表明银行具备较高的风险投资能力，投资范围相对分散，收益水平整体稳定，实际上面临的风险越小。

（3）流动性。

保持适当的流动性是商业银行稳健运营的重要前提。关于流动性因素对银行风险承担的影响，主流观点认为，当流动性状况较好时，一般

33

判定银行面临的风险越小。流动性的突然性短缺往往是信贷危机的导火索，尼科洛等（Nicolo et al.，2010）研究发现，流动性越强的银行所承担的风险越小，因为其保有足够的流动性以应对风险的冲击，而流动性本身也能在一定程度上代表银行的综合实力。穆萨（Mussa，2010）研究指出，美国在1991～2010年的银行季度数据表明，在其他条件相同的情况下，流动性状况越好的银行，承担的风险越小。

（4）盈利能力。

保持盈利能力是商业银行维持流动性和安全运营的重要基础。主流观点认为，盈利能力较强的银行，所承担的风险水平相对较低。一方面，银行等金融机构当盈利状况较好时，经营效率比较突出，风险承担的激励效用不大，倾向于维持较低的风险承担意愿，从而维持当下的发展速度，降低风险承担行为；另一方面，对于盈利水平较差的银行来说，为获取高额回报，可能会更主动地参与高风险投资，加大风险承担意愿。阿滕巴斯等（Altunbas et al.，2010）研究得出，与盈利能力较强的银行相比，盈利水平较低的银行抱有更大的动机和意愿，去投资波动较大的资产以获取超额收益，或者放松信贷标准向信用状况稍差的借款人放贷等，从而改善其经营状况和收益水平。因此，盈利能力较强会减弱银行的风险承担意愿，降低银行的风险承担水平。

2.1.4 银行风险承担渠道的存在性及识别

风险承担渠道存在性是异质性和非对称性的前提，针对风险承担渠道国内外的研究较为充分，并且结论大同小异。

1. 银行风险承担渠道的存在性

甘博科塔（Gambacorta，2009）指出当较长时期的低利率发生时，银行会承担更高的风险。德里斯和科雷塔斯（Delis and Kouretas，2011）使用欧元区的年度银行数据，德里斯等（Delis et al.，2012）使用美国银行业的微观数据集，阿滕巴斯等（Altunbas et al.，2014）使用了十年欧盟和美国的银行业数据，德艾里西亚等（Dell' Ariccia et al.，2017）使用来自美联储商业贷款条款调查的美国个别银行贷款评级数据也得出类似的结论，以此证实了货币政策的银行风险承担渠道的存在性。

类似的研究不仅在西方欧美国家进行，其他国家和地区也在进行。安格洛齐等（Agoroki，2011）基于哥伦比亚银行的数据，通过实证分析发现在不同的宏观经济状况下，低利率导致新贷款的违约概率增加、旧贷款违约概率降低的概率会有所不同。罗摩雅迪等（Ramayandi，2014）以一组亚洲公开的上市银行的数据为研究样本，利用年度及季度数据，发现过低的利率会增加银行的冒险行为，即银行风险承担与利率之间呈显著负相关。奥苏卡等（Özşuca et al.，2016）以土耳其银行的季度数据为研究样本，研究了土耳其货币政策的银行风险承担渠道的存在性，认为较低的短期利率降低了未偿还的债务的风险；然而，当短期利率低于理论基准时，银行的风险承担就会增加，博菲姆等（Bonfim et al.，2018）基于葡萄牙的贷款数据，得到了类似的研究结果。

国内不少学者也利用不同的实证模型来验证此渠道在我国是否也存在，以固定效应模型、差分和系统 GMM 模型更为常见。徐明东等（2012）、张雪兰等（2012）都采用系统 GMM 模型对银行风险承担渠道的存在性进行了实证检验。使用 GMM 模型的其他研究还包括陈玉婵等（2012）、刘生福等（2014）、李菁等（2014）、代军勋等（2018）、郭田勇等（2019）、蒋海等（2021）。另外牛晓健等（2013）使用对衡量风险更为敏感的预期违约频率（EDF），基于 14 家上市三年以上的中国上市银行的数据，使用差分 GMM 模型以及固定效应模型验证了此渠道在我国同样存在。

近年来的一些研究也倾向于创新实证模型，江曙霞等（2012）将存款准备金率引入了门槛面板模型，研究发现银行的风险承担水平会随着存款准备金率以及实际利率的降低而增加。杨海维等（2023）认为货币政策与银行风险之间可能存在复杂的非线性关系，并采用面板阈值模型进行分析，研究发现银行风险承担对货币政策实施的反应取决于政策基准利率偏离泰勒规则利率的程度。此外，邓向荣（2018）将流动性纳入 DLM 模型，研究发现宽松的货币政策会促进银行表内流动性的增加，而使表外流动性减少。陈国进等（2020）运用 Co - VaR 和 CCA 的方法，实证检验商业银行的系统性风险对货币政策实施的反应并且探讨货币政策与宏观审慎监管的协调性。

由于货币政策工具的丰富性，研究者可选择的工具自然也具有多样性，因此研究不同类型的货币政策对银行风险承担是否有不同影响的文献也很丰富。金鹏辉等（2014）基于 2004 年 6 月至 2012 年 12 月的月度股市数据，实证检验货币政策风险承担渠道存在性的基础上得到利率政策对银行风险承担的影响更大。汪宜香等（2021）认为，实行高利率的货币政策会使商业银行主动承担更多的风险，在货币政策立场及数量型货币政策中，存款准备金率和实际货币供应量增速较高时，银行过度风险的行为会受到抑制。巴曙松等（2018）认为，价格型货币政策和数量型货币政策的风险承担效应是存在的，但是结构性货币政策的风险承担效应并不存在；不过，也有文献证实了两者之间的关系，黄之豪等（2018）以我国 51 家商业银行的 2011～2016 年数据为研究样本，引入新型货币政策工具 SLF 进行实证研究，结果显示扩张性的货币政策会增加银行风险；李炳念等（2023）基于我国 16 家上市银行 2015～2020年的月度数据，研究发现以 MLF 为主导的结构性货币政策抑制了商业银行的系统性风险，但是 SLF 和 PSL 则没有这一效果。

2. 银行风险承担渠道的识别

目前国内外主要有两种方法剔除货币政策传统传导渠道的影响。

第一种是数据方面的，利用银行贷款评级数据剔除其他渠道的影响，在国内项后军等（2017）利用贷款五级分类结构构建了贷款质量指标，从而明确了我国银行风险承担渠道的存在性。

第二种是变量控制方面的，使用模型中的控制变量来剔除其他渠道的干扰。例如，阿滕巴斯等（Altunbas et al.，2014）用宏观变量控制资产负债表渠道，用银行特征作为微观变量控制银行信贷渠道，并以欧元区以及美国两大经济体为研究对象，实证检验银行的风险承担渠道的存在性。国内近年来开展的一项研究中，项后军（2018）也使用类似的方法进行实证研究。

2.1.5　风险承担渠道的调节效应

此外，还有学者添加了调节变量来研究和货币政策如何共同对银行风险承担产生影响。吴等（Wu et al.，2022）基于 2000～2018 年 43 个国家约 1100 家上市银行的数据，研究发现当出现经济政策不确定性时，银行风险承担对货币政策的反应程度会被削弱。庞晓波等（2018）实证检验了净稳定资金比率对银行风险承担渠道的调节作用；巴曙松等（2018）检验了银行风险承担渠道的存在性以及银行风险承担对货币政策实施做出的反应会被贷款损失准备金调节；顾海峰等（2020）检验了银行的风险承担渠道中银行业竞争度与景气度的调节作用；李双建等（2020）则检验了银行竞争对银行风险承担渠道的影响；张晶等（2023）研究发现，影子银行的存在会放大银行风险承担对货币政策实施的反应程度。

针对于宏观层面的研究，不少学者将货币政策与宏观审慎监管政策结合起来进行研究。方意等（2012）认为，货币政策与宏观审慎监管政策之间的关系究竟如何取决于银行的资本充足率和宏观经济状况；张朝洋（2019）、陈国进等（2020）、马勇等（2021）均检验了货币政策与宏观审慎监管政策对银行风险承担的协同作用；郭丽娟和沈沛龙（2023）认为在开展双支柱调控时要关注国有银行和其他股份制银行行为差异，对其他股份制银行采取适度偏紧的调控政策，约束其过度风险承担行为。

2.1.6　国内外研究评述

1. 国内外研究总结

银行对风险偏好的主动选择，将对自身资产结构和信贷规模产生重大影响。一方面，货币政策的制定与效果的传导，会对具有有限理性的银行等金融机构的风险决策产生影响；另一方面，宏观审慎政策在防范系统性风险传导的同时，也在调节着如银行等市场参与者的预期及决策，与此同时，银行对政策调控的反应模式也制约着政策的传导效率和实施效果。相关理念在国内外研究领域已达成广泛共识，且随着风险的多样变化和繁复交叉，相关概念逐渐成为研究的焦点。

综合来看，关于银行风险承担的有关效应可分为以下六类，即追逐收益效应、习惯养成效应、风险转移效应、价格传导效应、沟通反馈效应和杠杆效应。其中，前三类效应反映了银行对风险承担意愿和水平的主动调整，后三类体现了银行风险承担能力的被动变化。可以说，上述作用机制都是影响银行风险承担水平变化的驱动力，某一类效应本身可能存在正向影响，也可能发挥负向作用，不同的研究得出的结论并不相同。效应之间可能也会相互加强或彼此削弱，从而导致实际风险承担的不确定性。几类效应之间更有可能是同时作用、彼此制衡，实际上并不存在哪个机制或某类效应更为重要。

影响银行风险承担意愿和水平的因素有很多，可以将其逐步细化为经济、行业、个体层面，具体为宏观经济层面、行业市场结构和银行个体特征。而细究其类，这种划分并非绝对，而影响方向也并不唯一。宏观经济层面，有研究认为，当宏观经济发展处于上行期，银行基于对当期及未来的乐观预期，更倾向于加大风险承担，挑战高收益的风险投资，从而扩大利润来源；也可能基于未来盈利增加的预期，反而减少信贷风险承担，采用相对稳健的经营策略。行业市场结构层面，有研究认为，激烈的市场竞争会强化银行的风险承担行为，也有分析显示，竞争不充分、行业集中度较高的市场，银行相对承担更多风险。银行个体特征层面，银行自身的资本水平、资产规模，流动性和盈利能力等方面都会对银行风险承担水平产生影响，很多研究的结果是相反的，要具体情况具体分析，不能一概而论。

2. 存在的不足与改进

需要指出的是，银行风险承担的有关理论文献仍处于发展阶段，实际上影响银行风险的因素较为复杂且不易有效衡量，目前已有研究相对有限。个别研究提出了形式上的模型，包括风险承担渠道各个机制的共同作用，对于政策效应的影响，包括不同货币政策工具、宏观审慎政策工具对银行风险承担的影响，但仍缺乏深入系统的研究，仅涉及单一政策本身，未充分比对不同政策工具的异质性，且未能将政策间的相互作用纳入研究框架。在仅有的研究中，样本模型仍以发达国家为主，较少涉及发展中国家。

针对上述情况，本书在以下三个方面有所创新：

第一，强调货币政策与宏观审慎政策的协调作用。对于宏观审慎政策的代理变量，选取具有一定代表意义的宏观审慎政策指数，并考察法定存款准备金率的宏观审慎功能。在此基础上，强调货币政策与宏观审慎政策的协调与搭配，以双支柱调控框架助力金融稳定和经济发展的双重目标。

第二，贯穿政策传导的作用与反作用。银行等金融机构作为市场的重要参与者，也是政策调控的最终目标。银行对政策调控的反应模式同时制约着货币政策的传导效率和宏观审慎政策的实施效果。本书既考察了政策传导过程中货币政策和宏观审慎政策如何影响银行风险承担水平，影响的方向和程度如何，又基于政策效应对银行如何全面提升风险管理能力作出规划。

第三，聚焦微观主体，选取特征变量。本书关注银行风险承担能力及水平的变化，从微观主体的角度出发，考察银行的风险偏好和风险策略对货币政策和宏观审慎政策效应的反馈机制。

2.1.7　小结

银行作为最重要的金融中介机构，通常会根据自身的风险管理策略和实际风险管理能力，制定与之相匹配的风险政策与风险限额。银行如何确定自身风险意愿、明确风险水平、根据风险承担结果调整风险管理策略，是一项复杂且干扰因素众多的工程。此外，除了主动依据风险承担偏好确定风险承担水平外，银行等金融机构也常常受制于外界因素的变化而被动调整风险策略。所以，影响银行风险承担的因素既依赖于宏观经济发展状况、市场结构约束，也基于内部公司治理机制，更与外部监管环境密不可分。

关于风险承担渠道的实证研究仍占少数，主要涉及以下四类角度：一是通过宏观数据分析，验证货币政策整体效应并计量风险；二是从微观数据着眼，考察政策效应对银行风险承担行为的影响；三是宏微观相结合，从宏观角度切入，以微观数据为基础，研究风险承担渠道的宏微观影响；四是从信贷关系角度，从信贷行为和信贷标准的变动来考察银行风险承担水平的变化。

影响银行风险承担意愿和水平的因素非常繁杂，本书将其逐步细化为经济、行业、个体层面，具体为宏观经济层面、行业市场结构和银行个体特征。而细究其类，这种划分并非绝对，而影响方向也并不唯一。宏观经济层面，有研究认为，当宏观经济发展处于上行期，银行基于对当期及未来的乐观预期，更倾向于加大风险承担，挑战高收益的风险投资，从而扩大利润来源；也可能基于未来盈利增加的预期，反而减少信贷风险承担，采用相对稳健的经营策略。行业市场结构层面，激烈的市场竞争会强化银行的风险承担行为，竞争不充分、行业集中度较高的市场，银行相对承担更多风险。银行个体特征层面，银行自身的资本水平、资产规模，流动性和盈利能力等方面都会对银行风险承担水平产生影响，很多研究的结果是相反的，要具体情况具体分析，不能一概而论。

最后，基于国内外研究情况，本章进行了简要的评述，在总结已有研究成果的基础上，提出现有研究存在的不足，如仅涉及单一政策本身，未充分比对不同政策工具的异质性，且未能将政策间的相互作用纳入研究框架等。针对上述不足，本书在政策搭配和指标选取方面都进行了改进，在考量单一政策影响的基础上，重点考察货币政策和宏观审慎政策的协调搭配。

2.2 货币政策的银行风险承担渠道作用机理研究

2.2.1 货币政策的传导机制演进

货币政策传导机制是指通过运用货币政策工具，实现货币政策目标的过程，它涵盖货币政策措施制定、实施到发挥效应的全流程。货币政策的最终目的是影响和干预实体经济发展，关于政策传导的机制渠道，采用不同的分析角度会产生不同的分类。通常意义上来讲，可以将货币政策的传导渠道分为货币传导和信用传导渠道两类（见图 2-1）：货币传导渠道一般包括在国内封闭经济状态下的利率渠道和资产价格渠道等，以及考虑到开放经济环境的汇率渠道，其核心理念是以利率为传导的中介目标，通过利率调节来影响消费和投资，从而影响社会总体供需水平；而信用传导渠道包括银行信贷渠道和资产负债表渠道等，其主要观点是通过调节资金头寸来影响可贷资金，进而影响投资支出引起总产出变化。

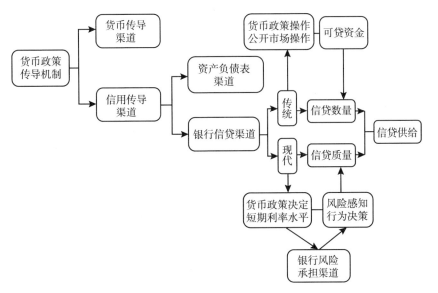

图 2 - 1 货币政策的传导机制结构

（1）货币传导渠道。

货币传导渠道认为货币和债券是金融资产仅有的两种形式，货币政策通过对货币供应量的调控，来影响市场对货币与债券这两种资产的配置情况，改变金融资产的价格，并通过利率的传导来影响投资水平，进而调节社会总产出水平。货币传导渠道提出，货币资产和信贷资产是完全可替代的，资产价格渠道、财富效应理论、利率和汇率传导渠道等形式都是货币传导渠道的现实体现。

凯恩斯学派的货币传导理论。凯恩斯在著名的《就业、利息和货币通论》中，对货币、利率、投资与有效需求的相互影响进行了详尽阐述，将上述环节串联成一个有效闭环。该理论认为，当总需求与总供给达到均衡状态时，决定了总产出的水平，而总供给在短期内变动并不大，因而，总产出实际上取决于社会总需求的水平，也就是我们通常意义上讲的有效需求。此时，如果消费需求不足，边际消费倾向就会出现递减趋势，为了弥补供需缺口，投资需求成为其中的关键。随着投资的不断增加，资本边际效率呈现递减状态，此时，利率又成为影响投资需求的重要因素。利息率的高低取决于人们对流通中的货币的需求程度，可以理解为，人们为了获得相应回报而放弃对流动性的偏好就形成了利息。凯恩斯学派通过完善这一机制，将货币、利率、投资和有效需求串联起来，货币政策的传导过程就可以理解为利率效应发挥作用的过程。

托宾 Q 理论。货币政策在传导的过程中会影响股票的价格。托宾提出，Q 比率是公司市场价值与资产重置成本的比率，Q 理论的主要思路为，当货币环境相对宽松，货币供应量上升，利率呈下降趋势，股票价格出现上涨，相当于公司市值增加，Q 比率大于 1，此时公司的市场价值比资产重置成本高，新厂房设备的成本比企业的市场价值低，购买新资产更有利，投资需求出现增长，企业开始扩张投资；与之相反，当货币环境缩紧时，货币供应量下降，利率呈上升趋势，股票价格出现下降，相当于公司市场减少，Q 比率小于 1，此时公司的市场价值低于资本的重置成本，投资需求因而减少，企业投资支出也相应减少。Q 理论通过这种方式连接了股票价格与实体经济，将股票价格波动映射在企业资产结构上，从而影响社会的投资产出水平。

货币学派的货币传导机制理论。货币学派的理论以弗里德曼最为经典，该理论认为货币政策不会引起利率的变动，只会引起货币供应量的变化。由于政策效果显现滞后，物价在短时间内不会立刻调整，此时若货币供给增加，相当于流通中的货币供应变多，就会使投资需求相应增加、产出增加，最终导致物价上浮。同时，投资需求的增加又会促进利率增长，生产成本出现上涨，使生产减少，总产出呈现下降趋势，供需力量相互平衡达到均衡状态。这种传导机制可以表现为资产组合效应和财富效应。前者将资产定义为金融资产、实物资产、人力资本等形式，相较于货币而言，资产有了更多的表现形式和替代方式，当货币供应量改变时，同时会对实物资产造成冲击，从而影响总产出水平。后者强调消费者的消费水平由其一生享有的资源决定，货币供应量的改变会引起财富水平的变化，从而影响总收入水平。

财富效应理论。莫迪利安尼提出了财富效应理论，该理论认为消费者的消费水平是由生命周期基础上的全量财富所决定，而货币政策在传导过程中，会对个人财富水平产生影响。金融产品和人力资本都属于个人拥有的财富，当货币政策变化时，股票的市场价值发生波动，从消费角度来看，社会总产出出现调整，从而引发居民财富水平的变动。例如，在宽松的货币政策环境下，股票的市场价值上升，持有股票的居民认为财富水平上升，会更愿意增加消费，从而引起社会总产出的提升；与此同时，在收紧的货币政策环境下，股票的市场价值下跌，持有股票的居民认为财富水平出现缩水，会更减少支出和消费，从而引起社会总产出水平的降低。

汇率渠道理论。将开放的经济环境考虑在内，就演化出汇率渠道的传导理论。该理论指出，在开放经济环境中，资本在全球范围内是可以自由流动的，考虑到不同国家不同资产之的替代性，资本的逐利性会趋使利率从低处向高处流动，从而形成资本在不同区域乃至不同国家间的转移。倘若一国的货币政策发生变动，就会引起外币资本流入或者流出，引发汇率出现相应波动，这就会导致本币出现升值或者贬值，进而引起货物进出口流通的变化。具体地，例如央行实施宽松的货币政策，短期内商品价格会出现轻微下调，导致本币的收益减少，关于本币的货币需求下降，本币出现贬值，长期来看由于本国货物更具有竞争力，会导致出口增加，总产出水平提高；相反地，若央行实施收紧的货币政策，利率的上升会导致本币收益增加，关于本币的货币需求上涨，本币出现升值，长期来看本国商品的价格更高缺乏竞争力，会引起出口下降，总产出水平减少。

（2）信用传导渠道。

信用传导渠道提出，由于信息不对称性的存在，货币资产和信贷资产不可以相互替代。商业银行作为信用中介机构，就是为了克服借贷双方的信息不对称问题，并在一定程度上缓解道德风险，减少沟通成本，提高交易效率。那么，货币政策在发挥效用的同时，不仅会影响货币渠道，同时也会作用于信用渠道，实际上信用传导理论并未否认货币渠道的传导作用，而是强调和货币传导和信用传导的相互补充。

具体来讲，可以将信用传导渠道区分为银行信贷渠道和资产负债表渠道。实际上，银行信贷渠道和资产负债表渠道既存在一定关联又表现出明显差异，两者的相同点在于，均认可货币政策通过影响信贷投放对实体经济产生作用，以信贷规模调控增加或减少企业投资和产出水平；两者的区别在于，银行信贷渠道是从银行的角度考虑资金的出借，而资产负债表渠道是从企业的角度来考虑资金的融入。

①银行信贷渠道。银行信贷渠道是指货币政策在传导的过程中，通过改变信贷供给来影响贷款规模，从而对实体经济产生影响。银行信贷

渠道发挥作用的两个前提假设是，货币政策能有效调控信贷供给，且银行在资金借贷市场上具有不可替代性。当央行实行扩张性的货币政策时，银行体系的准备金增加，进而可贷资金上升，银行随之调整其信贷投放规模、价格及对象，整体信贷出现扩张，贷款成本下降，投资支出增加，社会总产出上升。

伯南克和布兰德（Bernanke and Blinder，1988）提出了狭义的银行信贷传导渠道，他们认为，中央银行在实施货币政策时，实际上会作用于银行信贷，通过调控信贷供给来影响企业的生产投资，进行实证检验后发现，当美国联邦基准利率上调后，银行的存款和贷款都出现了明细的降低。罗默等（Romer et al.，1990）研究指出，美国在推行收紧的货币政策后，企业的多源融资渠道中银行贷款的比重会有所下降，并据此认为，当货币政策从紧时，票据的发行量出现显著增加，企业采取票据融资的占比有所提升，以银行信贷融资的方式相应减少。此外，他还强调，如果银行能够发行大额存单、中期票据等非存款性融资，可以有效弥补存款的减少，从而维持信贷规模。莫里斯和塞隆（Morris and Sellon，1995）研究得出，货币政策通过影响银行信贷规模对借款人进行约束，这类借款人以银行贷款作为最重要的融资渠道，货币政策通过这种方式最终影响实体经济的产出。不过需要注意的是，他们发现如果银行能以发行债券来抵消存款下降的不良影响，从而维持信贷规模不变的情形下，紧缩性货币政策是无法起到调节作用的，在存款并未降低的前提下，信贷供给也不会出现大幅收紧。卡什亚普、斯坦和威尔克斯（Kashyap，Stein and Wilcox，1996）研究认为，中央银行不能直接调节信贷供给，在使用货币政策调控时，一定要通过银行信贷渠道才能干预信贷规模。当货币政策收紧时，企业的融资成本上升，在贷款融资受到挤压的情况下，会转而发行票据融资来补充资金缺口，这就间接影响了企业的融资方式，相当于对实体经济施加作用，改变了经济实体的投资行为。

费维罗、奇亚瓦兹和法拉毕（Favero，Giavazzi and Flabbi，1999）分析指出，不同国家面临紧缩的货币政策时，银行的信贷投放表现有所差异，德国、西班牙和意大利的小型银行会积极揽储以保持信贷规模，以保障信贷投放免于受到流动性紧缩的影响。德汉（DeHaan，2003）研究显示，荷兰的银行贷款渠道只适用于无担保贷款，货币政策变动对企业贷款的影响更为强烈，而对家庭贷款的影响相对较弱。吉姆斯等（Jimenez et al.，2012）研究发现，货币政策影响信贷投放对于不同特征的银行来说具有异质性，通过分析西班牙的信贷数据可以得出，紧缩性的货币政策会导致经济状况变差，对于资本水平较低的银行和流动性较差的银行来说，信贷投放收紧十分明显。莫雷斯、皮德罗和路易斯（Morais，Peydro and Ruiz，2015）分析得出，货币政策调整以及由此引起的信贷供给变化不是单一的，而会通过银行间进行国际传导，比如，英国国内的货币政策调整，会通过银行信贷传导途径，最终影响墨西哥银行业的信贷投放规模，干预墨西哥企业的融资方式。

国内学者也对货币政策的银行信贷传导渠道进行了研究。赵昕东、陈飞和高铁梅（2002）构建了货币政策冲击的反应模型，研究发现，相对于银行信用传导渠道，我国的货币传导渠道影响更为显著。与之结论相反，周英章和蒋振声（2002）研究认为，在我国货币传导渠道和信用传导渠道虽然同时发挥作用，但信用传导渠道占据绝对地位，经济转轨时期的信用传导障碍对货币政策的有效性发挥形成一定阻碍。孙明华（2004）研究证明，我国货币政策对实体经济产生影响主要是依靠货币传导渠道，信用传导渠道对国内生产总值的影响十分有限。蒋瑛琨、刘艳武和赵振全（2005）研究指出，信用渠道在我国由直接调控转向间接调控的关键时期效果显著，银行信贷渠道在我国的货币政策传导过程中占据关键地位。盛松成和吴培新（2008）通过对我国货币政策的传导渠道进行分析，指出货币传导渠道在我国并不存在，银行信用渠道才是最重要的传导机制，因此在宏观经济调控时，应该更关注信贷规模的变化。

②资产负债表渠道。资产负债表渠道指出，信息不完全条件下会产生逆向选择问题、道德风险问题等，会对投融资双方的交易决策产生影响，进而影响市场交易效率。货币政策会通过利率等变量引起企业资产负债表状况的波动，进而引发净现金流、抵押品价值的变动，在逆向选择及道德风险的影响下，企业将改变其投资或支出决策。简言之，货币政策的变化会引发企业净值波动，继而干预银行信贷投放，并最终体现在社会总产出的变化上，同时，以类似乘数效应的方式引起社会总需求发生变动。

货币政策传导的资产负债表渠道是由伯南克和钱德勒（Bernanke and Gertler，1989）首次提出的。他们指出，货币政策的变化会引起企业资产负债表中财务指标的变动，进而影响企业的投融资行为，使社会产出水平发生变化。比如，紧缩的货币政策会引起企业资产负债表状况恶化，企业的资产净值和现金流量等发生变化，企业融资能力受到影响。钱德勒和吉克里斯特（Gertler and Gilchrist，1993）研究发现，信用市场本身由于信息不对称等因素是不完善的，企业过于依赖银行信贷等外部融资方式，当面对货币政策冲击时，企业的融资能力会影响其对政策反应的敏感程度。比如，当货币政策收紧时，对于制造型企业来说，规模较小的企业相较于规模较大的企业获得银行贷款的难度更大。吉克里斯特和扎克雷赛克（Gilchrist and Zakrajsek，1998）研究认为，金融市场也存在天然缺陷，这将导致货币政策在传导时，对于不同类型的银行会产生异质性的影响。比如，当货币政策收紧时，信贷资源相对稀缺，同等条件下，大型企业选择银行的间接融资时占有优势，而中小企业得到银行贷款的难度较大，但实际上中小企业对外部融资的依赖更加强烈。安格泼罗和吉布森（Angelopoulou and Gibson，2009）分析认为，英国的货币政策传导过程中，资产负债表渠道发挥着重要作用，尤其在货币政策收紧的时期，企业的投资支出对现金流状况非常敏感。甘博科塔（Gambacorta，2005）研究提出，流动性在银行信贷传导过程中发挥着重要作用，银行在决定信贷投放时，会将个体及系统的流动性纳入考量，比如，当货币政策紧缩时，规模较小、资本水平偏低、流动性相对较差的银行，信贷投放量下降更为明显。

国内有关货币政策传导的资产负债表渠道的研究并不多。赵振全、于震和刘淼（2007）研究发现，金融加速器效应在我国表现突出，信贷冲击引起的信贷市场波动十分显著，货币冲击和价格冲击的影响位于其次。信贷渠道既是导致经济波动的根源，也同时是加剧波动的关键传导中介。朱新蓉和李虹含（2013）分析指出，我国货币传导的过程中，资产负债表渠道存在且有效，资产负债表效应对于不同行业来说表现出非对称性，在部分行业的效应表现较差。

（3）银行风险承担渠道。

货币政策的制定与效果的传导，会对具有有限理性的银行等金融机构的风险决策施加影响，使其根据当前及未来时期的政策态度，随时调整自身风险承担的意愿和偏好。同时，银行等金融机构作为市场的重要参与者，对货币政策调控的反映模式，也同时约束着货币政策的传导效果和实施成效。因而，研究货币政策与银行风险承担之间的互动关系，不仅关乎个体的稳健运行，更涉及金融体系整体稳定的大局。随着货币政策传导机制的不断演绎和深化，银行风险承担渠道应运而生，与传统的货币政策传导机制相比，银行风险承担渠道注重考量微观主体，着重强调了银行风险管理和风险偏好对于货币政策作用的反馈机制。货币政策的其他渠道与风险承担渠道一起，共同影响着货币政策的实施效果。

次贷危机之后，关于货币政策的研究大多围绕政策传导与银行风险承担展开：在货币政策制定层面，重点分析货币政策与银行风险承担之间的作用关系，即货币政策的制定和实施，是否会影响银行风险策略的调整，是否应将银行的反应机制纳入政策制定的框架中；在货币政策传导层面，主要研究传统的货币政策传导机制与银行风险承担渠道的区别和联系，在货币政策传导的过程中，银行风险偏好的变化趋势如何。

有些学者认为，货币政策的风险承担渠道是货币政策信贷传导渠道的再放大机制，这是因为两者都强调了银行在货币政策传导中的作用，但二者的区别在于：广义的货币政策信贷渠道是指货币政策通过改变投资者的预期和资产价值的估值来影响信贷的供给量，最终作用于总产出，关注的是信贷的数量；风险承担渠道则是通过改变投资者的风险认知或者风险容忍度来影响投资决策，关注的是信贷的质量。

2.2.2　我国货币政策调控环境及阶段性调整

1. 当前货币政策调控环境

2010 年，《巴塞尔协议Ⅲ》开始实施，对银行的资本构成、资本充足率以及流动性等方面的监管更为严格，这对包括我国在内的世界主要国家商业银行的稳定发展影响深远。国际普遍认同金融机构资本充足率较低是导致此次金融危机的重要原因，协议通过提高金融机构资本充足率的要求，有效抑制金融机构的过度投机，增强金融机构抵御风险、应对损失的能力。

2012 年，银监会颁布《商业银行资本管理办法（试行）》《过渡期内分年度资本充足率要求》等制度，明确了核心一级资本充足率、一级资本充足率、资本充足率的最低标准，要求商业银行在最低资本要求的基础上计提储备资本（见表 2 - 1）。同时，对此后各个年度的资本充足率要求做出相应规定，以强化商业银行资本监管、维护银行体系稳健运行。

表 2 - 1　　　　我国商业银行过渡期内分年度资本充足率要求　　单位：%

类别	项目	2013 年底	2014 年底	2015 年底	2016 年底	2017 年底	2018 年底
系统重要性银行	核心一级资本充足率	6.50	6.90	7.30	7.70	8.10	8.50
	一级资本充足率	7.50	7.90	8.30	8.70	9.10	9.50
	资本充足率	9.50	9.90	10.30	10.70	11.10	11.50
其他	核心一级资本充足率	5.50	5.90	6.30	6.70	7.10	7.50
	一级资本充足率	6.50	6.90	7.30	7.70	8.10	8.50
	资本充足率	8.50	8.90	9.30	9.70	10.10	10.50

当前我国发展处于转型发展的重大机遇期，虽然经济发展面临着长短期和内外部一系列因素的影响，面临着一些新变化新挑战，但是经济长期向好的发展态势没有改变。在经济下行压力影响下，实体经济在生产过程中的融资需求方面呈现减弱，而另一方面金融机构在提供融资供给方面，也因为利率水平、资本充足情况和流动性水平等方面因素的影响，呈现出更低的风险偏好。当前货币政策应当以"稳健"为发展目标，保持稳定的货币政策是基本的工作原则和重要的指导思想，要保持稳中求进的发展态势，通过不同货币政策工具的组合，促进政策协调搭配，支持实体经济发展。维持合理的流动性水平，保持平稳的利率结构，是将货币政策的传递效应得以发挥的微观基础，有助于对供给侧结构性改革提供良好的政策环境，对经济结构保持高质量发展创造稳定的货币环境。

中国人民银行致力于减缓货币供需冲突，积极发挥货币政策在结构优化方面所起到的效果，不断创新货币政策工具。中国人民银行在保持传统常用的定向降准、定向再贷款、定向再贴现等工具之外，创新性地先后推出了短期流动性调节工具（SLO）、中期借贷便利（MLF）、常备借贷便利（SLF）、定向中期借贷便利（TMLF）、贷款基础利率（LPR）、抵押补充贷款（PLS）等结构性货币政策工具，有效发挥了结构性货币政策精准滴灌的作用。

2. 货币政策的阶段性调整

第一阶段：2010～2011年，稳步调整阶段。这一阶段货币政策整体是为了修复2008年金融危机以来给我国经济发展带来的影响，2010年货币政策表述提出要逐步引导货币条件回归常态水平作为当下的主要任务，整体方向上是适度宽松的货币政策。至2011年，在方向上直接转向稳健货币政策，仅隔一年，在货币政策上与2010年有一定差异，因此可以说，这一阶段货币政策处于不断调整的过程，逐步将货币条件回归常态水平，来应对通货膨胀压力不断加大、存款准备金率和存贷款基准利率的多次上调，以维持市场稳定。这一时期，商业银行不良率呈下降趋势，不良率存在一定滞后性，因此到2012年，不良率创下了8年以来的最低值，而资本充足率则呈现上升趋势。

第二阶段：2012～2015年，稳健宽松阶段。在这一阶段，我国货币政策的背景是全球经济增长动力不足、国内经济增长放缓，同时我国利率市场化正在逐步向前推进，货币政策面临着一些新情况，总体发展思路仍然是保持稳健，在此基础上预调微调对经济发展带来一些支撑，因此前后多次下调存贷款基准利率，同时开放更多货币工具灵活提供不同期限流动性，市场化因素不断增强。反映在商业银行不良率上面，则是不良率的持续大幅攀升，风险容忍度不断提升，资本充足率滞涨甚至部分年份出现回落。

第三阶段：2016～2020年，稳健灵活阶段。经过2010～2015年货币政策的不断微调，至2016年，我国经济发展正式步入转型发展时期，供给侧改革以及绿色经济发展成为主题，经济增幅的稳定发展成为常态，货币政策及时适应这种变化，我国的经济增长已经转向高质量发展阶段，不再适宜粗放式的发展模式，货币政策需要保持稳健中性，全力为转变发展方式、优化经济结构、转换增长动力创造条件。这一阶段货币政策适应形势演变灵活应对，符合我国处于高质量发展的阶段性特征，发挥结构性政策工具的导向作用，汇率弹性显著增强，稳妥推进

LPR 改革。必须强调的是，这一阶段我国正大力推进金融领域的监管整顿，商业银行的业务风险主动暴露，理财业务、表外资产以及各种资金通道受到重大影响，在这一背景下不良率并未呈现大幅攀升，得益于逆周期调节强度与力度的准确把握。与此同时，资本充足率仍然保持稳定态势，已经远高于《巴塞尔协议Ⅲ》的要求。表 2 - 2 列示了我国商业银行 2010～2018 年资本充足率及不良率。

表 2 - 2　　　我国商业银行 2010～2018 年资本充足率及不良率　　　单位：%

年份	2010	2011	2012	2013	2014	2015	2016	2017	2018
资本充足率	12.2	12.7	13.25	12.19	13.18	13.45	13.28	13.65	14.20
不良率	1.14	1.00	0.95	1.00	1.25	1.67	1.74	1.74	1.89

资料来源：国家金融监督管理总局网站。

2.2.3　货币政策的银行风险承担渠道作用机理

按照传统的货币政策传导渠道，当货币当局实施扩张性的货币政策时，只需要考虑使用合适的货币政策工具释放或者收紧流动性，并且通过金融机构的信用创造和信用紧缩来实现对实体经济的调控作用，然而次贷危机的爆发使国内外学者意识到银行在货币政策传导渠道中的重要作用，并由此提出银行风险承担渠道，而银行风险承担渠道主要通过以下几个效应进行传导。

1. 追逐利益效应

雷简（Rajan，2006）认为，在宽松的货币政策下，金融市场参与者出于行为、契约或制度原因更愿意承担更高的风险，这主要是因为低利率时无风险资产的收益率低于风险资产的收益率。即低利率导致投资回报降低，为了获得正常的投资回报，银行、资产管理公司和保险公司往往会承担更多的风险，投资于高风险产品，这就是追逐利益动机。

其实追逐利益效应主要是因为目标收益率的粘性，因此产生此现象的原因主要是：当市场利率较高时，银行等金融机构可以投资于安全性较高的项目达到目标收益率，但是利率较低时，由于目标收益率的粘性，银行等金融机构倾向于主动承担更多的风险投资于高风险项目，从而实现目标收益率目标；尤其是对于一些基金以及养老保险金融机构来说，当利率较高时，可以通过投资无风险资产来实现对定期债务的支付，而低利率时，由于目标收益率的粘性，被迫也必须主动承担更多的风险以获得相应的高回报实现对定期债务的支付。

2. 估值、收入、现金流效应

阿德里安和希恩（Adrian and Shin，2009）认为，这种效应是一种类金融加速器效应，说其是类金融加速器是因为金融加速器主要针对经济冲击对企业资产负债表产生影响，而此效应则针对经济冲击对商业银行资产负债表产生影响，并且它强调贷款部门金融摩擦对货币政策传导机制的放大作用。货币当局实施宽松的货币政策影时将会对银行的资产负债表产生影响，由于银行在资本市场上存在负债，银行的估值、收入和现金流都会受到低利率的影响，使得银行资产和抵押品价值增加，银行对于贷款违约率的评估会发生改变。另外资产价格的波动是商业银行面临的风险来源之一，但低利率和资产价格上涨减少了资产价格波动并降低了银行的风险预期。

3. 习惯形成效应

金融市场上的投资者在进行投资决策时，不仅需要考虑未来每一期的消费能力，过去的消费习惯也将对投资决策造成或多或少的影响。扩张性的货币政策能够使经济状况得到改善，但由于思想上的惰性，银行和投资者对于市场的持久繁荣抱有一种盲目乐观的态度，从而降低了对风险的厌恶，主动承担更多的风险。坎贝尔和科克伦（Campbell and Cochrane，2000）指出个人的外部消费习惯受环境的影响很大，宽松的货币政策使个人较少去考虑规避风险，另外消费者在货币宽松时期养成的习惯很难在短时间内做出改变，消费趋于增加而难以减少。

4. 竞争效应

当货币当局实施扩张性的货币政策时，各大银行为了追逐高收益从而实现其经营目标以及抢占更大的市场份额，开始进行激烈的竞争；而银行之间竞争的加剧，使各大银行不得不降低贷款标准以吸引借款人，而贷款标准的降低使得银行无法准确检测与评估借款人的还款行为，从而使银行被动承担更多的风险；另外，银行之间竞争的加剧使一些银行利用存贷差实现经营目标是远远不够的，将会主动承担更高的风险以寻求高收益，其实此效应和逐利效应在本质上是一致的。

5. 央行沟通反馈效应

中央银行的预期管理在一定程度上可以直接影响经济的稳定性，通常情况下，中央银行会使用以下两种机制来管理预期。第一种是透明效应，中央银行的货币政策透明度越高，金融市场就会对其做出更温和的回应，而且由于无法预料而导致的资产价格剧烈波动的情况也不会再发生，此时银行通常会采取高风险高收益的投资策略，从而提高了各银行的风险承担。第二种是保险效应，当经济处于下滑期时，投资者期望中央银行采取扩张性的货币政策以促进经济的复苏，而且对经济形势的乐观预期增加了其主动承担风险的意愿；反之，在经济形势良好的情况之下，投资者预期中央银行会采取紧缩性的货币政策来收紧经济，从而降低其主动承担风险的意愿。

2.2.4 货币政策不确定性与银行风险承担

货币政策不确定性是指由于货币政策本身的易变性或宏观经济形势的不确定性等因素导致货币政策取向或传导的不可预期性。货币政策不确定性主要源于两个方面：一是意外冲击事件或剧烈市场波动超过货币政策制定当局的预期带来货币政策调整的不确定性；二是市场参与主体由于认知能力有限未能预测到货币政策发生变化引致的市场波动。

1. 实物期权理论

实物期权效应是指企业在面对高度政策不确定性的情境下，基于投资的不可逆性和调整成本的考虑，可能会选择推迟或放弃投资决策。这一理论的起源是伯南克（Bernanke，1983）等学者的"真实期权"概念，它将企业的投资选择视为一系列实物期权，不确定性的增加使延迟决策的期权价值上升，因为等待可以避免代价高昂的错误。库珀和哈提万格（Cooper and Haltiwanger，2006）认为，企业的调整成本主要包括投资调整成本和招聘调整成本。投资调整成本既有物理因素（设备可能在安装和拆卸过程中受损），也有财务因素（二手商品转售时的折扣）。这些投资调整成本非常大，大约能够占到资本价值的一半。招聘调整成本包括招聘、培训和遣散费，这些成本也不容小觑。布鲁姆（Bloom，2009）量化了这些成本的价值，大约能占年薪的一到两成。

实物期权的观点表明，较高的政策不确定性会抑制投资、消费和产出。当企业面临较大的不确定性时，延迟期权的价值显著上升。在高度政策不确定性的环境中，企业可能更倾向于延迟投资决策，以避免过早投资带来的风险，更好地适应未来的变化（Pastor and Veronesi，2012）。此外，高度政策不确定性还会影响消费和产出。当消费者决定购买住房、汽车等耐用品时，他们通常可以相对容易地推迟购买（Eberly，1994），尤其是不确定性较高的情况下，等待的价值更为明显。企业面临较高的政策不确定性，可能不愿承担投资和招聘的风险，这限制了生产要素的有效配置，进而对消费支出和整体经济增长产生抑制作用（Davis，2019）。

2. 金融摩擦理论

金融摩擦理论指出，不确定性引起的信息不对称问题会影响银行和企业之间的信贷市场。当不确定性增加时，银行和企业会采取更为谨慎的借贷和资本配置决策，以减少信息不对称带来的决策失误，进而会对整个金融体系的稳定性产生影响。一方面，银行在不确定环境下，由于面临信息不对称和市场波动，难以精确估算借款企业的信贷风险和资产价值。因此，为了维护自身的财务健康和避免可能的风险，银行倾向于降低对高风险资产的配置意愿（何德旭等，2018），采取保守的资本管理策略。这种风险规避战略有助于银行在不确定环境中维护稳健的经营，并保护其自身和客户的利益。另一方面，不确定性增加使得企业在融资方面面临更高的成本，因为银行可能会要求更高的利率或提出更严格的条件。为了应对这种情况，企业倾向于更加审慎地借款（孙九伦和戴伟，2020），以降低自身的财务风险。这种风险规避战略有助于企业应对不确定性，确保其财务稳健性，并减少受到金融市场波动的冲击。

3. 风险溢价理论

风险溢价理论指出，较高的货币政策不确定性通常伴随更大的风险

（Muller，2017）。这种不确定性会引发投资者对未来经济环境的不确定性，从而使他们要求更高的回报，即风险溢价，以补偿潜在的不确定性风险。这会导致融资成本上升，因为企业需要支付更高的利息来吸引投资者购买其债务。风险溢价的升高和宏观经济状况、期限等因素密切相关。在经济状况较弱时，货币政策不确定性引发的风险溢价更加显著（Pastor and Veronesi，2013），这表明当经济不稳定或衰退迫在眉睫时，投资者更加担心未来的不确定性，因此要求更高的回报。这不仅影响了债券市场，还推高了股市的波动性。此外，长期利率会随货币政策不确定性升高而升高，并且这种关系会随着债券期限的延长而变得更加显著。由此可见，货币政策不确定性对风险溢价的形成和融资成本的提高具有重要影响。高不确定性引发的风险溢价反映了投资者对未来的担忧，这会推高资本市场的利率和债券收益率，从而影响企业的融资成本和市场的整体表现。

4. 预防性储蓄理论

预防性储蓄是指个人和家庭感知到未来的经济不确定性增加时，出于对未来收入状况的担忧，采取更为保守的家庭财务策略的现象。他们可能会选择在不确定性上升时减少目前的消费支出，并储备一定数量的资金以备不时之需（Leduc and Liu，2016）。预防性储蓄可以理解为一种应对风险的方式，以确保家庭在不确定时期有足够的资金来维持生活水平。预防性储蓄通过影响消费和产出，最终会对宏观经济产生影响。家庭在面对不确定的货币政策时更愿意储蓄而不是消费，这对于整体经济来说会导致消费水平下降，价格和利率的下降不足以鼓励投资的抵消性上升，导致产出下降，从而对经济增长产生负面影响（Sinha，2016）。

5. 增长期权理论

增长期权是指，在不确定性环境下，经济主体可能会采取更多投资行动的潜在机会，因为潜在回报可能会在不确定性条件下变得更为诱人。如果政策不确定性增加了潜在回报，企业可能会将不确定性视为一种潜在的机会，鼓励他们更积极地投资于创新研发，以谋求长期竞争优势和市场领导地位（Bloom，2014）。20世纪90年代末的互联网繁荣时期，不确定性的扩大就鼓励了更多企业进入市场并投资于新的互联网项目，建立一个网站被视为对互联网未来成功的"看涨期权"投资。这些企业愿意承担风险，是因为他们看到了在不确定性中的潜在高回报。增长期权对研发密集型企业有重要意义，甚至能够提高企业的股票价值（Kraft，2013）。研发密集型企业的增长期权价值在不确定性更高的环境中可能会增加，因为这种不确定性可以提供更多的创新和增长机会，市场可能会对这些企业更加看好，从而提升他们的股票价值。

6. 激冷效应

激冷效应指的是在高度不确定性的环境下，经济主体的行为更加谨慎，不愿意扩大业务或积极参与市场，导致自身对市场环境变化的敏感性下降。这种谨慎行为可能会妨碍资源的有效配置和市场的正常运作，对经济产生负面影响。当不确定性水平升高时，高生产效率的公司出于谨慎不愿扩大业务规模，而低生产效率的公司也出于谨慎不愿缩减业务规模（Bloom，2014）。因为高不确定性使企业对未来充满忧虑，更倾向于保持现状，而不冒险进行扩张或削减。然而，这种谨慎行为阻碍了资源的有效跨公司重新分配，可能会妨碍整体生产率的提高。此外，科洛夫和斯坦（Kurov and Stan，2018）的研究表明，当货币政策不确定性升高时，股票市场和原油市场的敏感性会降低，对外界经济信息的变化倾向于做出更小的反应。这同样表明市场参与主体在面对高不确定性时会采取更加谨慎的态度，不确定性的上升使市场的活跃性大大降低，市场参与主体的乐观情绪也大打折扣。

2.2.5 小结

货币政策是调节宏观经济运行的重要手段。货币政策的制定与传导机制，会对具有有限理性的银行等金融机构的风险决策施加影响，使其可以基于当前及未来时期的政策态度，随时调整自身的风险策略偏好和风险承担行为。同时，银行等金融机构作为市场的重要参与者，对货币政策调控的反馈，也同步影响着货币政策的传导效果和实施成效。因此，研究货币政策与银行风险承担之间的相互作用关系，不仅关乎个体的稳健发展和平稳运行，更涉及金融市场乃至整个金融体系的稳定。

货币政策对银行风险承担的影响可以归纳为正向和负向两种方式。

正向影响意味着当利率提高时，银行的风险承担相应增加；负向影响认为宽松的利率政策有助于银行加大风险承担。一方面，货币环境对银行风险承担能力可能发挥正向作用，即利率的提高会引发银行的风险承担行为。利率提高将引起存款利率上升，但又无法对等影响贷款利率水平，这就会加重银行的资金成本，降低收益水平，银行等金融机构迫于经营压力和绩效考核，可能会放松信贷标准，加快发展高风险业务。另一方面，宽松货币环境下的低利率，使资产价格和抵押物价值上升，银行随之降低对违约概率、预期损失及波动性的预期，从而降低信贷标准放松审查要求，扩大高风险贷款所占比例，风险感知逐步降低，风险承担显著增加。与此同时，市场参与者的既往消费习惯本身也会引导其风险偏好，而货币当局的沟通反馈也会影响市场参与者的风险承担水平。

货币政策传导机制指通过综合运用货币政策工具，实现货币政策目标的流程，涵盖货币政策措施制定、实施到发挥效应的全过程。货币政策的最终目的是影响和干预实体经济发展，关于政策传导的机制渠道，采用不同的分析角度会产生不同的分类。通常意义上来讲，可以将货币政策的传导渠道分为货币传导和信用传导渠道两类：货币传导渠道一般包括在国内封闭经济状态下的利率渠道和资产价格渠道等，以及考虑到开放经济环境的汇率渠道，其核心理念是以利率为传导的中介目标，通过利率调节来影响消费和投资，从而影响社会总体供需水平；而信用传导渠道包括银行信贷渠道和资产负债表渠道等，其主要观点是通过调节资金头寸来影响可贷资金，进而影响投资支出引起总产出变化。

银行等金融机构作为市场的重要参与者，对货币政策调控的反映模式，也同时约束着货币政策的传导效果和实施成效。研究货币政策与银行风险承担之间的互动关系，关乎个体的稳健运行，更涉及金融体系整体稳定的大局。与传统的货币政策传导机制相比，银行风险承担渠道注重考量微观主体，着重强调了银行风险管理和风险偏好对于货币政策作用的反馈机制。货币政策的其他渠道与风险承担渠道共同影响着货币政策的实施效果。

2.3　宏观审慎政策对银行风险承担影响的理论研究

货币政策作为调控我国经济运行的重要手段已经具备较为丰富的实施经验，而宏观审慎政策仍处于逐步深化的阶段，宏观审慎政策框架有待于进一步完善，将更加广泛的金融机构、基础架构和金融市场活动囊括到宏观审慎政策的调整体系中来。宏观审慎政策是从宏观层面建立防范系统性金融风险的监管框架，但监管的标准和政策的实施仍然是基于个体金融机构的，宏观审慎政策的宏、微观效应实现的同时，会对银行等金融机构的风险承担产生必然影响。

2.3.1　宏观审慎监管理念

1. 审慎监管理念的发展沿革

在 2008 年全球金融危机爆发之前，银行监管主要侧重于个别机构的风险，监管机构未能考虑到宏观经济风险和脆弱性的增加可能对金融部门构成系统性风险。全球信贷危机表明，纯粹的审慎监管体系存在不足，银行监管机构需要在威胁金融体系之前更好地发现宏观经济风险的累积。

"宏观审慎"一词在 21 世纪 70 年代末就已出现，它主要是用来表示金融监管框架和宏观经济的关系。而且早在 1986 年，《近期国际银行业的创新活动》中阐明了宏观审慎监管这一观点，该书由国际清算银行编写，但是当时并未引起重视，在本次金融危机发生之后才受到各界关注。

2009 年 4 月，《宏观审慎监管模式》这篇文章已经较为系统地阐述了宏观审慎监管理论，该文的作者来自国际清算银行研究与政策中心，这篇文章也被发表在欧洲经济政策研究中心的网站上。该文认为减少宏观经济在金融危机中的损失应当成为宏观审慎监管模式的基本目标，所以应当注意两方面的问题：（1）跨部门维度，其含义是在系统内部传导金融风险。这种情况下需要界定各个金融机构主体上存在的共有风险，共有风险包含直接风险暴露和间接风险暴露，直接风险暴露是指在不同的金融机构之间存在的相同的或相似的资产，间接风险暴露是指相互之间为交易对手关系的金融机构。共有风险容易引发系统性风险，将导致在较短时间内，相关联的金融机构会集中出现风险。宏观审慎监管体系可以将单个机构风险和整体的金融体系分开，有效解决这一问题。（2）时间维度，是指在时间跨度上系统性风险是怎样积累形成的。其本质原因是金融体系容易受到顺周期性的影响。当处于经济上行期周期时，银行对风险承受限度加大，在风险判断识别上有更大包容性，认知能力出现明显下降，而在经济下行期时，银行风险承受能力减弱，将进一步增强经济下行的风险。在这种情况下，通过灵活运用多种监管措施，能够有效提升金融体系对顺周期的调整效果。在时间层面来看，主要的解决办法就是加强对逆周期的监管，当处于经济上行周期时，应当支持银行提高资本储备以有利于对风险的缓冲，当处于经济下行时期能够发挥有效作用；对跨部门维度的解决办法则是要增大对系统性重要银行的监管。

2010 年，全球金融系统委员会公布了《宏观审慎监管工具及框架》，这套工具框架系统地研究了各国在宏观审慎政策框架实践方面所取得的一些成就，对用于开展宏观审慎监管的重点创新工具进行了有效总结，比如限制特定行业的信贷规模，包括对房地产信贷按揭成数上限的适当控制、对存款准备金的要求、实施更加灵活的动态拨备制度等。

我国央行发布的《中国金融稳定报告（2010）》中指出"宏观审慎工具并非一种特殊的、独立的政策工具，而是服务于防范系统性风险目标，为实施宏观审慎政策对已有宏观审慎工具、微观审慎工具、财税会计工具的功能叠加、调整或组合"，将视线回归到我国来看，宏观审慎工具并没有被当作一种新型工具来使用，其本质是从宏观审慎的视角来调整改进既有的政策工具。汉森和斯坦（Hanson and Stein，2010）主要针对六种宏观审慎监管工具做了深入探讨，归纳了各种监管工具在实际中的运用效果。例如，采取更加灵活的方式动态地管理资本，这种方式的好处在于对较大金额的缓冲资本的计提有帮助，在爆发危机时，能够有利于银行减轻资产负债压缩的压力，缓解因融资缩减影响实体经济发展的压力；监管方面对资本的要求应当以普通股为主，这样有助于在危机发生时，银行得以在有限时间里迅速募集资本；要重视资本数量，不应过于看重资本比率。危机中，银行通过减小风险加权资产，从而能够有效提高资本充足率，但是这样的举措将会降低信贷规模，影响信贷资金对实体经济的支持效果；发行或有资本工具，如发行可转换债券，购买资本保险，当条件规定的事件发生时，通过承保人来承担补充资本的职责；加强对流动性的监管，监管部门还需要对债务的期限问题重点对待，主要是提醒银行不能对短期信贷资金过于依赖；加强对影子银行系统的管理，尤其是应当注意对证券公司、对冲基金、SPV 等工具加强资本监管，这类工具一般都存在风险敞口。

朱元倩、苗雨峰（2012）的观点则认为银行业的冲击主要来自两个方面：一方面是银行内部冲击，这种冲击主要是自身经营存在的不稳定性以及脆弱性；另一方面则来自外部冲击，这种冲击则主要是由于宏观经济发展不良。在此基础上提出了度量系统性风险的三个维度，包括宏观经济冲击维度，银行自身经营维度和传导蔓延维度，其考虑的标准包括经营杠杆率、经济环境、同业表现、相互关联度、外部关联度等多种指标。在此基础上总结出系统性的风险预警模型，该模型是基于指标法。李文红（2016）指出，当前我国银行业宏观审慎监管的工具箱主要包括资本和杠杆率要求、150% 的拨备覆盖率和 2.5% 的贷款损失准备比例要求、流动性风险管理要求、贷款价值比 LTV 等。由于难以对系统风险和金融稳定情况进行准确的分析和评估，我国在建立有效的宏观审慎监管框架方面仍面临困难与挑战，宏观审慎监管的实效性也有待进一步观察。

根据上述文献，宏观审慎政策工具包含以宏观审慎政策为目标的各类政策工具，并未形成明确、一致的概念。实际上，次贷危机之后，各国开展的具备宏观审慎政策功能的工具都可以当作宏观审慎政策工具，而且部分货币政策工具也兼有宏观审慎功能。

2. 宏观审慎与微观审慎监管的关系

次贷危机之后，世界范围内都认识到了加强宏观审慎监管的必要性，也包括设立公共机构专注于维护系统的稳定、开发宏观审慎政策工具等。此外，还有一些研究集中在强化微观审慎监管，强调更大监管行动意愿的重要性。从本质来看，宏观审慎分析的实际作用是需要通过微观层面的监管来反映出现实的效果，反过来在微观审慎监管中将宏观风险作为考量因素，也有助于维护整个系统的稳定。在操作层面，在微观审慎监管条件下获得的信息，提供给宏观审慎监管进行评估分析，以此有助于发现并且能够有效降低系统重要性风险，同时也能够压降金融机构的风险敞口以及各种金融创新风险。

（1）宏观审慎监管与微观审慎监管的区别。

宏观审慎监管主张系统性视角，致力于限制系统性风险给整个社会带来的损失，考虑的是金融机构的集体行为及溢出效应；微观审慎监管则关注单一金融机构，致力于通过限制金融机构的风险承担来维护金融稳定，关注的是金融机构个体的行为与风险水平的选择。微观审慎分析丰富了宏观审慎分析，比如在识别风险敞口和集中度风险等方面，与此同时，宏观审慎分析对于评估单个金融机构的风险也起着至关重要的作用。两者之间的区别如图 2 - 2 所示。

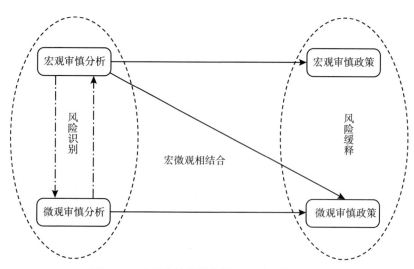

图 2 - 2　宏观审慎监管与微观审慎监管相结合

在出现系统性的流动性水平紧张时，微观审慎监管会要求金融机构囤积流动性以限制风险，而宏观审慎监管则会推动金融机构加大资金融通。与此相对应的，在经济下行周期时，微观审慎监管会引导金融机构通过提高资本计提水平，来应对风险增加，而宏观审慎监管则着眼于刺激经济，从而引导金融机构进一步释放资本。此外，微观审慎监管的工具及应用已经相当完备，而宏观审慎监管的工具及应用尚处于起步阶段。事实上，尽管宏观审慎监管政策得到广泛认同，但在政策实践的过程中，使用及效果非常有限，且与其他宏观经济政策工具之间的相互影响也带来了复杂的挑战。

（2）宏观审慎监管与微观审慎监管的联系。

金融稳定需要宏观审慎监管和微观审慎监管的有机结合。从风险的识别和缓释角度来看，将宏观审慎风险转化为微观审慎风险，在微观审慎监管的过程中吸取宏观审慎教训，具有重要意义。实践表明，金融机构由于宏观金融环境发展而陷于困境的风险远大于由于特定事故而陷入困境的风险。

微观审慎监管应当对宏观审慎风险进行充分考量，这需要对风险管理方法进行上下贯通的应用。第一阶段是要对整个宏观层面进行系统的审慎分析，对全盘进行考量，对金融部门的整体风险做出判断，这类风险不是孤立的断裂的，而往往是具有周期性的，与融资模式、发展战略、法律法规等方面息息相关。第二阶段，宏观审慎分析应当聚焦于独立的金融机构层面，重点考查特定机构在应对风险方面呈现的脆弱性，检测金融机构在应对特定的宏观风险过程中的敞口，基于此种风险采取怎样的措施以缓释风险。

宏观审慎监管着眼金融体系的宏观层面，以维护金融稳定为目标；微观审慎监管聚焦于单一金融机构的微观行为，以机构稳健为目标；货币政策的实质是处理好经济发展与币值稳定的关系，可以物价稳定来概括。随着金融改革的深化，政策的含义及目标都随之不断发展，传统金融监管的界限已经随着金融体系的创新而消失，功能监管和行为监管得到越来越多的认可和重视。金融机构的稳健是金融体系稳定的基础，机构内部的不稳定通常源于外部系统的波动，而且会进一步加剧金融体系的动荡。因此，构建稳健的金融体系将有助于为机构发展创造有利条件。同时，金融失衡的问题也需要货币政策的参与，货币政策与宏观审慎政策如何协调成为监管改革需要解决的重大问题。货币政策关注长期价格稳定，这与金融市场的稳定密不可分，逆周期的货币政策调控和维持金融体系整体稳定的宏观审慎监管政策在目标上是一致的，政策实施的效果也直接关系到微观主体机构所承担的风险。图2-3展示了货币政策、宏观审慎政策及微观审慎政策的目标与相互影响机制，图中实线表示政策的目标作用的直接影响，虚线表示某种政策的实施对其他目标的影响作用。

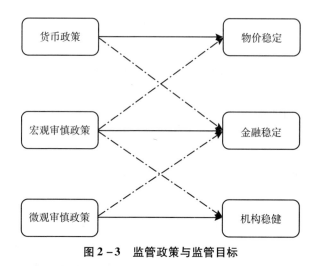

图 2－3　监管政策与监管目标

2.3.2　我国宏观审慎监管框架

1. 完善金融监管体系

2013 年 8 月，我国建立了金融监管协调部际联席会议制度，有利于协调金融监管政策和货币政策以及法律法规之间的关系，利于统筹协调货币市场、信贷市场、资本市场、保险市场之间政策的制定与执行，将金融体系视为一个整体，强化宏观审慎的监管，促进维护金融稳定和防范化解系统性风险。该会议制度由央行牵头，参会的部门还包括银保监会、证监会和外汇局。

2018 年 3 月，"一委一行两会"监管体系的调整实施，极大提高了央行在宏观审慎监管、全面防范系统性风险发生等领域的突出作用，逐步明确和理顺了各个监管部门的职能定位与功能分工，确立了国务院金融稳定发展委员会的功能定位，提高了金融监管协调性权威性有效性。央行拟订金融业重大法律法规草案，牵头负责跨市场跨业态跨区域金融风险识别、预警和处置；牵头负责重要金融基础设施建设规划并统筹实施监管；统筹金融业综合统计。银保监会等监管部门以指定监管主体为主，相关监管部门信息共享、密切合作，强化对资金来源、投向、杠杆、嵌套、信息披露等的穿透式监管。同时，不断完善中央与地方金融监管职责分工，国务院金融稳定发展委员会对金融管理部门和地方政府进行业务监督和履职问责。

从监管模式看，更加突出功能监管、审慎管理和行为监管。当前正在不断推动金融监管从机构监管为主向机构监管与功能监管并重转变。更多使用市场化手段依法合规监管，切实改变以审批代替监管的做法，结合我国国情，落实金融稳定理事会和巴塞尔协议Ⅲ监管标准，根据银行实际稳妥审慎实施总损失吸收能力（TLAC）监管标准，确立以资本约束为核心的审慎监管体系。强化金融机构资本监管和偿付能力等监管。加强并完善对银行理财、私募基金等线上、线下业务监管，加强金融消费者权益保护。

从监管对象看，一是对不同类型金融机构、互联网金融平台等开发的功能相同或相似的金融产品，加强发展模式及风险状况的监测评估，按照统一规则和标准进行监督，按照"实质重于形式"原则，实行公平统一的市场准入和监管，及时评估监管规则有效性并适时进行调整。二是要全面实施金融业务持牌经营，把线上、线下各类新型金融业态纳入监管体系，及时查处各类无牌照、超范围非法金融活动。三是特别提到加强对金融控股公司等金融集团的资本充足监管，完善公司治理、规范关联交易，严格市场公允定价和透明度，控制风险集中度。严格规范金融综合经营和产融结合，审慎地推动试点开展金融综合经营。对金融机构开展经营多个牌照的要进行严格的限制，对非主业经营金融业务的必须对准入条件进行严格限制和实施，对子公司的定位必须实行法人制，设定更为严格的资本要求、组织复杂度、市场集中度、交易透明度、业务关联度等监管。严格限制和规范非金融企业投资金融机构，对投资参股金融机构的非金融企业制定严格的准入条件、业务清单和负面清单，加强对金融机构股东及其控股股东、关联方、实际控制人及最终受益人的审查、识别和认定，加强并表管理和全面风险管理。四是加强跨境监管合作。加强对银行、保险公司、非银行业支付机构等跨境经营监管合作，加快完善金融市场双边开放相关的审计监管、评级制度等。

2. 宏观审慎评估体系

2011 年以来，我国已经在运用的差别准备金动态调整机制以及合意贷款管理机制，发挥了重大作用，能够起到维护金融稳定，推动资金信贷稳定增长，强化宏观审慎管理。央行从 2016 年起就将现有的差别准备金动态调整机制以及合意贷款管理机制整体提升为"宏观审慎评估体系"（Macro Prudential Assessment，MPA），这么做的目的和功效在于能够完善宏观审慎政策框架，对防范系统性风险起到更加积极有效的作用，充分展现逆周期调节功能，而且对资产多元化的发展形势能够更加适应，为供给侧结构性改革营造适宜的货币金融环境。

（1）评估对象及其分类。

MPA 政策由央行及其宏观审慎评估委员会负责实施与解释。MPA 的评估的机构包括商业银行、外资银行、村镇银行、汽车金融公司、集团财务公司、金融租赁公司、信托投资公司等，但主要针对银行业金融机构。MPA 将评估对象分为三类：全国性系统性重要金融机构（N – SI-FIs）、区域性系统性重要金融机构（R – SIFIs）、普通金融机构（CFIs），其中 N – SIFIs 由全国性宏观审慎评估委员会进行评估，R – SIFIs 和 CFIs 由各省级宏观审慎评估委员会进行评估。

（2）评估实施方案。

MPA 体系能够维护宏观审慎政策框架的功能发挥的稳定性和持久性，能够基于资产负债方面、资本充足性和杠杆水平、流动性水平、资产质量、贷款政策实施、债务风险和定价行为等多个方面，多角度全面地引导金融机构的行为。其中，资本与杠杆情况、定价行为是"一票否决"评估项目，即如果该两项中的任何一项不达标，参评银行直接进入 C 档。根据七大类指标的表现，央行每季度对商业银行进行一次 MPA 评估，将评估的结果确立为 ABC 三个层次，A 档金融机构是指七个方面的指标都是优秀的（优秀线为 90 分）；B 档金融机构是指除 A 档、C 档以外的金融机构；C 档金融机构是指在资本充足率、杠杆水平和定价行为中存在任何一大类不达标，或者在流动性水平、资产质量、贷款政策实施、债务风险中任何两大类或以上不达标（达标线为 60 分）。

（3）评估激励约束机制。

在 MPA 政策中，央行根据评估结果的差异，对参评银行实行差别化的准备金要求。对 A 档机构实施奖励性利率，法定准备金利率视情况上浮 10% ~30%（目前执行 10%）；对 C 档机构实施约束性利率，法定存款准备金利率视情况下浮 10% ~30%（目前执行 10%）；对 B 档机构继续当前保持法定准备金利率。在 MPA 政策当中规定，新设机构原则上开业三年内暂不纳入 MPA。除此之外，央行在 MPA 执行过程中，会启动部分临时豁免设定，这需要商业银行在 MPA 考核之前主动向央行进行呈情申报。MPA 体系在操作上更加灵活，具有更强的弹性，它是按照每季度的数据开展事后评估，按照每月的数据开展事中以及事后的监测和引导，主要是发挥金融机构的自律运营体系，发挥自我约束的功能。由此能够看到，MPA 体系的架构是建立在国际经验和我国实际情况基础上的，对利率市场化等实际情况进行了充分考量，能够推动我国金融改革以及结构调整。

整体来说，MPA 评估体系有助于推动央行"去杠杆、控风险"的政策的实施，成为央行的核心监管政策，在引导调控商业银行表内外资产行为、划定商业银行经营杠杆界限、穿透信用风险等方面发挥了重要的积极作用。表 2－3 展示了宏观审慎评估体系的考核内容。一共七项指标，可以按监管的重要性程度分为两类。第一类为资本和杠杆情况、定价行为，这两大类实行一票否决制，任意一项不达标将会被划分为 C档；第二类为剩余五项：资产负债表情况、流动性、资产质量、外债风险和信贷政策执行情况，这五项中任意两项及以上不达标将会被划分为 C 档。指标评分如有区间，按区间内均匀分布的方式计算具体分值，各项指标均以金融机构法人单位，按上一季度末数据为准。

表 2－3 宏观审慎评估体系考核内容

大类	细分
资本和杠杆情况	资本充足率
	杠杆率
资产和负债情况	广义信贷
	委托贷款
	同业负债
流动性	流动性覆盖率
	净稳定资金比例
定价行为	遵守准备金制度情况
	利率定价

续表

大类	细分
资产质量	不良贷款率
	拨备覆盖率
外债风险	外债风险加权余额
信贷政策执行情况	信贷执行情况
	央行资金运用情况

通过 MPA 体系考核评级给予相应的奖惩。根据所评分值,将银行划分为 A、B、C 三档,并对三档执行差别准备金利率:对 A 档执行奖励性利率,对 B 档保持法定准备金利率,对 C 档执行约束性利率。为增加差别准备金利率的灵活性,央行还将 MPA 考核的背景分为三种情况:正常情况、应当提高宏观调控的力度的情况、比较极端的特殊情况,对待不同情况需要采用法定准备金利率 ±10% 的幅度,法定准备金利率 ±20% 幅度和法定准备金利率 ±30% 幅度。

（4）评估体系新增指标。

为了更加全面准确地衡量风险,引导金融机构更为审慎经营,引导金融机构强化管理表外业务风险,2017 年一季度中国央行正式将表外理财业务全面纳入 MPA 广义信贷指标范围。主要的措施表现在表外理财资产在除开现金和存款之后,全面纳入广义信贷范围,广义信贷指标在考核方面则主要通过余额同比增速的方式进行。进一步强化对表外理财业务的宏观审慎评估。

2017 年三季度绿色金融也被纳入"信贷政策执行情况"评估,主要的措施表现在对 24 家系统性重要金融机构先行予以实施,对上述金融机构在绿色金融方面的服务情况进行衡量和评价;后续对地方和区域性中小银行展开评价,这也有助于地方将评价结果应用到地方出台的绿色信贷激励约束政策中,逐步实施鼓励金融机构绿色金融业务发展。虽然当前绿色金融整个体系中仅有"绿色信贷"被纳入 MPA"信贷政策执行情况"中,但是并不表示其代表仅针对信贷层面的考量,央行及有关部门正致力于构建整套的绿色金融的标准和评价体系,未来将进一步丰富 MPA 评估指标,MPA"信贷政策执行情况"体系中将会包含若干个指标构成的整体性的指标体系,更进一步,在条件许可的情况,"绿色金融"会发展成为与"信贷政策执行情况"具有同等分量的大类指标，作为央行的金融综合统计的一项重要指标。随着绿色金融向更加深层次发展，绿色金融在市场和产品方面，必定会形成规模化和系统化。

2018 年起央行把同业存单纳入 MPA 同业负债占比指标考核，具体为将资产规模 5000 亿元以上的金融机构发行的一年以内同业存单于 2018 年一季度起纳入 MPA 同业负债占比指标进行考核，拟将资产规模 5000 亿元以下的金融机构发行的同业存单于 2019 年一季度起纳入评估。同业存单大规模的期限错配蕴藏着极大的流动性风险，近年来同业存单出现爆发式增长，成为金融市场高杠杆和资金空转套利的重要载体。将同业存单纳入 MPA 考核，有利于从源头上控制金融市场的杠杆作用，进一步降低金融体系风险。

3. 宏观审慎监管工具

（1）构建系统性风险监测预警体系。

中国人民银行自 2011 年开始公布社会融资规模数据，该数据的统计范围覆盖了银行、证券、保险等金融机构，涉及信贷市场、股票市场，同时也包括保险市场、债券市场和中间业务市场。在全面分析社会整体融资状况和流动性水平，监测金融机构及金融市场上的风险情况。

2011 年末，央行成立了金融稳定压力测试小组，组织商业银行每年开展金融稳定压力测试，通过测试结果识别和评估金融体系的潜在风险，并积极开展风险防范和风险排除。压力测试于当年年底展开，测试基于当年年底商业银行的资产负债表数据，考察次年商业银行在不利冲击下的稳健性。压力测试包含"整体及重点领域信用风险敏感性压力测试"和"宏观经济情景压力测试"等，结果公布于次年的金融稳定报告中。

2011 年以来，央行对金融机构开展稳健性现场评估，现场评估的开展有助于央行对非现场监测所采集信息和数据真实性的判断，加强对金融机构运行的监测和风险评估。

（2）完善差别准备金动态调整机制。

2011 年，央行将差别准备金动态调整机制列为主要的宏观审慎监管工具，进一步予以调整完善。差别准备金动态调整机制的核心在确定信贷投放水平将综合考虑所处的经济周期、宏观审慎管理所要求的资本水平、银行的稳健性程度等多重因素。为差别准备金能够更好地发挥逆周期、预调和微调的作用，央行每年都会适时对相关参数进行修改，根据央行发布的《2015年中国金融稳定报告》，2015年央行综合经济形势等因素，先后四次对差别准备金态调整机制的相关政策参数进行了调整，对宏观经济热度相关参数进行了一定程度的压降，提高了小微企业和涉农贷款方面的政策相关参数的调整，引导广大金融机构将信贷资源向小微企业、三农领域和中西部地区进行合理的政策倾斜，推动信贷资金合理提高。

2016年，针对国内信贷规模迅速增长的情况，银监会建立起动态拨备制度，即在信贷扩张期间，全面测算信贷资产的实际损失率，对贷款损失准备进行动态调整，调整幅度为上浮到50%左右，以确保信贷紧缩时，商业银行不至于陷入资金入不敷出的局面。

（3）强化系统重要性金融机构监管。

为积极推进针对银行业的宏观审慎管理制度，银监会于2012年6月7日公布《商业银行资本管理办法》，规定我国系统重要性银行在计提一般性资本的基础上还应带计提附加资本，附加资本的计提标准设定为风险加权资产的1%，由核心一级资本满足；如果被认定为全球系统重要性银行，则其附加资本的计提标准相应地提高到不低于BCBS的规定。

2014年1月6日，银监会发布了《商业银行全球系统重要性评估指标披露指引》，要求两类商业银行公布全球系统重要性评估指标，这两类机构包括由巴塞尔委员会认定为全球系统重要性银行的商业银行，以及表内外资产余额达到和高于1.6万亿元人民币的商业银行。

2018年9月20日，中国人民银行、银保监会、证监会联合发布了《关于完善系统重要性金融机构监管的指导意见》，该文件对系统重要性金融机构提出了特别监管要求。针对系统重要性金融机构，在既定的最低资本要求、储备资本和逆周期资本监管标准外，还规定了附加资本要求以及杠杆率要求。对附加资本采用了连续法计算，将系统重要性得分最高的金融机构中确定为基准金融机构，将其附加资本要求作为基本要求，其他金融机构的附加资本的要求则根据其系统重要性得分与基准机构得分的比值确定，以此可以表现出金融机构的系统重要性程度。在分组监管系统重要性金融机构的情况下，可以在各个组内将系统重要性得分最高的金融机构确立为各个小组的基准机构，各分组内其他的金融机构的设定的附加资本要求同样采用连续法进行。与此同时，结合行业实际发展情况，在具体情况下，可以对高得分组别的系统重要性金融机构在附加资本之外提出其他附加监管要求，如流动性、大额风险暴露等。监管机构已经充分认识到不确定性以及量化风险评估的局限性，坚持在资本和流动性方面留出更大缓冲，以在不利情况发生时维持金融机构正常运营，并且限制单一机构破产对整个金融体系的传染。系统重要性金融机构要建立起全面风险管理架构，每年制订或更新相应的风险管理方案，在按时向监管报送的基础上，开展全面合规的并表风险管理。在整体治理、财务管理、资本管理和风险管理等多方面进行全面管控，对自身的风险偏好进行优化调整。风险管理计划具体内容包括对金融机构的风险进行全面的整体分析、对实施中的风险防控体系的功能作用进行评估、对风险管理的实际水平进一步改善的具体举措。

此外，监管机构针对系统重要性金融机构还明确了宏观审慎措施。对违反了审慎经营规则、对金融稳定存在威胁的系统重要性金融机构，央行可以对其做出风险提示。更进一步，还可以对其业务结构、组织体系和经营策略等方面提出调整建议和实施意见，通过这些措施可以有效降低其引发系统性风险的概率。系统重要性金融机构应当按照监管要求做出整改，将整改情况向央行和其他监管部门进行汇报。

（4）确立危机管理和系统性风险处置框架。

2015年2月17日，国务院公布《存款保险条例》，并于2015年5月1日起施行。存款保险制度下对不同经营质量的金融机构实行风险差别费率，以差别费率作为激励和约束，有助于金融机构主动从内部加强对金融风险的识别和预警，并采取更加稳健的经营模式。当金融机构发生经营失败时，通过使用存款保险基金，使存款人利益能够得到有效保护，从而阻断风险传染途径，维护金融稳定。

2.3.3　宏观审慎监管与银行风险承担

政策发挥效用都是通过对市场参与者的决策和行为产生影响。货币政策能够对银行风险承担水平产生影响，在微观层面宏观审慎政策在传导作用方面也能发挥至关重要的作用。宏观审慎政策是基于宏观层面的视角上建立起的监管体系，旨在防范系统性金融风险，不过实际运行中监管的标准和政策的实施仍然基于个体金融机构，在宏观审慎政策的宏、微观效应实现的同时，会对银行等金融机构的风险承担产生必然影响。

宏观审慎政策工具主要旨在提升金融体系的稳定性，但是对金融市场参与者的经营动机和具体行为也会产生直接的影响，从而对个体金融机构在风险承担水平方面也会带来影响。约克皮和米内（Jokipii and Milne，2009）认为，资本缓冲的多寡程度决定了风险承担水平，在资本缓冲处于较低水平时，银行需要通过补充资本来提高资本缓冲水平，因此倾向于压低风险承担水平，在银行具备大量资本缓冲的时候，则会提高风险承担水平。特里和阿里斯塔亚（Terhi and Alistair，2010）在系统分析了1986~2006年美国银行业的主要经营数据后，提出资本缓冲和银行风险承担具有正向关联的观点。利姆等（Lim，2011）使用49个国家的数据，评估了宏观审慎工具随着时间的推移在跨机构和跨市场方面降低系统性风险的有效性，结果显示大部分常用的工具在减少顺周期性方面是有效的，结合不同工具特性进行针对性的应用有助于政策目标的实现。戈提尔（Gauthier，2010）在分析加拿大银行业数据基础上，提出在宏观审慎政策框架中，对于资本金的要求能够推动银行有效降低违约概率，降低系统性金融危机发生概率的观点。

科德拉和皮纳古拉（Cordella and Pienknagura，2013）通过模型运行，系统研究了不同宏观审慎政策工具对单一银行在风险选择层面上发生的影响，提出提高最低资本要求、附加存款税、实施流动性方面的工具将会对银行的风险承担有所压降的观点。克雷森等（Claessens et al.，2014）将目光集中在银行部门，认为面向借款人的工具将会引发银行系统脆弱性的降低，其他工具在控制银行风险方面则是通过压降银行杠杆水平的方式进行。艾克曼等（Aikman et al.，2015）发现信息具备不对称的特性，基于声誉方面的考量，经营较差的银行会通过扩大信贷规模来降低声誉影响，这种情况会引发过度风险承担。与此同时，逆周期资本监管则会加重银行在风险承担方面的成本，从而降低银行的风险承担动机。李等（Lee et. al.，2016）研究了亚洲10个发展中国家宏观审慎监管工具的实施效果，认为宏观审慎政策确实可以促进亚洲的金融稳定，且不同类型的政策工具对不同类型的宏观经济风险有效。赛鲁提等（Cerutti et al.，2017）记录了 2000～2013 年 119 个国家的大量样本中各种宏观审慎政策的使用情况，并研究了这些政策的使用与信贷和住房市场发展之间的关系，发现宏观审慎政策在不同发展阶段和不同开放程度的金融市场中作用效果和工具选择都存在差异，在新兴经济体中，宏观审慎政策的使用频率更高，特别是外汇相关政策的使用频率更高，在更发达和金融更开放的经济体中，政策关联性较弱。阿滕巴斯等（Altunbas et al.，2018）认为，宏观审慎政策可以明显降低银行（尤其是对小型的、经营稳健的和以批发业务为主银行）的风险承担水平。

宋琴和郑振龙（2010）提出资本监管对银行风险承担的影响会因市场结构的差异而有别，当市场集中度较低时，资本监管在减少银行的风险承担行为上是有效的，但在市场集中度较高时这种影响并不明确。刘胜会（2011）基于微观效应的角度，发现宏观审慎政策的运行将影响银行的营收结构、资本状况、信贷调控与风险管理以及金融创新。沈沛龙和王晓婷（2015）通过实证研究发现，资本充足率、杠杆率、贷款损失准备的提高会增加当期银行的风险承担，但其未来的风险承担水平会显著降低，也即宏观审慎政策对影响银行风险承担水平的效果不会立即显现，而是会发生在未来时期，因此对当前银行风险承担的调整，不能通过宏观审慎政策来实现。廖岷等（2014）分析了在监管工具有效性维度，我国实施的大多数宏观审慎监管工具均达到了预期效果，但在政策协调有效性维度，货币政策、宏微观审慎监管等多种政策对银行等金融机构的影响，由于决策和机制方面存在不完善，容易出现"政策超调"或"抵消"的情况，需要进一步调整监管框架相互协调。方意（2016）在中国的实际运营的基础上，通过理论模型分析，提出应当多元化的宏观审慎政策，更加有利于稳定金融系统的观点。吕进中等（2018）考察货币政策与宏观审慎政策的配合对宏观经济稳定的作用，研究发现，贷款价值比可以抑制信贷顺周期效应，能够有效地调整信贷周期波动，而且不会对货币政策产生干扰；逆周期的存款准备金能够作为对产出和通胀进行平衡的使用工具，其作用的发挥是比较平缓的，贷款增速限制则会导致贷款规模出现较大的波动，即使其能够推动货币政策目标的实现。宋科等（2019）发现宏观审慎政策与银行风险承担存在负相关关系，宏观审慎政策的增强会在一定程度上抑制银行风险承担，这种抑制作用在经济下行期更为显著。邵梦竹（2019）认为，各国在实践中在宏观审慎政策方面采取的措施力度越大，在平抑银行风险承担方面取得的实际效果也越好，研讨了不同类型的审慎工具在银行风险承担方面所发挥的不同的功效和作用途径。黄继承等（2020）强调宏观审慎政策会在一定程度上抑制银行过度的风险承担，同时也有助于抑制企业过度的负债倾向。

目前，宏观审慎政策框架的必要性与基本内容等方面的研究已经取得很大进展，但是对宏观审慎政策与银行风险承担二者相互关系的研究仍十分有限。当前的研究主要集中于探讨宏观审慎政策对经济整体的宏观视角，较少采用微观主体视角来评估政策实施效果，忽略了对不同类型审慎工具异质性作用效果的研究，在宏观审慎政策作用渠道方面开展的研究也不够。主要研究集中于政策对信贷增长等中介目标的作用上，忽视了对最终风险目标的分析，对于如何利用宏观审慎工具来协调货币政策和宏观审慎政策配合效果尚没有明确答案。大多数文献能够发现宏观审慎政策的实施是能够对银行风险承担的起到作用和影响的，但对于对银行风险承担水平施加影响的具体运作规律，以及明确政策效应在中介机构之间的传递等研究方面仍然有所欠缺。

2.3.4　小结

当前我国宏观审慎政策仍处于逐步深化的阶段，宏观审慎政策框架有待进一步完善，宏观审慎政策的覆盖范围应当包含更多金融活动、市场、机构和基础设施。宏观审慎政策致力于防范系统性金融风险，但其标准和要求以及具体的实施仍然基于个体金融机构，宏观审慎政策的宏、微观效应实现的同时，会对银行等金融机构的风险承担产生必然影响。从本质来看，一方面，宏观审慎分析和政策的具体实施仍有赖于微观层面的监管得以体现；另一方面，微观审慎监管把宏观风险纳入考量中来，也可以实现系统的全面稳定。在操作层面，宏观审慎分析需要对微观审慎监管的相关信息进行评估，从而可以降低系统重要性风险，调整机构风险敞口，抑制金融创新风险。

当前我国金融监管体系不断完善，2013 年金融监管协调部际联席会议制度建立，该制度的建立能够推动货币政策与监管政策、法律法规三者的协调，利于统筹协调货币市场、信贷市场、资本市场、保险市场之间政策的制定与执行。2018年，"一委一行两会"① 监管架构调整到位，强化了央行在宏观审慎管理和防范系统性风险方面的突出作用。逐步明确和理顺了监管职能定位与分工。央行建立起"宏观审慎评估体系"，保持了宏观审慎政策框架的连续性、稳定性，从资本和杠杆情况、资产负债情况、流动性、定价行为、资产质量、外债风险、信贷政策执行七大方面对金融机构的行为进行多维度引导，文中从评估对象及其分类、评估实施方案、评估激励约束机制进行了阐述，并对评估体系新增指标进行了介绍。

关于宏观审慎监管工具并无明确定义，实际上，当前国际上普遍认为次贷危机之后，各国施行的具有宏观审慎管理职能的工具都可以列为宏观审慎监管工具。本书对我国构建系统性风险监测预警体系、完善差别准备金动态调整机制、强化系统重要性金融机构监管，以及确立危机管理和系统性风险处置框架进行了详细介绍，并系统分析了宏观审慎监管对银行风险承担的影响，宏观审慎政策工具能够推动稳定金融体系，但是对金融市场参与者的经营动机和具体行为也会产生直接的影响，对个体金融机构在风险承担水平方面也会带来影响。

2.4 货币政策及宏观审慎 政策双支柱框架研究

2019年是全面建成小康社会的关键之年，也是我国经济转型发展的重要一年，应当始终坚持以习近平新时代中国特色社会主义思想为指导，坚持稳中求进工作总基调，坚持推进高质量发展。以供给侧结构性改革为主线，实施稳健的货币政策，完善宏观审慎政策监管，需要精准把握好政策实施的角度和力度。一方面，改善货币政策传导机制，保持流动性合理充裕，保持物价稳定和经济的整体平稳，积极推动利率市场化改革，为经济平稳健康发展营造适宜的货币金融环境；另一方面，发

---

① 2023年5月，随着国家金融监管总局的设立，我国形成"一行一局一会"的金融监管体系格局：人民银行、国家金融监管总局、证监会。

挥宏观审慎监管优势，防范系统性金融风险，维护金融稳定。本章将重点分析货币政策和宏观审慎政策的综合效应，以两者之间的协调配合，形成相互补充、相互强化的作用机制，探讨双支柱调控框架对银行等金融机构的影响。

2.4.1　双支柱调控框架的背景

在关于金融产品、金融机构、金融市场等领域发生的风险形成与传递的总结中，协调货币政策与宏观审慎政策关联作用，发挥两者合力已经成为我国金融监管体系改革的重点和焦点。2016 年，中国人民银行发布《2016 年第四季度中国货币政策执行报告》，第一次提出了"双支柱"政策框架，宏观审慎政策和货币政策的协同能够有效地抑制资产价格泡沫，"货币政策＋宏观审慎政策"的双支柱的政策框架应当发挥更加强有力的作用，这是"双支柱"的概念在我国金融监管改革进程中首次出现。2017 年，党的十九大报告正式将"双支柱"调控框架写入中央文件，健全货币政策和宏观审慎政策双支柱调控框架，"双支柱"成为当前金融调控最重要的框架和最主要的思路。2018 年，《"十三五"现代金融体系规划》指出，"健全货币政策和宏观审慎政策双支柱调控框架，为经济可持续发展创造良好的货币金融环境"，不仅要发挥货币政策在经济结构方面发挥的引导作用，在投向和结构上对金融资源配置进行优化，还要逐步加大宏观审慎政策框架的覆盖范围，逐步实现宏观审慎管理对所有金融机构、业务、活动全面覆盖，加强对金融风险的全覆盖，强化金融监管。健全"双支柱"调控框架具备三大要点：一是完善货币政策目标、工具和传导机制；二是进一步完善宏观审慎政策框架，更灵活、全面、有效地发挥逆周期调节作用；三是加强货币政策与宏观审慎政策协同配合。具体概括如下：

一是完善货币政策目标、工具和传导机制。推动货币政策调控框架从数量型调控为主向价格型调控为主转变。创新和丰富基础货币投放渠道，完善货币政策工具箱。完善货币政策操作抵押品管理框架。实施好平均考核存款准备金。推动中央银行利率调控体系的逐步完善健全，建立了以政策利率为核心的中央银行利率体系，同时要积极推动利率走廊上下限和其他利率定位明确、功能联动。进一步加强市场作用，加强对汇率的决定力度，要逐步减少并退出对外汇市场进行常规化的干预机制，提高汇率的弹性。

二是进一步完善宏观审慎政策框架，更灵活、全面、有效地发挥逆周期调节作用。完善管理部门会商制度等治理架构，有计划、分步骤实现对影子银行、资管产品、互联网金融等更多金融机构、市场和行为的全覆盖。进一步将更多的评估对象纳入宏观审慎评估体系（MPA）中，对金融交易活动全面体现出来，对杠杆水平真实表现出来，对风险压力进行动态监测。丰富跨境资本流动、房地产市场等宏观审慎管理工具箱。

三是加强货币政策与宏观审慎政策协同配合。货币政策和宏观审慎政策功能定位有所不同，前者主要是稳定经济和价格总水平，后者主要是维护金融稳定，防控顺周期行为和跨市场的系统性风险。两者相互补充强化，从根本上提高金融调控的有效性。

货币政策和宏观审慎政策双支柱调控框架的建立健全是基于我国经济发展和金融监管的实际情况而发展的。我国经济总体运行平稳，但也存在着诸多影响金融稳定的因素，开展金融业务的机构已不再局限于传统的金融机构类型，种类越来越多元化，金融产品和金融形式创新不断增强，尤其是互联网技术对金融行业带来了极其深刻的影响，所聚集的金融风险无论是在表现方式、违法形态、影响力度还是对经济社会发展的影响上，都已经发生了质的变化。传统的单一的以稳定币值、加强货币管理以维护市场稳定的货币政策，已经不能满足现实需要，无法实现保障经济、社会和金融的稳定发展。

因此，有必要在依赖货币政策的调控作用之外，从宏观层面进一步加强对金融业整体的运行态势和风险情况的监管和调控。宏观审慎监管政策的完善和宏观审慎政策工具的灵活运用，是调控金融运行顺周期现象的良好手段，能够将风险尤其是跨市场、跨产品、跨机构的风险进行限定，防止风险传导，从而促进微观层面银行等金融机构的稳健运营、健康发展，增强微观主体活力，促进经济发展，形成经济金融的良性循环。对投资发展、金融稳定、出口外贸和社会稳定都将发挥积极有益的作用，将稳定增长、促进改革、惠及民生和防范风险等多方面工作有机结合起来。

2.4.2　双支柱框架的政策搭配

1. 货币政策与宏观审慎的政策主张

次贷危机之后，人们普遍认识到，经济的长期繁荣，导致了整个金融市场的过度繁荣，但是资产价格的迅速增长，其实掩盖了银行在贷款门槛方面的降低，同时不断加大了金融杠杆，最终导致金融体系风险积聚。"多德—弗兰克法案"提出了建立"金融稳定监督委员会"，这一机构作为联合金融监管协调机构，承担着协调各个监管部门经济金融稳定监管职责的作用，将分散的监管方式转变为集中的、联合的监管方式，以此实现对金融体系的全面监管，实现金融体系的稳定。可以看到，在理论与实践不断深化的过程中，学术界和实务界进一步认识到应当将宏观审慎监管与货币政策二者以更加互补、高效的方式配合实施，推动二者协调完善。

货币政策与宏观审慎政策的协调作用会促进发挥政策最优效果。肯特和罗沃（Kent and Lowe，1997）等指出，货币政策在对宏观金融体系调整的过程中，一旦出现失衡则应当坚持"逆风向行事"的原则采取行动。伯南克（Bernanke，2010）也认为货币政策在外部经济环境处于"非常时期"的过程中，对来自诸多因素比如资产价格市场产生的风险，应当采取必要的行动。斯科梅克（Schoenmaker，2011）在金融三元悖论中提出，一个国家不可能同时实现金融稳定、金融一体化及本国金融政策独立这三大目标，最好的结果是实现其中的两个，认为应对危机时一国监管机构如果忽视其行为的传染性及溢出效应，会导致次优结果。金融三元悖论为欧盟层面的统一监管提供了重要思路（见图2-4）。

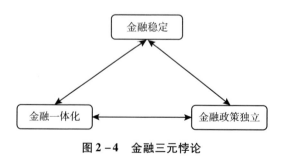

图2-4　金融三元悖论

邓斯坦（Dunstan，2014）在对新西兰货币政策与宏观审慎监管体系进行交叉分析提出观点，货币政策不会因为加重对金融稳定的调整而减损对政策实施的有效性，货币政策与宏观审慎监管的功能的协调发展，是受到经济和金融周期影响的。如表 2－4 所示，货币政策与经济周期对应，宏观审慎政策影响金融周期，由于两种政策效果相反，同为衰退或稳定时期是互补关系；若经济周期和金融周期中有一方处于稳定时期，相应的调控政策应保持独立力争实现主要目标；若经济周期与金融周期分别处于繁荣或衰退的相反时期，一种政策的实施会削弱或者抵消另一种政策效果，需要平衡好政策工具的协调使用。

表 2－4 金融周期与经济周期一致性理论

金融周期（信贷规模）	经济周期（通货膨胀）		
		衰退	稳定	繁荣
	繁荣	冲突	独立	互补
	稳定	独立	独立	独立
	衰退	互补	独立	冲突

资料来源：笔者根据邓斯坦（Dunstan，2014）内容绘制。

列文和利马（Levine and Lima，2015）建立了 DSGE 模型，这一模型将金融摩擦因素纳入进来，是基于新凯恩斯框架形成的，通过这一模型，列文和利马认为在货币政策对金融并非稳定状态进行调控时，其效果比传统货币政策调控下的情况要更好，社会福利水平也更高，即便是货币政策宏观审慎政策处于分散地针对不同目标的情况下，将货币政策纳入调控金融失衡的手段中来，社会福利也能得到明显提升，因此提出建议，货币政策应当作为维护金融稳定的措施，以与传统的货币政策模式做出有效区别。康斯坦乔（Constancio，2015）在欧洲央行工作期间，经历并积累了大量的应对金融危机的经验，认为美国次贷危机表明价格稳定无法对金融稳定做出彻底的保障，这次风险发生的主要原因是金融周期和经济周期的非同步性发生的"周期断点"。虽然在目标方向和工具机制等方面存在差异，但宏观审慎政策与货币政策仍然应当进行有效协调，以应对两类周期非同步性所产生的风险。方可等（Funke et al.，2018）分析了货币政策与宏观审慎政策的共同效用，认为货币政策对资产价格影响的溢出效应明显，相应地，宏观审慎政策能在此发挥较好的补充作用。

在银行业宏观审慎监管研究方面，我国与国外学者相比尚处于起步阶段，但是国内学者也提出了诸多见解。尹继志（2011）指出，在宏观审慎监管体系的建立过程，中央银行的金融稳定的定位和职能应当得到明确，不能出现"去央行化"的情况。王紫薇和陈一稀（2011）认为，货币政策应当将维护金融稳定作为目标，同时应将资产价格波动也作为一大关注点。有学者在次贷危机发生前，即探讨"分权分离"监管体制下，也存在着冲突的情况，货币当局和监管当局彼此间信息沟通较少，所以在政策执行过程中，在监管覆盖面上具有局限性，不能对其他监管目标做出积极有效的应对，从而出现政策冲突的情况（钟伟，2003）。张亦春和胡晓（2010）主张货币政策应当具备宏观审慎的政策理念，在金融市场出现失衡，出现系统性风险爆发的可能性时，货币政策应当发挥功能。吴培新（2011）认为，货币政策和宏观审慎监管政策应当协调互补，发挥合力来应对金融体系失衡风险。资产波动不易被察觉的重要因素是，通货膨胀指标对货币购买力变化不能全面地表现出来，应当及时发现并有效应用金融资产在早期发生的异常变化，从而应对宏观经济波动。王璟怡（2012）指出，银行业宏观审慎监管政策和货币政策存在相互关联，并不是独立存在的，在政策目标和执行过程中都存在相互影响，二者存在协调的基础和可能性。金鹏辉（2014）认为，两类政策能够在银行风险承担调控方面发挥共同作用，以风险管理为目标的政策协调，对金融稳定是有利的。李天宇等（2016）研究发现，货币政策和宏观审慎政策虽然在调控工具与传导机制上差异较大，但均能在经济上行期起到减缓信贷过度扩张的作用，从而达到金融稳定的效果。郭娜和周扬（2019）分析认为，当房地产需求受到冲击时，货币政策与宏观审慎政策配合作用，能推动房价保持平稳、遏制经济大幅波动。

2. 货币政策与宏观审慎的制度安排

金融监管通常可分为限制性监管和审慎性监管，其中审慎性监管主要包括微观审慎监管和宏观审慎监管两方面。微观审慎强调对于个体金融机构的管理和监督，而宏观审慎则重视对金融整体的系统性管理和把控，从某种意义上来看，宏观审慎可以说是微观审慎在内涵和外延上的拓展和演进。次贷危机之后，宏观审慎监管得到广泛重视，在金融监管改革过程中，各国致力于将宏观审慎框架建立在微观审慎的基础之上，不过宏观审慎监管与很多范畴相关，在执行过程中应当与包括货币政策在内的其他诸多宏观经济政策保持统一，二者对稳定经济和推动实体经济发展均具有较大的影响力。货币政策主要用来维护价格稳定并保持经济稳定增长，通过影响金融市场风险与盈利的预期进而调控金融体系；而宏观审慎政策主要用来降低系统性风险，通过对金融中介和金融市场的政策干预降低金融机构的风险承担动机进而调控金融体系。学术界围绕货币政策与宏观审慎政策的协调分工和目标方向都做出了大量的研究。

首先是两类政策的实施力度问题。赛切提和孔勒（Cecchetti and Kohler，2010）认为，因为这两种政策具备一定的可代换性，如果没有协调使用，是可能会出现一种政策的弱势被另一种更高强度的政策所覆盖的情况。也有学者认为，从货币区理论观点来看，宏观审慎政策与货币政策协调的一个重要原因在于，货币政策行使权的失灵逼迫监管当局为了应对内部金融体系失衡和外部货币环境变化不得不应用宏观审慎政策，例如，欧洲货币区中西班牙为了应对由于丧失货币政策制定权，存在着潜在的宏观经济风险，而对动态拨备制度的引入（Lis and Herrero，2009）。亚古尔和德梅尔齐斯（Agur and Demertzis，2009）认为，把应对银行内生风险的要求置于逆风行事的政策规则中，将使货币政策趋紧，而且变动将变得更加频繁，与单一遵循泰勒规则的政策比较来看，在相对短期内，货币政策在关注金融稳定方面表现出对利率更加严格的调整，反过来也是这样。

其次是两种政策在时间维度或者是顺序问题上的协调问题，也就是指政策实施者将会存在"先动还是后动"上面的博弈。正像是货币政策和财政政策的博弈一样，政策实施者总是会出现成为博弈"追随者"的想法，对"追随者"的有所偏好转而对"领导者"表现出极大的厌恶（Lambertini and Rovelli，2003）。劳雷夫斯和米克斯（Laureys and Meeks，2018）探讨了以货币政策和宏观审慎政策为目标时央行的制度安排问题，分析认为，时间一致的策略通常优于简单的货币政策和宏观审慎政策规则，相机选择的策略会使权利分置的政策制定者产生较差的政策组合效应。

最后是在不同的宏观经济金融形势下，两类政策的协调方式问题。安吉利尼等（Angelini et al.，2010）对货币政策与宏观审慎政策协调在不同性质冲击的背景下所受到的影响进行了区分，认为不同来源的经济波动会对两类政策协调的时机带来较大的不同。考托（Canuto，2011）、考托和卡瓦拉尼（Canuto and Cavallari，2013）认为，宏观审慎政策与货币政策不存在替代的关系，而是相互补充的关系，稳健的货币政策无法对资产价格泡沫发挥控制效果，所以也不能有效稳定金融市场，因此货币政策和宏观审慎政策应当相互协调；在正常的货币背景下，金融体系不能保持稳定的一大原因就是资产泡沫的产生，因此，货币和金融监管部门需要对经济体系泡沫的类型做出区分，以推动两种政策分别予以应对并相互协调。乔治（George，2015）认为应当对两类政策独立使用的情况进行重新评估，维护金融稳定体系的最优解决方案应当是将两种政策互为补充。

国内学者基本上认可前述观点，而且还在协调情形区分、目标确定等多个方面做了进一步的研究。郭敏和赵继志（2011）将资产泡沫划分为两类，包括"信贷驱动型"和"非理性繁荣型"，认为"信贷驱动型"应当予以格外关注，货币政策目标在于保持物价、产出和金融稳定，在这一过程中容易出现政策工具有限的问题，所以宏观审慎监管政策的作用发挥是十分重要的。周源（2011）提出两类政策在调控目标上具有一致性且相互影响，建立协同一致的目标框架是非常有必要的，因此应当建立一套多项制度体系，包括宏观审慎监管政策委员会，能够保持两类政策能够高效协调。徐明东和陈学彬（2012）认为，当前货币政策在商业银行风险承担行为方面是存在较大的作用的，在宏观经济上行以及系统性风险形成时，应当合理配合两类政策。王晓和李佳（2013）认为，货币政策在系统性风险调整过程中是存在事前积累不够的问题的，宏观审慎监管正好能够补充这一点，从而能够将"事后救助"向前传导至"事前纠正"。郑联盛（2018）指出，货币政策和宏观审慎政策两者之间的利益权衡是以"合作均衡"还是"纳什均衡"的方式，取决于金融稳定的体制机制和治理结构。

2.4.3　双支柱框架的效用评估

1. 双支柱框架的协调性评估

许多学者支持将货币政策与宏观审慎政策进行相互配合。布里奥和德雷曼（Borio and Drehmann，2009）等认为，宏观审慎政策虽然在解决金融失衡的过程中能够对货币政策起到支持作用，但是如果单纯地运用宏观审慎监管，也容易发生成本过高的情况，所以宏观审慎监管与货币政策应当协调配合。安吉利尼等（Angelini et al.，2010）等建立了动态一般均衡模型，评估了宏观审慎监管和货币政策两者的联系，认为宏观审慎监管的监管效果必须与货币政策配合才能体现。

目前学界在政策实验效果评价和经验型评估方面基本上是以 DSGE 等数值模拟方法开展的。安格洛尼和法伊亚（Angeloni and Faia，2009）运用的 DSGE 模型，将银行部门、货币政策和宏观审慎监管工具三者囊括进来，研究了在应对外部冲击方面，具有脆弱性特质的银行业表现出来的反应，认为最优的政策组合应当是温和的反周期资本充足率与存在"资产价格响应机制"的货币政策的组合。庇由等（Beau et al.，2012）构建 DSGE 模型，囊括了货币政策与宏观审慎监管政策，对二者之间的组合、中立或冲突的关系是否具备做了深入研究，认为实施宏观审慎政策不仅不会干扰货币政策的实施，而且还会对货币政策产生积极有效的保障，主要是通过抑制金融紊乱、维护实体经济稳定的方式进行。卡博尼等（Carboni et al.，2013）集中运用 DSGE 模型对欧元区进行研究，认为宏观审慎政策对监管政策是具有积极作用的有益补充。马洛瓦纳和弗雷特（Malovaná and Frait，2017）研究认为，宽松的货币政策有助于信贷周期的扩大，使金融体系的脆弱性不断积聚，而提高银行资本比重会存在不确定性，因此需要货币政策与宏观审慎政策的相互配合来达成政策目标。亚古尔和德梅尔齐斯（Agur and Demertzis，2009）分析认为，货币政策和宏观审慎政策搭配的效用有限，政策运用无法抵消调控对银行风险承担的影响，监管机构在使用资本管理等工具时会同时权衡对信贷规模的影响，因而仍无可避免会影响金融稳定。

国内学者在这一领域内研究虽然起步晚，但是成果较为丰富。王馨

（2012）认为，货币政策在纳入了动态资本充足率后，能够更加和缓地调整信贷增速，所以认为宏观审慎监管政策能够起到平缓货币政策的实施效果的作用。王亮亮和苗永旺（2013）认为，在不同种类的资产价格和通胀水平的情况下，两类政策是存在三种联系的，包括独立、互补和冲突，所以两者的协调是非常重要的。葛志强（2013）通过动态随机一般均衡模型 DSGE 模拟，认为宏观审慎监管政策和货币政策配合的话，可以降低政策冲突的风险，而且对宏观经济波动也能出现平抑效果，在受到金融及房地产领域的外部冲击时，宏观审慎监管政策平抑波动的效果更加明显。李建强等（2018）探讨了货币政策、财政政策以及宏观审慎政策三者间的政策协调，认为当经济金融周期未同步发展时，宏观调控过程中很可能导致政策冲突或政策叠加出现。范从来和高洁超（2018）研究发现，货币政策在制定和执行过程中要充分考虑金融因素，在外部金融冲击下，高强度的货币政策与低强度的资本监管相配合会减少福利损失；当面临内部金融冲击时，最优的政策组合是紧缩的资本监管与灵活的货币政策相配合。徐海霞和吕守军（2019）分析认为，货币政策与宏观审慎的协调策略应依据冲击类型确定，当面对需求冲击时双支柱政策可以相互促进，而当面临供给冲击时双支柱政策可能存在冲突，双支柱框架下的政策互动有助于强化经济和金融的稳定性。

双支柱框架的协调性体现在宏观审慎政策本身兼具宏观效应与微观效应，因而能与货币政策有效结合，共同发挥调控作用。宏观审慎监管的基本目标包括降低金融体系系统性风险，抑制金融体系对宏观经济方面的溢出效应，因而具有独特的宏观效应和微观效应。宏观效应表现在，宏观审慎政策在经济上行时抑制系统性风险的积累，在经济下行时通过对损失进行弥补，以此对系统性风险扩张进行限制，起到缓冲的效果，对经济周期进行平抑。监管实践以及经济制度方面的差异在很大程度上会影响银行等金融机构的风险承担行为。宏观审慎政策的微观效应表现在，提高资本充足率、杠杆率和贷款损失准备金等指标会起到与其宏观效应一致的调控效果，即会增加当期银行的风险承担，同时降低未来的风险承担。表 2-5 比较了宏观审慎政策、微观审慎政策及货币政策在政策效果、政策目标、政策范围、机构相关性及共同风险暴露方面的异同。

表2-5　　　　宏观审慎政策、微观审慎政策及货币政策比较

	宏观审慎政策	微观审慎政策	货币政策
政策效果	防范金融系统的危机	防范个体金融机构的经营失败	防范经济产出的大幅波动
政策目标	金融体系的整体稳定	金融机构的稳健	宏观经济的稳定
政策范围	自上而下	自下而上	整体衡量
机构间相关性	存在必然联系	无必然联系	无必然联系
共同风险暴露	存在共同风险暴露	无共同风险暴露	无共同风险暴露

2. 双支柱逆周期有效性评估

货币政策与宏观审慎政策并不是线性独立的作用变量，两者对金融风险的防控作用发挥也绝非"0"与"1"的互斥关系，只有将互斥对立转为协调搭配，将单一政策化为双支柱调控，才真正有助于价格稳定与金融稳定的双重目标。货币政策和宏观审慎政策双支柱之所以成为当前金融调控最重要的框架，有其在政策主张、制度安排、协调评估方面深厚的理论基础，此外，其逆周期调节的功效也得到广泛研究。

迪亚沃（N'Diaye，2009）分析发现，逆周期的宏观审慎政策会对货币政策起到正向作用，资本充足率调整等逆周期调控策略，有助于遏制价格波动并降低不确定风险，从而达到经济金融稳定的目的。坎南等（Kannan et al.，2012）研究认为，在加速器效应下强烈的货币反应会推动信贷增长及房价上涨，当经济体面临金融或住房需求冲击时，使用抑制信贷市场周期波动的宏观审慎工具，在平抑周期性影响、维护市场稳定方面作用显著。罗德佩纳等（Roldán-Pena et al.，2014）研究表明，若监管当局通力发挥货币政策与宏观审慎政策的协调作用，那么与单一货币政策效用相比，存在帕累托改进，有助于改善整体福利水平。斯尔瓦和利马（Silva and Lima，2015）建立了代理模型，分析了货币政策与审慎监管政策在不同资本监管要求和不同的利率规则下，二者配合的有效性问题，认为最佳的配合方案是利率平滑规则下的货币政策与附加了严苛资本充足要求的审慎监管政策，这也表明在稳定环境下，应当应用更为严格的资本充足性监管要求，能够有效抑制投机性金融行为的发生。科林弗和孙（Klingelhfer and Sun，2019）检验发现，货币政策与

宏观审慎政策工具的配合有助于促进金融稳定，宽松货币政策容易造成金融脆弱性堆积，而宏观审慎政策在抵消这种脆弱性的同时又能避免经济过缓。

相对地，国内在货币政策和宏观审慎政策的逆周期调控方面研究较少。张铁强（2011）提出货币政策需要体现出政策监管方在目标实现上的先后主次的关系，认为应当提炼构建出宏观审慎监管方面的基本理念，在逆周期的基础上，构建并与之匹配出最优的货币政策框架。王爱俭、王璟怡（2014）研究证实，在受到金融冲击时，宏观审慎政策会辅助货币政策发挥效应，逆周期资本管理能有效平抑金融波动。梁琪、李政、卜林（2015）研究发现，宏观审慎政策工具能发挥逆周期调节作用，从而有效抑制信贷扩张和杠杆增大的顺周期性。张朝洋和胡援成（2017）研究认为，在经济下行期，紧缩的货币政策会为公司融资施加压力，但宏观审慎政策有助于削弱这种不利影响，有助于熨平经济的周期性波动，从而帮助调节流动性的结构失衡。徐长生、艾希（2018）研究显示，实施宏观审慎政策对货币政策冲击有一定削弱作用，宏观审慎政策和货币政策形成合力，进一步发挥逆周期调节作用，对稳通胀、促增长的宏观目标实现意义深远。王佳（2018）分析表明，随着经济周期和金融周期的分化，货币政策和宏观审慎政策的配合存在一定难度，必须通过政策创新来发挥"双支柱"调控的支撑作用。周俊杰、易宪容（2019）检验表明，宏观审慎政策能抵补货币政策逆周期调节信贷的不足，但要权衡政策实施的方向和力度，以规避政策"超调"和"抵消"的情况。在赵玮和赵敏娟（2018）分析认为，当经济体面临生产力冲击与违约风险冲击的时候，中央银行最优的政策组合应当是协调搭配具有逆周期性的货币政策与宏观审慎政策工具，这有助于维护金融稳定并平抑经济波动。

2.4.4　小结

在理论与实践不断深化的过程中，学术界和实务界进一步认识到应当将宏观审慎监管与货币政策以更加互补、高效的方式配合实施，推动二者协调完善。货币政策与宏观审慎政策的协调作用会促进发挥政策最优效果。货币政策主要用来维护价格稳定并保持经济稳定增长，通过影响金融市场风险与盈利的预期进而调控金融体系；而宏观审慎政策主要用来降低系统性风险，通过对金融中介和金融市场的政策干预降低金融机构的风险承担动机进而调控金融体系。在制度安排上，相关研究主要从货币政策与宏观审慎政策的实施力度、时间维度顺序，以及协调的具体方式等方面展开分析。

根据国内外研究方向，可将货币政策与宏观审慎政策的共同效用分为协调性评估和有效性评估。双支柱框架的协调性体现在宏观审慎政策本身兼具宏观效应与微观效应，因而能与货币政策有效结合，共同发挥调控作用。宏观审慎监管的宏观效应表现在，宏观审慎政策在经济上行时抑制系统性风险的积累，在经济下行时限制系统性风险扩张起到缓冲效果，从而发挥平抑经济周期的作用。宏观审慎政策的微观效应表现在，提高资本充足率、杠杆率和贷款损失准备金等指标会起到与其宏观效应一致的调控效果，对于银行等金融机构来说，会推动其增加当期风险承担水平，同时降低未来的风险承担偏好。货币政策与宏观审慎政策表现均具备一定的逆周期特性，在经济发展的不同时期，有助于平抑经济剧烈波动、保持价格相对平稳，从而起到维护经济金融稳定的目的。

第3章 货币政策与宏观审慎政策的相互作用及其联合效应研究

3.1 货币政策冲击下的资本约束与银行风险承担行为：银行风险传导渠道分析

3.1.1 理论分析及文献综述

美国互联网泡沫破灭之后，中央银行降低利率抵御经济衰退，由此造成的过剩流动性及金融不稳定没有引起美联储足够的注意（Svenssona and Woodford，2004）。然而，始发于美国并席卷全球的金融危机彻底改变了人们对宽松货币政策的看法，由于长期宽松的货币条件会导致信贷规模的过度扩张，长时间超低利率和宽松流动性环境催生了资产价格泡沫，并导致金融机构承担越来越多的风险，在一定程度上成为引发危机的导火索。在此背景下，布里奥和朱（Borio and Zhu，2008）提出了货币政策的银行风险承担渠道理论（Bank Risk-taking Channel），认为货币环境的变化会通过银行等金融机构的风险识别与风险承担行为来影响银行的资产组合、贷款定价及其他非价格条款（信贷质量），该理论首次将货币政策对银行风险承担的影响纳入货币政策传导渠道机制，是对经典的货币政策信贷传导渠道的延伸与深入研究。

货币政策的银行风险承担渠道理论提出后，国内外众多学者对货币政策对银行风险承担的影响进行了大量实证研究，从不同国家和地区的数据、不同代理变量组合、不同叠加因素等角度验证了货币政策风险承担渠道的存在性。然而，许多学者在研究中发现，货币政策对银行风险承担的影响程度依赖于银行的资本状况，资本充足的银行抵消货币政策影响的能力更强（Delis and Kouretas，2011）。实际上，萨克（Thakor，1996）、齐沙尔和欧佩拉（Kishar and Opiela，2000）较早研究了资本充足率对货币政策的影响问题。塔纳卡（Tanaka，2002）首次分析了银行资本和资本充足性监管对货币政策传导机制的影响，并基于 IS - LM 模型的扩展提出了资本约束下的货币政策传导效应。其分析方法与模型后续被众多学者借鉴以研究资本约束和货币政策相关关系问题，莱昂纳多和米斯多利（Leonardo and Mistrulli，2003）、科皮奇和范古斯（Kopecky and Van Hoose，2004）延续塔纳卡（Tanaka，2002）的研究，从实证角度分析了资本约束对货币政策传导机制的影响，认为资本约束至少在短期会对货币政策的传导产生不利的影响。后续相关研究又从不同角度出发进行研究，如博简（Bojan，2006）、阿尔瓦罗和德鲁蒙德（Alvaro and Drumond，2007）等。

随着研究的进一步推进，对该问题的研究不再局限于资本约束、货币政策及银行风险承担两两之间关系的分析，而是在综合视角下将资本约束纳入货币政策的银行风险承担渠道研究，关注在资本约束条件下货币政策对银行风险承担的影响问题。其中，塞巴尔（Saibal，2008）运用印度的数据对资本约束、货币政策和银行行为之间的关系进行了理论和实证的考察。江曙霞和陈玉婵（2012）在实证研究中加入资本充足率约束，提出扩张性的货币政策能刺激银行风险承担，不同银行会对货币政策冲击做出异质性反应。徐明东和陈学彬（2012）、代军勋和海米提·瓦哈甫（2014）都在资本约束背景下研究异质性银行对货币政策的敏感性，同时验证了我国货币政策风险承担渠道的存在。马理等（2013）在国内学者中首先使用塔纳卡（Tanaka，2002）的分析框架分析引入资本约束规制后的货币政策特殊传导路径与效果，使用五大商业银行的数据代表银行体系，对货币政策与资本约束双重约束下银行的行为选择特征进行仿真模拟分析，显示资本约束将明显改善货币政策效果、改善货币政策传导路径，还会降低风险限峰修复。

3.1.2 基于 IS - LM 模型扩展的 Tanaka 模型分析

塔纳卡（Tanaka，2002）将 IS - LM 模型扩展到对货币政策传导机制及政策效应研究，尤其对于银行风险的影响效应也做出了理论推导。本书借鉴其研究思路，将一般均衡模型扩展为包含信贷市场、债券市场、货币市场和商品市场的宏观经济体系模型，以各个子市场之间的交互影响体现宏观政策与微观银行个体的关联效应，并对模型理论设定做了更符合中国实际的修正，且放松其严格的理论假设以更具理论说服力，在含有货币政策变量的商业银行的效用函数中引入反映银行风险承担的贷款余额与贷款平均利率，弱化对债券投资的内生性假设，更直接地为研究银行风险承担变化提供理论佐证。因此，本部分我们基于货币政策的银行风险承担渠道理论，借助塔纳卡（Tanaka，2002）构建的扩展的宏观经济体系模型，分析纳入资本约束和结构性货币政策的冲击对货币政策的银行风险承担渠道的影响机理及影响方向，揭示在此过程中银行信贷行为及风险承担的变化，构建结构性货币政策影响资本约束作用于银行风险承担过程理论的模型基础。

假定家庭的财富由存款 D^h 和购买的债券 B^h 两部分组成，Y 是实际收入，i 是债券利率。一般情况下，当收入与债券利率增加时，会使居民的储蓄财富增加。投资主体——家庭的投资行为满足的条件是：

$$S(Y, i) = D^h(Y, i) + B^h(Y, i) \tag{3.1}$$

企业的投资资金来源于发行债券融资金额了与从银行借款融资金额。其中 i 是债券利率，r 是贷款利率，分别代表着企业债权融资与股权融资的不同成本。债券利率与贷款利率的调整不但影响着企业的投资总额并且影响着企业的资金来源的结构变化。当债券利率高企时，企业会倾向于向银行融资；而当贷款成本升高时，企业会偏向于相对低成本的债权融资。企业的投资行为满足的条件为：

$$I(i, r) = B^e(i, r) + L^e(i, r) \tag{3.2}$$

我们把央行与政府统称为"政府"，其资金来源一部分是向商业银行要求的存款准备金，另一部分为发行国债 B^g 后获得的资金。政府的行为约束条件是：

$$G = R + B^g(i, r) \tag{3.3}$$

商业银行的行为约束条件由其资产负债表决定，表示为：

$$R + B^b + L^b = D^b + K \tag{3.4}$$

其中，R 是央行要求的存款准备金，同时我们假设超额准备金为零，B^b 是商业银行购买的债券资产，L^b 是商业银行的贷款资产，D^b 是商业银行的存款负债，K 是商业银行的资本。假设法定存款准备金比率为 α，央行可以决定不同的存款准备金比率，从而改变商业银行的负债规模与资产规模以及结构。

商品市场的均衡用传统的曲线描绘如式（3.5），意味着个体的投资资金构成了企业与政府的资金来源。

$$I(i, r) + G(i, r) = S(i, r) \tag{3.5}$$

债券市场的均衡表示为式（3.6），意味着企业债券与政府债券的购买人是家庭与商业银行。所有市场参与者都是理性人，企业可以根据市场利率决定融资规模与结构，家庭与政府也会根据市场利率来决定投资规模与结构。

$$B^e(i, r) + B^g(i, r) = B^h(y, i) + B^b(i, r) \tag{3.6}$$

货币市场的均衡用曲线描绘如式（3.7），该式意味着央行可以利用存款准备金比率的调整来改变货币市场的均衡。

$$R = \alpha D^h(y, i) \tag{3.7}$$

斯蒂格利茨和韦斯（Stigliz and Weiss，1981）指出，由于逆向选择与道德风险，贷款市场存在着信贷配给，均衡会出现在经过收益最大化的权衡之后商业银行选择的最佳贷款量附近，此时市场中的贷款供给会小于贷款需求。贷款市场上的信贷配给对货币市场均衡存在深远的影响，其微观结构决定了货币市场的货币供给，央行货币政策的传导渠道与传导效果因此受到商业银行的行为选择的影响。假设银行的贷款利率 $r_L \sim N(r^*, \sigma^2)$，并且银行的贷款资产分布于两类行业（分别用下标 1 和 2 表示）。$\underline{r_1}$ 与 $\overline{r_1}$ 表示银行能够提供给产业一的最低与最高贷款利率，$\underline{r_2}$ 与 $\overline{r_2}$ 表示银行能够提供给产业二的最低与最高贷款利率。因此商业银行愿意给予发展稳且更有发展前景的产业更大的贷款规模与贷款利率区间，L_t^1、L_t^2 分别为商业银行为两类产业提供的贷款总量。

我们假设商业银行为筹集资本所付出的资金成本为 r^K，r^b 为债券给商业银行带来的持有期收益率，D^b 为商业银行吸收的存款，r^d 为商业银行支付的存款利率资本。在此我们引入 L 为贷款余额，r^L 为平均贷款利率，且 $L = f(r^L)$。为讨论简便起见，假设商业银行的资本全部由发行股票融得即一级资本。同时基于塔纳卡（Tanaka，2002）使用的信贷市场的瓦尔拉斯均衡等式 $L^s(r^B, r^L, p, K, K_0, v) = L^D(r^B, r^L)$，我们可以设计跨期的动态效应函数来反映商业银行的风险承担行为选择，β

为银行跨期收益的贴现因子。假定 θ 是监管部门要求的资本充足率水平，$\dfrac{K}{L}$ 是特定商业银行的真实资本充足率，这里我们参考马理等（2013）的做法引入一个资本约束的"或有"惩罚函数 h。当监管当局进行资本充足性监管时，会将特定商业银行的真实资本充足率与法定的资本充足率水平相比较，若前者等于或高于后者，意味着经营达标不进行惩罚；但若前者小于后者，则根据相差的资本充足率水平的程度与贷款规模进行惩罚。我们将资本约束变量资本充足率 θ 纳入银行效用函数，构建含有信贷配给特征的 IS – LM 曲线，比较分析实施资本约束之后银行的风险承担行为选择及效用函数变化，推出在整体宏观经济体系模型达到均衡时的利率水平与银行信贷投放区间，研究此过程中银行风险承担的变化趋势。就此得出商业银行的效用函数与追求目标为式（3.8）：

$$\max\pi = (1 + \beta)\left[\int_{\underline{r_1}}^{\overline{r_1}} r_1 \frac{1}{\sqrt{2\pi}\sigma}e^{-\frac{(r_1 - r_1^*)^2}{2\sigma^2}}dr_1 + \int_{\underline{r_2}}^{\overline{r_2}} r_2 \frac{1}{\sqrt{2\pi}\sigma}e^{-\frac{(r_2 - r_2^*)^2}{2\sigma^2}}dr_2\right.$$

$$\left. + Br^b - Dr^d - Kr^k - \left(\theta - \frac{K}{L}\right)Lh\right] \tag{3.8}$$

以上分析框架与常用的瓦尔拉斯均衡的分析框架不同，由于考虑到信息不对称带来的逆向选择与道德风险及由此导致的信贷配给，贷款市场的均衡不会出现供给等于需求的交点，商业银行基于收益最大化会尽量将自身的贷款放到最优利率 r^* 对应的贷款量附近，而在整个区间上，会有贷款供给小于贷款需求。我们拟放松原模型对可贷区间的限制，只限定三个约束条件，分别来自信贷配给、商业银行的资产负债表约束条件以及货币政策，即：

$$s.\,t.\ L_t^{supply} < L_t^{demand}$$

$$D_t + K_t = R_t + B_t + L_t$$

$$R = \alpha D^b$$

我们对该效用函数求极值即可推导出货币政策与银行贷款利率和贷款数量的关系，并探究资本约束对银行风险承担的影响机制和影响效应。显而易见的是，在资本约束环境下，宽松货币政策效应对信贷成本的影响会减少债券投资，增加信贷规模，提高银行的风险承担水平，体现资本约束的预期收入效应。

3.2　货币政策与宏观审慎政策的相互作用及其联合效应研究

金融危机后，宏观审慎逐渐超越金融监管的范畴，演变成为宏观审慎政策。这体现在对宏观审慎工具的界定上，其政策工具已不再局限于微观审慎监管工具。当前宏观审慎政策的工具主要是对已有服务于宏观审慎目标的微观审慎监管工具、宏观经济调控工具和财税会计工具的变化和组合（周小川，2010）。与货币政策不同，宏观审慎政策工具不是由单独一家机构掌握，而是由中央银行、金融监管局、财税局分别控制和实施，其中央行起到统筹领导的作用。

宏观审慎政策的工具划分有多种方式，较常见的是从时间维度和截面维度对宏观审慎工具的划分。时间维度上主要是应对金融机构的顺周期性而采取的逆周期宏观审慎工具，如差别存款准备金制度、动态拨备，以及逆周期的会计准则制度等，其中会计准则制度中，IASB 建议对金融工具的计量应采用混合模型（包括公允价值计量法以及摊余成本计量法），避免因公允价值计量法而加剧金融顺周期性（周小川，2011）。时间维度的金融工具使得资本或者拨备等在经济上行使以储存，以便在经济下行时得到利用，从而有利于事前限制上行时的风险，事后挽救下行时的损失；截面维度是为了控制风险在金融机构间的传播，尤其是重点控制系统性重要金融机构而采取的工具，这类工具大多涉及对银行资本的监管，如重要性资本附加或风险集中度限制。通常依据各类金融机构对系统性风险的贡献程度而采取差异化的监管要求（见表 3 - 1）。

表 3 - 1　　　　　　　　　宏观审慎工具

	熨平经济周期	应对风险的集中和跨机构分布
目标	运用逆周期的宏观审慎工具应对金融顺周期性	根据机构对系统性风险的贡献调整宏观审慎工具

		熨平经济周期	应对风险的集中和跨机构分布
宏观审慎政策调控工具	作用范围	针对所有机构和市场	针对具体的机构
	调整频率	频繁，根据周期灵活调整	不频繁
	直接工具	逆周期资本要求、动态拨备、逆周期会计准则、LTV 等	系统重要性机构的资本附加或流动性覆盖等

我国目前已经认识到宏观审慎政策的重要性，并开始尝试使用动态拨备等逆金融周期的宏观审慎政策工具。但事实上很难准确界定庞大的宏观审慎工具体系，尤其是将之与其他宏观经济政策工具严格区分开来。这是因为同一个工具可能服务于不同政策的不同目标，即使不同政策的工具存在交叉重叠也是合理的，这也是宏观审慎政策工具范畴目前尚存争论的原因。

3.2.1　货币政策与宏观审慎政策配合的必要性

根据丁伯根政策搭配法则，两个不同的宏观经济目标，需要两种不同的政策工具。同时，两种政策在效果上不能完全替代，否则另一项政策就没有存在的必要。两种政策也不能完全对立，否则一种政策的使用会对另一种政策的实施效果产生不利影响，出现"拉你推我"的情况（李爱迪，2011）。鉴于货币政策与宏观审慎并非完全替代，也并未完全冲突，因此学界对两者的协调互动进行了大量的研究。"逆风向"的宏观审慎政策与货币政策得到了许多学者的认同（Christensen et al.，2011；Baker and Widmaier，2012），他们认为货币政策考虑金融稳定目标的前提是金融稳定目标不会影响物价稳定目标，不然就违反了丁伯根政策搭配发展，造成多目标之间的冲突。

宏观审慎政策被认为与货币政策是相互补充的。宏观审慎对货币政策的补充主要体现在截面维度和时间维度上：截面维度上，主要体现在宏观审慎弥补了货币政策对金融稳定重视的不足，与关注通货膨胀的货币政策形成鲜明对比；时间维度上，与货币政策通常采取的"事后救助"策略不同，宏观审慎政策更偏向于采取"事前控制"策略，并在应对金融稳定问题时，宏观审慎政策在"事前控制"方面的工具（贷款价值比 LTV、动态拨备等）比货币政策工具更加直接有效。同样，虽然宏观审慎政策在处理金融稳定问题时比货币政策更直接有效，但应对金融体系的顺周期性，仅依靠宏观审慎政策会使政策成本过高，导致实施困难（Borio and Drehmann，2009）。货币政策保证稳定的通胀水平，能为宏观审慎政策提供良好的操作环境，并减少政策实成本。因此，目前 G20、IMF 以及 FSA 等普遍认为货币政策与宏观审慎的协调配合是维护金融维度的最好办法。

由于具体的经济情况不同，两种政策之间不仅存在协调的可能，也有冲突的可能，但是目前研究货币政策与宏观审慎政策之间配合机制的文献较少，尤其缺乏建立在微观基础层面上的分析。

3.2.2　货币政策与宏观审慎政策目标的协调与冲突

虽然货币政策是否关注金融稳定，学界还有争论，但是关于货币政策与宏观审慎政策的目标，目前的观点已达成以下共识：宏观审慎的最终目标是维护金融稳定，以减少金融不稳定造成的宏观经济成本。货币政策的最终目标是维持物价稳定，同时在一定程度上对金融稳定予以关注。货币政策与宏观审慎政策在目标上密切相关，并且相互影响。

从长期来看，物价稳定与金融稳定之间没有冲突，货币政策与宏观审慎政策的目标是相互促进的。这是因为货币政策目标的实现有助于为金融市场营造一个稳定良好的环境；反之，由于金融机构、金融市场在货币政策传导机制中起重要作用，因而宏观审慎目标的实现也能为货币政策的传导提供良好保障（Calomiris and Khan，1991）。

从中短期看，需研究具体的实体经济与虚拟经济情况，两种政策目标之间可能是互补、独立或者冲突。例如，当物价偏高，同时资产价格快速上升时，两者能起到叠加作用，使政策效果更加明显。此种情况下两种政策能共同应对资产价格快速上升，其中货币政策的调控范围较为宏观，强有力的紧缩性货币政策将有助于形成应对金融顺周期性的主要机制，而宏观审慎政策可以针对某一具体领域进行调控，在此背景下，宏观审慎政策更能起到有效抑制资金价格泡沫，维护金融稳定的作用（Kannan et al.，2009）。也就是说，当目标互补时，两种政策能够相互协调。有实证研究证明，若两种政策之间保持严格的独立性，货币政策以价格稳定为主要目标，宏观审慎以缓解金融顺周期性为主要目标，将是政策搭配的最优方案（Suh，2014）。

但是当物价水平与资产价格水平呈逆向波动状态时，货币政策与宏观审慎政策之间也存在潜在的冲突性（Bini，2011）。例如，物价水平上涨而资产价格下降时，适合采用紧缩性货币政策与宽松性宏观审慎政策，这时两种政策目标之间就会存在相互冲突。政策则需根据具体情况把握好物价水平与资产价格水平之间的微妙平衡，此种情况操作难度较大；除上述两种情况外，货币政策与宏观审慎政策目标在一些情况下相互独立，操作难度在两者之间（见表3-2）。

表3-2　　　　　货币政策与宏观审慎政策目标的关系

	通胀水平高于目标	通胀水平接近目标	通胀水平低于目标
资产价格上涨	互补	独立	冲突
资产价格平稳	独立	独立	独立
资产价格下降	冲突	独立	互补

资料来源：王亮亮，苗永旺. 货币政策、宏观审慎政策与资产价格 [J]. 国际金融，2013（2）：66-70.

3.2.3　货币政策与宏观审慎政策实施主体的争论

根据经济学理论，政策责任的明确划分，有利于政策的制定与职能的划分。关于货币政策与宏观审慎政策的实施主体，至今仍存争议，争论焦点在于央行是否应承担宏观审慎政策职责。理论界的一种观点是货币政策与宏观审慎的职责完全由央行承担，另一种是设立专门的宏观审慎机构并协调其他各机构共同维护金融稳定。支持完全由央行负债的学者认为，宏观审慎政策与货币政策的目标可以有效互补，甚至合并，因为政策存在外溢（本书认为这是有条件的）。基于以上逻辑，他们指出，两种政策均应由中央银行统一负责（French et al.，2010）。同时指出由央行全部负责的优势：其一，央行长久以来监管宏观经济，具有宏观视野、海量数据与长期监管的实践经验；其二，两种政策均由央行监管可以避免不同部门分工可能出现的协调问题，且能提高金融危机时期政策的制定效率；其三，央行本身的货币政策可以影响金融机构的杠杆率与风险偏好，增强两种政策的外溢性（Blanchard et al.，2010）。

持另一种观点的学者认为，应该建立专门的宏观审慎机构与央行等其他机构协调合作。虽然央行具有部分负债金融稳定的职能，并且在实践中通过相应手段对维护金融稳定起到一定的贡献。但是金融稳定的目标与货币政策的目标存在内在冲突性，会导致利益冲突，且两种政策工具范围广、涵盖多，有些工具央行也不能有效利用，所以应建立具有一定独立性的宏观审慎机构，并应根据调控时情况的不同，赋予央行相应的权利（王晓、李佳，2013）。

另外，宏观审慎机构是置于央行内部，还是作为一个独立机构存在于央行之外，也在讨论中。2008 年金融危机后，各国在货币政策与宏观审慎协调方面体现出实践先于理论的特点，不少发达国家已经成立相关部门监控系统性风险。其中美国、欧盟、匈牙利等国在央行以外设置独立的监管机构，这种制度设置有利于管理层掌握相关机构的专业知识，货币政策可以明确稳定通货膨胀率的主要目标，避免执行宏观审慎政策失败对央行信誉的冲击。而英国、比利时等则将宏观审慎监管机构与央行合并一处，可确保危机发生时政策制定与执行的有效性，并且明确角色和责任。值得一提的是，日本、德国虽未成立专门性机构，但赋予了央行更多监测系统风险的职能。

第4章 货币政策与宏观审慎政策双支柱框架的有效性：DSGE 模型分析

4.1 结构性货币政策与宏观审慎政策

4.1.1 结构性货币政策：产生背景与内容

2008 年金融危机爆发后，美国、欧盟、英国等发达经济体为了扭转经济形势，纷纷大幅降低基准利率，给金融市场注入大量流动性，但是金融机构在面对一再恶化的资产负债表时纷纷出现"惜贷"的情况，整个市场陷入典型的"流动性陷阱"状态，导致金融体系惜贷倾向与企业和家庭部门外部融资条件恶化，"金融加速器效应"进一步导致实体经济出现"结构性流动性缺口"（Bernanke and Gertler, 1989；Bernanke et al., 1999）。金融危机的严重后果警示各国货币当局，总量性货币政策工具虽能缓解宏观经济的流动性不足，但由于商业银行的高风险预期和低放贷意愿均未得到改变，实体经济趋紧的融资约束依然抑制经济复苏。在此背景之下，为提高应对短期流动性波动的能力，同时有效解决实体经济"结构性流动性缺口"导致的部分领域融资成本高的问题，结构性货币政策工具在近年来得到了广泛运用。

结构性货币政策工具是指为引导特定资金的流向以及实现其特殊用途，通过定向操作对货币政策传导机制进行疏通，有助于引动流动性通过信贷等渠道进入实体经济与特定领域的货币政策工具（卢岚、邓雄，2015）。当传统货币政策操作空间及传导机制无法发挥应有的作用时，结构性货币政策便可在引导资金流向和传递宽松预期上体现货币政策结构性调整的特点与效应，展现其特有优势，如央行购买私人债券较其购买公共债券对经济的刺激作用更明显（Bagus and Schiml，2009）。而且，结构性货币政策工具的实施结果会反映在央行的资产负债表之上，货币政策结构性调整措施实质上是一种"税收型"的货币政策，央行资产负债表中私人部门的风险资产所占比例增加，有助于稳定宏观经济和降低金融风险（Buiter，2008）。央行可以通过购买低流动性资产、提供高信用等级债券、扩大抵押品范围等措施向部分金融机构定向投放流动性，降低这些金融机构的资金成本，并通过激励机制设计，促进它们增加对实体经济的信贷投放，降低部分行业的融资成本，提升对经济发展重点和薄弱环节的金融支持，这对抑制经济恶化、阻止系统性金融风险蔓延都具有积极的政策意义。

　　结构性货币政策的实施会通过影响银行对资本约束的执行过程而作用于银行风险承担。首先，结构性货币政策向银行体系直接释放流动性，增加金融体系的流动性供给和稳定流动性预期，因而会改变银行资本和监管阈值之间的缺口，影响银行的商业选择和风险偏好。其次，金融体系的流动性变化会导致利率变化，通过现金流、净利息收入及收入和资产估值（通过折现因子）等多个方面影响银行对资本约束的执行及反应（Borio and Zhu，2008），因而作用于资本约束的银行风险承担传导渠道。再次，结构性货币政策具有定向调整信贷流向的重要功能，对于向不同政策倾向行业发放贷款的银行而言，会在政策导向改变信贷决策的同时产生不同的预期收益和预期风险，不仅影响银行整体的风险承担水平，还会在银行个体之间造成风险承担差异以及跨期风险承担水平的不确定性。

4.1.2　后危机时代货币政策面临的挑战——宏观审慎监管的提出

　　宏观审慎监管是微观审慎监管的延伸，学者们对宏观审慎监管的研究主要是从微观审慎监管和宏观审慎监管的区别来展开的（BIS，2001；Borio，2003），认为宏观审慎监管主要是通过应对系统性风险来维护金融稳定，而微观审慎监管则主要是防范单个金融机构的风险，并不考虑对整体经济的影响。因此，宏观审慎监管主要关注金融体系的宏观层面，而微观审慎监管主要考虑单一金融主体的微观行为。但是，通过对学者们的研究文献进行梳理可以发现，宏观审慎监管的提出并受到重视也与后危机时代货币政策面临的挑战有关。正是由于金融危机呈现出货币政策无法解决的特点，导致学者们对危机爆发前的货币政策进行反思，由此使宏观审慎监管逐渐成为学术界关注的焦点，并将其与货币政策配合，成为维护金融稳定的重要工具。在后危机时代，货币政策面临的挑战主要体现在两点，即传统货币政策"事后救助论"遭到严重质疑以及传统货币政策目标对金融稳定的忽视。

1. 挑战一：传统货币政策的"事后救助论"遭到普遍质疑

20 世纪 50 年代以来，金融不稳定主要由资产价格泡沫引起，但多数学者反对将资产价格纳入中央银行货币政策的目标体系，认为在资产价格泡沫破灭后再进行救助即可。这就是"事后救助论"的主要观点（Bernanke and Gertler，2001），并且认为即使中央银行不对资产价格泡沫进行反应，只要"事后救助"及时，依然能对泡沫破灭所导致的损失进行控制。但"事后救助"论的观点在金融危机爆发后遭到了普遍质疑，比如张晓慧（2009）认为，"事后救助论"是一种非对称性的政策，这种政策有可能助长市场参与者的道德风险，导致投资者产生中央银行会为失败买单的预期，从而助长投机行为。因此，与"事后救助论"相反，怀特（White，2009）等一批经济学家提出"事前反应说"。很多学者认为中央银行应当"逆向操作"，在资产价格泡沫开始形成时就提高利率进行控制（Borio and Lowe，2002）。

针对货币政策"事后救助论"面临的质疑，学者们在构建宏观审慎监管的框架中，提出了逆周期的动态资本监管（Gauthier et al.，2010）、对金融机构杠杆率的监管（Reinhart and Rogoff，2009）、对流动性标准的规定（Perotti and Suarez，2010）以及前性贷款损失拨备（Saurina，2009）等，其中逆周期的动态资本监管又包括提高资本缓冲要求（Repullo and Saurina，2011）、提高资本质量要求（Hanson et al.，2010）、瞄准资本总量的纠正政策（Hart and Zingales，2009）以及或有资本（McDonald，2010）等的要求，主要目的是要求金融机构在经济繁荣时期持有相对于经济萧条时期更高比例的资本。这些政策不仅属于宏观审慎监管框架的"逆周期"政策，同时也符合学者们关于货币政策"事前反应说"的政策主张，弥补了货币政策"事后救助论"的政策缺陷。

2. 挑战二：传统货币政策目标忽视了对金融稳定的关注

传统货币政策反对将金融稳定纳入目标系，认为一般的物价稳定就能兼顾金融稳（Issing，2003；Schioppa，2003）。但金融危机的爆发使"物价稳定能够兼顾金融稳定"的观点遭到强烈质疑。比如，Trichet（2005）认为，正是由于中央银行致力于稳定物价，导致经中物价上涨的压力从实体部门转移至虚拟领域，使部分国家的资产价格泡沫在物价相对稳定发生。Trichet（2005）将这种情况作为"央信誉悖论"（paradox of central bank credibility）。吴培新（2011）认为，一国的 CPI 并不能如实反映本国的通货膨胀水平。

宏观审慎监管的提出不仅与微观审慎监管相对应，更是弥补了货币政策目标对金融稳定的不足。克罗克特（Crockett，2000）认为，宏观审慎监管着眼于整个金融体系，目标是维护整个金融体系的稳定性，并限制金融危机的成本。BIS（2001）认为，宏观审慎监管是从金融体系的系统性角度进行风险监测，从而实现金融稳定。布里奥（Borio，2003）认为，宏观审慎监管以防范系统性风险和维护金融稳定为主要目标。因此，鉴于货币政策目标对金融稳定的忽视，加强宏观审慎监管，以弥补货币政策目标的缺陷成为政策制定者的主要共识（G20，2009；IMF，2009；FSA，2009）。

对于传统货币政策面临的挑战，宏观审慎监管的出现可以弥补货币政策的不足。这主要体现在，宏观审慎监管可以对货币政策运作造成的金融失衡进行修正，这种修正包括时间维度和宏观维度两个方面。其中，时间维度的修正体现在"事前性"，与传统货币政策的"事后救助"论形成鲜明对比；宏观维度的修正体现在宏观审慎监管对金融稳定的重视，这一点对货币政策只对一般物价稳定进行了有效补充。

同时，宏观审慎监管的具体操作与货币政策也有很大的相似之处，比如宏观审慎监管工具中的逆周期动态资本监管和杠杆率监管等措施，均以严明的规则和相机抉择为基础。货币政策操作中凯恩斯学派和货币主义分别对货币政策的相机抉择和规则进行了阐述。从这一点来看，传统货币政策可作为宏观审慎监管的理论基础。但宏观审慎监管相对货币政策的相机抉择具有明显优势，因为宏观审慎监管的相关措施能使被监管者增强对监管措施的预期，从而降低金融机构由于被监管而消耗的成本，并且这种降低被监管者预期的行为也是一种典型的"规则"操作方式。虽然宏观审慎监管能对货币政策形成补充，但两者并不是相互独立的，两者可以相互配合和影响。比如若货币政策对利率进行调整，利率波动会影响到金融机构的资产负债表，并导致金融机构的资本充足率产生变动。同时，资本充足率的波动会改变金融机构的风险偏好，从而影响市场利率，引起货币政策的调整。由此可见，宏观审慎监管和货币政策之间可以相互影响和配合。

4.2　结构性货币政策与宏观审慎政策有效性：DSGE 模型分析

在 DSGE 模型分析中，我们将在对结构性货币政策的产生、工具和实施效应进行系统理论分析的基础上，针对我国结构性货币政策"调结构"的核心目标，构建含有两家同质商业银行和两类平行产业的 DSGE 模型，借鉴迪布（Dib，2010）和古德弗兰德和麦克考勒姆（Goodfriend and McCallum，2007）的研究，我们将设计一个含有存款准备金缴纳要求以及中央银行再贷款支持的垄断竞争性银行（Benes and Lees，2007）。在中央银行部门的模型构建中，我们同时考虑结构性货币政策、常规性货币政策、财政政策及宏观审慎政策，借助效用函数观察各种结构性货币政策与宏观审慎政策组合的政策效果，考察各类结构性货币政策在产业结构调整目标实现的过程中对金融稳定目标的外部性影响，归纳结构性货币政策对宏观审慎政策有效性的作用效果。

4.2.1　银行风险承担指标的确定

货币政策也主要通过银行等金融机构影响利率价格，因此，银行经营存在着外部性。在利率低的环境下，即扩张型货币政策条件下，银行会出现过度的风险承担行为，出现过度投资。单一个体银行遵循这样的操作模式，并不会引发宏观金融失衡，但是如果市场中大多数银行都按照这样的方式进行操作，整个金融系统将受到影响，金融失衡不断累积加剧，存在着爆发金融危机的可能。

假设充分竞争的市场中存在众多银行，在无限的期限内，即 $t = 0$，1，…，∞，进行经营。每一期 t 又可以进步细分为 t_0、t_1、t_2。每一家银行的资本为 K^i，其价值在均匀分布于 $[0, K]$。银行吸收存款用于投资在每一期，银行在 t_0 时刻将 I^i 资金贷出，在 t_2 时刻收回 θI^i 的资金。在金融稳定的条件下，$\theta > 1$；在金融危机条件下，$\theta = 0$。银行在吸收存款 I^i，其中吸收了 mI^i 的短期存款和 $(1 - m)I^i$ 的长期存款，需要支付的名义利率分别为 r_1 和 $r_1 + \delta$，则银行承担的成本为 $I^i(r_1 + \delta - m\delta)$，则银行的净利润可以表示为 $I^i(\theta - r_1 + \delta - m\delta)I^i(\theta - r_1 + \delta + m\delta)$。

在 t_1 时刻，银行可以获得金融市场的公开信号，其中有 $1 - s$ 的概率金融市场维持稳定，可以获得 θI^i 的回报；有 s 的概率金融危机，不能获得任何回报，即零回报。这一信息对于存款人也是公开的，因此，在金融稳定条件下，到期存款者可以延长存款的期限，但是在金融危机状态下，到期存款者将不会延长存款期限，要求取出存款。基于这一假设，可以认定：如果在 t_1 时刻，银行的资本金 K^i 不足以偿付短期存款 mI^i，那么就意味着银行破产。由于 K^i 服从 $[0, K]$ 的均匀分布，则银行破产的风险可以表示为 $\dfrac{mI^i}{K}$。为了方便分析，假设金融系统性风险随着社会总投资（$I = \sum\limits_i I^i$）呈线性正相关关系。另一方面，银行经营具有外部性，假设银行破产给金融体系增加的成本也是线性的，可以表示为 $C^i = \gamma \sum\limits_i I^i$，其中 $\gamma > 0$。一旦银行破产，其总资产将以较低的价格 p 出售，因此，在金融危机情况下，银行承担的成本可以表示为 $p\dfrac{mI^i}{K}\gamma \sum\limits_i I^i$。假设所有银行并不会内生化其破产造成的成本，而是选择在市场出售其资产，造成外部性的影响。

因此，在每一期开始的 t_0 时刻，银行的目标是实现自身利益的最大化，即：

$$\max_{I^i} \Pi^i = I^i(\theta - r_1 - \delta + m\delta) - p\frac{mI^i}{K}\gamma \sum_i I^i \qquad (4.1)$$

由此可以得到，其一阶拉格朗日最优解为：

$$I^c = (\theta - r_1 - \delta + m\delta)\frac{K}{pm\gamma} \qquad (4.2)$$

式（4.2）中，I^c 表示银行 i 在市场竞争环境下，追求自身利益最大化的最优投资额。

而从市场的角度看，目标是实现整个银行业的利益最大化，表示为：

$$\max_{I^i}\sum_i \Pi^i = \sum_i I^i(\theta - r_1 - \delta + m\delta) - p\frac{mI^i}{K}\gamma\sum_i I^i \qquad (4.3)$$

由此可以得到，以银行业利益最大化为目标情况下，银行 i 的最优投资额为：

$$I^p = (\theta - r_1 - \delta + m\delta)\frac{K}{2pm\gamma} \qquad (4.4)$$

由此可以看出，银行业利益最大化的最优投资量低于银行自身利益最大化的最优投资量，银行为了追求自身利润的最大化，将按照超出银行业最优水平的投资量进行投资决策。因此，银行的风险承担可以用银行的投资额来表示，因为过量的投资，即过高的杠杆率，可能导致银行破产，进而引发系统性风险。对于同质的、充分竞争的商业银行而言，每一家银行破产的概率可以表示为 $\frac{mI^i}{K}$，因此将银行风险承担指标可以定义为：

$$f(I) = \frac{mI^c}{K} \qquad (4.5)$$

由以上分析可以看到，在充分竞争的银行市场中，银行风险承担可以看成是均衡条件下的银行业总债务 $L = \sum_i L$ 或银行业总投资 $I = \sum_i I^i$ 的增函数，而且，由于存在着外部性，银行从自身收益最大化出发所承担的风险 $\frac{mI^c}{K}$ 会高于银行从银行业收益最大化出发所产生的金融失衡程度 $\frac{mI^p}{K}$。

4.2.2 理论模型推导

从理论上讲，商业银行通过吸收存款和发放贷款创造了社会信贷 I，市场主体即企业运用信贷创造出实际产出 y，而中央银行可以通过影响市场利率 r 影响银行的信贷水平，进而影响了社会实际产出。反过来讲，一旦实际产出水平得到确定，也会影响中央银行对市场利率的决策。因此，首先假设银行和企业一致形成关于银行风险承担水平的预期 $\hat{f}$ 和通货膨胀水平的预期 $\hat{\pi}$。然后由中央银行通过货币政策决策，决定了银行风险承担水平 f 和通货膨胀率水平 π。由此形成的损失可以表示为 $-(f-\hat{f})^2-(\pi-\hat{\pi})^2$。银行、企业都期望尽量准确地预测出金融失衡水平和通货膨胀率水平，以降低由此产生的损失。中央银行则期望金融失衡水平和通货膨胀率水平接近目标水平 f^* 和 π^*，同时社会投资 I 和社会实际产出 y 也接近潜在水平 I^* 和 y^*。

假设实际利率水平 $\hat{r}$ 固定，则可以认为 $\pi=r_1-\hat{r}$，这一假设表示运用短期名义利率水平代替了通货膨胀率。因此，中央银行的损失函数可以表示为：

$$\min_{r_1} L = (y-y^*)^2 + \alpha(r^1-r\hat{}-\pi^*)^2 + \beta[f(I)-f^*]^2 \quad (4.6)$$

式（4.6）中 α、β 均为正数，表示银行风险承担指标和通货膨胀率水平偏离目标值造成损失的吸收。此方程以 r_1 为变量，约束条件则有菲利普斯曲线，即：

$$y = \alpha y^* + \beta(r^1-r\hat{}-\pi^*+\epsilon_y) \quad (4.7)$$

式（4.7）中，α、β 均大于零；ε_y 为产出冲击，正态分布，即 $\varepsilon_y \sim [0, \sigma_y^2]$。另一方面，通过前述推导，我们可以得出金融投资与短期利率之间的关系，即：

$$I = (\theta - r_1 - \delta + m\delta + \epsilon_f)\frac{K}{pm\gamma} \quad (4.8)$$

在本模型中，我们加入了随机的金融冲击 ε_y，金融冲击的期望为零，即 $E[\epsilon_f]=0$。根据上一部分的定义，银行风险承担指标可以表示为：

$$f(I) = \gamma\bar{I} = (\theta - r_1 - \delta + m\delta + \epsilon_f)\frac{K}{pm} \quad (4.9)$$

而银行业利益最大化下的最优银行风险承担指标可以表示为：

$$f^* = \gamma I^* = (\theta - r_1 - \delta + m\delta + \epsilon_f)\frac{K}{2pm} \quad (4.10)$$

因此，中央银行的损失函数可以改写为：

$$\min_{r_1} L = [\alpha y^* + \beta(r^1-r^{-\pi^*}+\epsilon_y)-y^*]^2 + \alpha(r^1-r\hat{}-\pi^*)^2$$
$$+ \beta\left[(\theta-r_1-\delta+m\delta+\epsilon_f)\frac{K}{2pm}\right]^2 \quad (4.11)$$

根据以上方程，笔者可以得到，中央银行最优的利率和产出的表达式为：

$$r^c = \frac{1}{B}\left[(1-\alpha)\beta y^* + \alpha r\hat{} + (\theta - \delta + m\delta)C\right] - \frac{1}{A}(\beta^2 \epsilon_y - C\epsilon_f)$$

$$(4.12)$$

$$y = \alpha y^* + \frac{B}{A}\beta\epsilon_y + \frac{C}{A}\beta\epsilon_f \qquad (4.13)$$

式（4.12）、式（4.13）中，指标 A、B、C 代表了复杂形式的参数，具体表达式为：

$$A = \alpha + \beta^2 + b\left(\frac{K}{2pm}\right)^2, \quad B = \alpha + b\left(\frac{K}{2pm}\right)^2, \quad C = b\left(\frac{K}{2pm}\right)^2$$

4.2.3 理论模型结论分析

从上述模型推导出的最优利率与产出的表达式可以看出，一个正向的实际产出冲击 ϵ_y 提高了社会生产函数，导致边际生产率的增长。并且边际生产率决定了资本边际收益率，导致银行提高了信贷供给，也就是说实际产出冲击对金融稳定也能够产生影响，也在一定程度上解释了信贷的顺周期性。另一方面，一个负向的金融冲击 ϵ_f 将导致银行提供的信贷降低，使企业投资减少，进而导致实际产出的降低，这也在一定程度上解释了金融危机对实体经济的溢出影响。而且如果实际产出冲击与金融冲击的相关性越大，这种溢出效应就越严重。

由此，我们还可以得出，从银行自身利益出发的预期福利损失 $E[L^n]$ 可以表示为：

$$E[L^n] = (\alpha - 1)^2 y^{*2} + \alpha \left[\frac{(1-\alpha)\beta y^* + (\theta - \delta + m\delta - r\hat{})C}{B}\right]^2$$

$$+ C\left[\frac{(1-\alpha)\beta y^* + \alpha r\hat{} - (\theta - \delta + m\delta)\alpha}{B}\right]^2 + \frac{B^2 + \beta^2(\alpha + C)}{A^2}\beta^2\sigma_y^2$$

$$+ \frac{(\alpha + \beta^2)^2 + (C^2 + C)}{A^2}\sigma_f^2 + 2C\beta^2\frac{B + \beta^2}{A^2}\rho_{y,f} \qquad (4.14)$$

式（4.14）中，σ_y^2 表示实际产出冲击的方差；σ_f^2 表示金融冲击的方差；$\rho_{y,f}$ 表示实际产出冲击与金融冲击之间的相关系数。

另一方面，从银行业收益出发的预期福利损失 $E[L^n]$ 可以表示为：

$$E[L^c] = E\left\{\left[(\alpha - 1)y^* + \beta\epsilon_y\right]^2 + \left(\frac{K}{2pm}\epsilon_f\right)^2\right\} = (\alpha - 1)^2 y^{*2} + \beta^2\sigma_y^2 + \frac{C}{b}\sigma_f^2$$

$$(4.15)$$

　　实际产出冲击和金融冲击都能够对中央银行的损失函数产生影响。尤其值得注意的是，实际产出冲击和金融冲击两者之间的相关性也直接影响着中央银行货币政策的效果。也就是说，中央银行的货币政策为了实现政策目标，不仅要考虑实际产出冲击和金融冲击的影响，还必须考虑两个冲击之间的相关影响。

4.3　实证模型建立

　　本部分借鉴了艾伯特和泰勒（Abbate and Thaler，2015）的研究，并对其模型进行了部分调整，构建了包含货币政策影响银行风险承担行为的动态一般均衡模型，模型包含家庭部门、中间商品和最终商品生产企业、资本生产企业、中央银行、银行部门。

4.3.1　家庭部门

　　代表性的家庭进行消费（c_t），提供劳动力（L_t），并进行储蓄和投资，以实现其效用最大化的目标，t 时期消费者的效用函数为：

$$u(c_t,\ L_t) = \frac{(c_t - \gamma c_{t-1})^{1-\sigma_c}}{1-\sigma_c} \exp\left(\varphi L_t^{1+\sigma_L} \frac{\sigma_L - 1}{1+\sigma_L}\right) \qquad (4.16)$$

　　式（4.16）中，γ 表示消费者的消费习惯；σ_c 表示风险偏好系数；σ_L 表示提供劳动力所产生的负效用系数。家庭部门的目标是将各期居民部门效用贴现后的总效用最大化，即：

$$\max_{d_t,e_t,s_t,c_t,L_t} E\left[\sum_{t=0}^{\infty} \beta^t \varepsilon_t^B u(c_t,\ L_t)\right] \qquad (4.17)$$

　　假设 t 时期，存在着一个偏好冲击 ε_t^B，并利用一阶自回归形式进行迭代，对 t 期的效用产生影响。

　　居民部门的储蓄主要用于三种途径：国债（s_t）、存款基金（d_t）和银行股权基金（e_t）。其中，国债的收益率是名义无风险收益率（R_t），存款基金和银行股权基金均进入银行部门，分别获得名义收益率为 $R_{d,t}$ 和 $R_{e,t}$。本模型假设居民部门不能进行融资消费，因此，在 t 期，居民部门将受预算约束，以实际变量可表示为：

$$c_t + d_t + e_t + s_t + c_t + T_t \leq L_t w_t + d_{t-1} \frac{R_{d,t}}{\pi_t} + e_{t-1} \frac{R_{e,t}}{\pi_t} + s_{t-1} \frac{R_{t-1}}{\pi_t} + W_t$$

$$(4.18)$$

由于效用函数是消费 c_t 的增函数，因此，效用最大化的解一定是在预算约束取等号时取到，因此，预算约束也可以写为：

$$c_t + d_t + e_t + s_t + c_t + T_t = L_t w_t + d_{t-1} \frac{R_{d,t}}{\pi_t} + e_{t-1} \frac{R_{e,t}}{\pi_t} + s_{t-1} \frac{R_{t-1}}{\pi_t} + W_t$$

$$(4.19)$$

式（4.19）中，T_t 表示 t 期政府收取的总税收；π_t 表示 t 期的通货膨胀率；w_t 表示 t 期劳动力获得的实际工资；W_t 表示居民部门拥有企业所产生的收益。

根据消费与储蓄的一阶条件，可以得到两个无套利条件：

$$E_t \left[\varepsilon_{t+1}^B u_c(c_{t+1}, L_{t+1}) \frac{R_{d,t+1}}{\pi_{t+1}} \right] = E_t \left[\varepsilon_{t+1}^B u_c(c_{t+1}, L_{t+1}) \frac{R_t}{\pi_{t+1}} \right]$$

$$(4.20)$$

$$E_t \left[\varepsilon_{t+1}^B u_c(c_{t+1}, L_{t+1}) \frac{R_{e,t+1}}{\pi_{t+1}} \right] = E_t \left[\varepsilon_{t+1}^B u_c(c_{t+1}, L_{t+1}) \frac{R_t}{\pi_{t+1}} \right]$$

$$(4.21)$$

式（4.20）、式（4.21）中，$u_c(c_{t+1}, L_{t+1})$ 是消费的边际效用，消费的一阶条件可以得到欧拉方程：

$$u_c(c_t, L_t) = \beta E_t \left[\varepsilon_{t+1}^B u_c(c_{t+1}, L_{t+1}) R_t \right] \qquad (4.22)$$

4.3.2 最终产品和中间产品生产商

对于最终产品和中间产品的设定，本部分对原模型进行了一定的调整。假设中间产品商之间是垄断竞争的关系，但生产同质的中间产品。生产商 j 的生产函数为：

$$y_{t,j} = L_{t,j}^{1-vt} K_{t,j}^{vt} \exp(\varepsilon_t^I)$$

其中，$L_{t,j}$ 为 j 厂商 t 时期雇用的劳动力；$K_{t,j}$ 为 j 厂商 t 时期租用的资本量；ε_t^I 为外生生产率冲击。中间生产商可以利用其垄断权利定价。根据卡尔沃（Calvo，1983）的交错定价模型，中间产品生产商在每一期调整价格的概率为 λ^P，否则中间产品生产商就根据通货膨胀率调整名义价格，即 $P_t = \lambda^P \pi_{t-1} + (1 - \lambda^P) \bar{\pi}$，其中，$\pi_{t-1}$ 为 $t-1$ 期的通货膨胀率，$\bar{\pi}$ 为通货膨胀率的稳态值。

产品生产厂商成本最优化问题的均衡条件为：

$$\frac{r_t}{w_t} = \left(\frac{v}{1-v}\right)\left[\frac{L_{t,j}}{K_{t,j}}\right] \tag{4.23}$$

最终产品的生产商是完全竞争的关系，中间产品的产出全部进入了最终产品生产部门，最终产品的生产函数可以表示为：

$$y_{t,f} = \left(\int_0^1 y_{t,j}^{\frac{\zeta-1}{\zeta}} dj\right)^{\frac{\zeta-1}{\zeta}} \tag{4.24}$$

根据其利润最大化的均衡条件，可以得出其对中间产品的需求函数和价格：

$$D_t(y_j) = \left(\frac{P_{t,j}}{P_{t,f}}\right)^{-\zeta} y_{t,f} \tag{4.25}$$

$$P_t = \left(\int_0^1 P_{t,j}^{1-\zeta} dj\right)^{\frac{1}{1-\zeta}} \tag{4.26}$$

最终产品生产出之后，供居民们进行消费。假设劳动力也是充分竞争的，只能接受市场提供的工资，并根据通货膨胀率进行调整，$W_t = \gamma^w \pi_{t-1} + (1 - \gamma^w)\bar{\pi}$。但由于市场信息的不完全，劳动力的工资具有随机弹性的替代冲击 ε_t^w，即：

$$W_{t,l} = \gamma^w \pi_{t-1} + (1 - \gamma^w)\bar{\pi} + \varepsilon_t^w \tag{4.27}$$

4.3.3　银行股权基金和存款基金

假设银行运用居民存款和股权投资进行经营，每家银行都面临着两态的特异性的冲击，即银行在每一期开始前都有 $1 - q_{t-1}$ 的概率破产，一旦银行破产，对居民部门而言，股权投资将全部损失，储蓄存款可以从存款保险中获得部分补偿，因此 q_t 可以看作银行投资承担的风险，即银行的风险决策。银行存款基金（银行股权基金）的作用是通过分散投资，购置每一期所有银行存款（股权）市场组合，充分分散银行特异性的违约风险。

银行存款基金没有摩擦，资金全部存入银行，并且完全代表着存款者的利益。银行存款基金从居民部门募集资金，将其存入银行，形成 d_t 单位的存款。下一期，银行存款基金可以获得从每家未破产银行的名义

收益率 $r_{d,t}$。通常来说，存款保险制度只能对每个账户赔付一定的金额，并不能保证全额赔付。因此，对于破产银行，银行存款可以获得存款保险赔付的部分补偿，假设存款保险制度对总量 l_t 的债务只能赔付 ψ 部分的金额，其中总债务 l_t 由存款 d_t 和股东权益 e_t 组成。假设存款保险上限 ψ 根据通货膨胀率进行调整，避免货币政策干扰存款保险制度的有效性。

假设银行负债超过了存款保险的上限，即 $r_{d,t}d_t > \psi(d_t + e_t)\pi_{t+1}$。而银行的股权比率可以表示为 $k_t = \dfrac{e_t}{e_t + d_t}$；t 时期从违约银行每单位存款可以获得 $\dfrac{\psi}{1 - k_t}$ 实际补偿。因此，总的来讲，t + 1 时期，每单位存款可以获得的名义收入可以表示为：

$$R_{d,t+1} \equiv q_t r_{d,t} + (1 - q_t)\frac{\psi}{1 - k_t}\pi_{t+1} \qquad (4.28)$$

不同于无摩擦的银行存款基金，银行股权基金存在着代理问题。基金经理人在每一 t 时期都有两种决策选项，第一种决策是银行经理人勤勉守职，可以运用 t 时期募集来的资本 e_t，投资于银行股权，其中 q_t 比例的银行在下期会支付 $r_{e,t+1}$ 的收益，而违约的银行不会产生任何收益。第二种决策是基金经理人违背投资者利益，携款逃匿，并在下一期消费其中 ξ 比例的资金，依照此决策，他可以获得 $u_c(c_{t+1}, L_{t+1})\xi e_t$ 的额外效用。为了防范基金携款潜逃，银行股权基金投资人承诺将在 t + 1 期支付给没有携款潜逃的经理人奖金 p_t，由此经理人可以获得的额外效用为 $u_c(c_{t+1}, L_{t+1})p_t$。为支付以最少的奖金并保证基金经理不携款潜逃，则需要满足条件 $\xi e_t = p_t$。由于银行股权基金的全部收益最终全额归居民部门所有，一旦排除了经理人携款潜逃的可能，银行股权基金经理便完全代表了投资者的利益。可以明确，银行股权基金投资者可以获得的名义收益率为 $q_t r_{e,t+1}$，算上支付给基金经理的奖金，银行股权基金投资者可以获得名义总收益率为：

$$R_{e,t+1} = q_t r_{e,t+1-\xi}\pi_{t+1} \qquad (4.29)$$

4.3.4 资本生产商

假设资本生产商 m 在进行资本生产过程存在着风险。在时期 t，他

们将 i_t 单位的最终产品投资于规模为 o_t^m 的资本项目。此项目在 $t+1$ 期
获得成功的概率为 q_t^m，该项目生产出 $K_{t+1}^m = \left(w_1 - \dfrac{w_2}{2}q_t^m \right)o_t^m$ 单位的资本，
其中 w_1 为调整参数，w_2 为风险收益转换系数。否则，项目失败，该项
目只剩下 $\theta_t o_t^m$ 单位的清算资本，其中 $\theta_t < w_1 - \dfrac{w_2}{2}q_t^m$。每一家资本生产
商都可以选择不同 $q_t^m(0 \leqslant q_t^m \leqslant 1)$ 的技术实现其风险收益的组合。在给
定 q_t^m 的条件下，可以得到资本生产商的产出为：

$$K_{t+1}^m = \left\{ \begin{array}{l} \left(w_1 - \dfrac{w_2}{2}q_t^m \right)o_t^m \\ \theta_t o_t^m \end{array} \right\} \tag{4.30}$$

由上述公式可以看出，项目成功的概率 q_t^m 越高，项目成功时的资
本生产越少。银行投资这些资本项目，并且要求资本生产商运用特定的
技术，但资本生产商运用何种技术并不能被第三方获知，因此，此过程
中居民部门是信息不对称的，即这个过程中存在信息不对称。

假设资本生产商是同质的，则在 $t+1$ 时期，可以得到资本生产商
的预期总资本为：

$$K_{t+1} = q_t \left(w_1 - \dfrac{w_2}{2}q_t \right)o_t + (1 - q_t)\theta_t o_t^m \tag{4.31}$$

进一步假设，每期末资本以 δ 的折旧率进行折旧，折旧后的剩余资
本可以用于其他类型的项目，不受本期项目类型的限制。因此，在 $t+1$
期，资本项目的资本总供给可以分为两部分：一部分是上期折旧后的总
剩余资本 $o_t^{old} = (1 - \delta)K_t$，这些剩余资本以 Q_t 的价格从银行购置；另一
部分是资本项目新生产的资本 o_t^{new}（由 i_t 单位最终产品生产的），考虑到
投资调整成本，假设投资调整成本为 $S\left(\dfrac{i_t}{i_{t-1}} \right) = k\left(\dfrac{i_t}{i_{t-1}} - 1 \right)^2$，其中 k 为
投资调整成本系数。由此，i_t 单位的最终产品可以产出的资本为 $o_t^{new} = \left[1 - S\left(\dfrac{i_t}{i_{t-1}} \right) \right]i_t$。两部分资本加总，便得到了资本总量。

对于资本生产商而言，他们的目标是实现各期贴现效用和的最大
化，可以表示为：

$$\max_{i_t, o_t^{old}} E\sum_0^\infty \beta^t u_c c_t \times \epsilon_t^B \left[Q_t\left(1 - S\left(\dfrac{i_t}{i_{t-1}} \right) \right)i_t + Q_{t+1}o_t^{old} - R_z i_t - Q_t o_t^{old} \right]$$

$$\tag{4.32}$$

式（4.32）中，$R_z = R_{e,t+1}k_t + (1-k_t)R_{d,t+1}$ 表示资金投入资本生产的融资成本。尽管旧资本可以被重新利用，根据托宾方程，项目的价格 Q_t 可以由如下方程决定：

$$Q_t\left[1-S\left(\frac{i_t}{i_{t-1}}\right)-S\left(\frac{i_t}{i_{t-1}}\right)\frac{i_t}{i_{t-1}}\right]-1 = \beta\frac{u_c c_{t+1}\epsilon_{t+1}^B}{u_c c_t \epsilon_t^B}\left[Q_{t+1}S\left(\frac{i_t}{i_{t-1}}\right)\left(\frac{i_t}{i_{t-1}}\right)^2\right]$$

$$(4.33)$$

4.3.5　银行部门

假设银行业充分竞争，可以由代表性银行所代表，由股东，即银行股权基金的投资者拥有，以最大化各期贴现利润和为唯一目标。每一期，银行通过吸收存款和出售股份的方式从居民部门募集资金，随后以 Q_t 的价格投资于规模为 o_t 的资本项目中。在投资中，银行有权选择成功概率为 q_t 的技术，即银行选择承担 $1-q_t$ 的失败风险，也可以看作银行的风险决策，并要求资本生产商运用。假设每家银行只能投资于一个项目，承担投资风险，一旦投资失败，股东将没有任何回报，而存款者只能获得清算价值和存款保险的赔付。

假设银行决策行为视为一个递归二阶段问题，在第二阶段，给定资本结构和存款成本的条件下，银行要决定选择最优的技术 q_t，实现自身利润的最大化。在第一阶段，银行预期第二阶段问题的最优解，要确定最优的资本结构。虽然银行和银行股权基金投资者都会预期第二阶段的最优选择，但是由于存在着信息不对称性，只有银行能够拥有完全信息。基于以上假设，本书首先构建银行的目标函数，t 时期每（通过存款基金和股权基金）募集一单位资本，银行可以购买 $\frac{1}{P_t}$ 单位的消费品，其中 P_t 表示 t 时期的物价水平，银行以 Q_t 的价格购买资本，将这些投资到资本项目中，价值为 $\frac{1}{P_t Q_t}$，并选择成功概率为 q_t 的技术。如果项目成功，可以生产资本为 $\frac{\left(w_1-\frac{w_2}{2}q_t\right)}{P_t Q_t}$。在 t+1 期，银行可以将这些资本租给最终产品生产商和中间产品生产商，由公司支付租金为 $r_{k,t+1}K_{t+1}$，而且银行可以收回折旧后的资本 $(1-\delta)Q_{t+1}K_{t+1}$，并将折旧资本再投入其他项目中。因此，如果投资成功，$t+1$ 期，银行的名义总收益率为：

$$\Delta_{t+1} = \left(w_1 - \frac{w_2}{2} q_t \right) \frac{r_{k,t+1} + (1-\delta) Q_{t+1}}{Q_t} \frac{P_{t+1}}{P_t} \tag{4.34}$$

同时，银行也必须支付存款成本（$r_{d,t}$）和资本成本（$r_{e,t+1}$），考虑到股权比率 k_t，在投资成功的条件下，$t+1$ 期每单位资金银行需要支付的总成本为：

$$\Gamma_{t+1} = r_{e,t+1} k_t + r_{d,t} (1 - k_t) \tag{4.35}$$

由于投资失败时，银行股东将得不到任何回报，因此，银行的目标函数可以表示为：

$$\max_{q_t, k_t} \beta E \left[\frac{u_c(c_{t+1}, L_{t+1}) \varepsilon_{t+1}^B}{\pi_{t+1}} q_t (\Delta_{t+1} - \Gamma_{t+1}) \right] \tag{4.36}$$

由于银行投资失败时，银行得不到任何补偿，因此存款保险赔付上限 ψ 和清算价值比率 θ 并不会影响银行的目标函数，为简便计算，假设 $\psi = \theta = 0$。银行的目标函数还可以用实际变量，用边际效用的形式表示为：

$$w_1 q_t \tilde{r}_{l,t} - \frac{w_2}{2} q_t^2 \tilde{r}_{l,t} - q_t \tilde{r}_{d,t} (1 - k_t) - q_t \tilde{r}_{e,t} k_t \tag{4.37}$$

式（4.37）中，$\tilde{r}_{l,t} = E \left[u_c(c_{t+1}, L_{t+1}) \varepsilon_{t+1}^B \left(\frac{r_{k,t+1} + (1-\delta) Q_{t+1}}{Q_t} \right) \right]$，$\tilde{r}_{d,t} = E \left[u_c(c_{t+1}, L_{t+1}) \varepsilon_{t+1}^B \left(\frac{r_{d,t}}{\pi_{L+1}} \right) \right]$，$\tilde{r}_{e,t} = E \left[u_c(c_{t+1}, L_{t+1}) \varepsilon_{t+1}^B \left(\frac{r_{e,t+1}}{\pi_{t+1}} \right) \right]$。

利用定义银行收益的公式，改写居民部门的均衡条件，可以写为 $\tilde{r}_{d,t} = \frac{\widetilde{R}_t}{q_t}$ 和 $\tilde{r}_{e,t} = \frac{\widetilde{R}_t + \widetilde{\xi}_t}{q_t}$，其中，$\widetilde{R}_t = E \left[u_c(c_{t+1}, L_{t+1}) \varepsilon_{t+1}^B \left(\frac{R_t}{\pi_{L+1}} \right) \right]$，$\widetilde{\xi}_t = E [u_c(c_{t+1}, L_{t+1}) \varepsilon_{t+1}^B \xi]$。

1. 银行的递归二阶问题

根据以上分析来解决银行的递归二阶问题。第二阶段，银行已经募集了（$e_t + d_t$）的资金，需要选择最优的风险决策 q_t，以实现股东效用的最大化。由于存款者无法获得银行选择技术的信息，因此，在存款利率定不变、资本结构确定的条件下，利润的最大化等价于股东利润的最大化，因此，银行的目标函数可以写为：

111

$$\max_{q_t}\left[w_1 q_t \tilde{r}_{1,t} - \frac{w_2}{2} q_t^2 \tilde{r}_{1,t} - q_t \tilde{r}_{d,t}(1 - k_t) \right] \tag{4.38}$$

根据上述方程，可以得到 q_t 的一阶条件为：

$$q_t = \frac{w_1 \tilde{r}_{1,t} - \tilde{r}_{d,t}(1 - k_t)}{w_2 \tilde{r}_{1,t}} \tag{4.39}$$

而在第一阶段，存款者预期到银行第二阶段的决策，因此，存款者的无套利条件在均衡条件 $\tilde{r}_{d,t} = \dfrac{\widetilde{R}_t}{q_t}$ 中必须满足。结合之前的一阶条件式 (4.13)，得到最优决策 $q_t(k_t)$，可以表示为：

$$\hat{q}_t \equiv q_t(k_t) = \frac{1}{2w_2 \tilde{r}_{1,t}}\left[w_1 \tilde{r}_{1,t} + \sqrt{(w_1 \tilde{r}_{1,t})^2 - 4w_2 \tilde{r}_{1,t} \widetilde{R}_t(1 - k_t)} \right] \tag{4.40}$$

基于以上条件，预期在第二阶段会选择 $q_t(k_t)$，银行选择资本结构 k_t 最大化其利润：

$$\max_{k_t}\left[w_1 \hat{q}_t \tilde{r}_{1,t} - \frac{w_2}{2} \hat{q}_t^2 \tilde{r}_{1,t} - q_t \tilde{r}_{d,t}(1 - k_t) - q_t \tilde{r}_{e,t} k_t \right] \tag{4.41}$$

受存款者无套利均衡条件 $\tilde{r}_{d,t} = \dfrac{\widetilde{R}_t}{q_t}$ 中和股东无套利均衡条件 $\tilde{r}_{e,t} = \dfrac{\widetilde{R}_t + \widetilde{\xi}_t}{q_t}$ 的约束，可以得到 k_t 的一阶条件为：

$$w_1 \tilde{r}_{1,t} \frac{\partial \hat{q}_t}{\partial k_t} - \widetilde{\xi}_t - \frac{w_2}{2} \tilde{r}_{1,t} \frac{\partial \hat{q}_t^2}{\partial k_t} = 0 \tag{4.42}$$

得到 k_t 表达式为：

$$\hat{k}_t \equiv k_t(\tilde{r}_{1,t}) = 1 - \frac{\widetilde{\xi}_t(\widetilde{R}_t + \widetilde{\xi}_t)(w_1 \tilde{r}_{1,t})^2}{w_2 \tilde{r}_{1,t} \widetilde{R}_t(\widetilde{R}_t + 2\widetilde{\xi}_t^2)} \tag{4.43}$$

2. 银行模型的均衡条件——零利润条件

由于各家银行充分竞争，投资收益给定为 $\tilde{r}_{1,t}$，因此银行在均衡条件下，不会有任何利润，即：

$$\left(w_1 - \frac{w_2}{2} q_{t-1} \right)\left(\frac{r_{k,t} + (1 - \delta)Q_t}{Q_{t-1}} \right) - \frac{r_{d,t-1}}{\pi_t}(1 - \widehat{k_{t-1}}) - \frac{r_{e,t}}{\pi_t}\widehat{k_{t-1}} = 0 \tag{4.44}$$

利用股权基金和存款基金的供给，得到：

$$w_1 \hat{q}_t \tilde{r}_{1,t} - \frac{w_2}{2} \hat{q}_t^2 \tilde{r}_{1,t} - q_t \tilde{r}_{d,t}(1 - k_t) - \hat{k}_t \widetilde{\xi}_t - k_t \widetilde{R}_t \tag{4.45}$$

将式（4.19）、式（4.14）和式（4.17）结合起来，可以得到股权比率 k_t 和风险决策 q_t 的分析表达式为：

$$k_t = \frac{\widetilde{R}_t}{\widetilde{R}_t + 2\widetilde{\xi}_t} \approx \frac{R_t^r}{R_t^r + 2\widetilde{\xi}_t} \tag{4.46}$$

$$q_t = \frac{w_1(\widetilde{R}_t + \widetilde{\xi}_t)}{w_2(\widetilde{R}_t + 2\widetilde{\xi}_t)} \approx \frac{w_1(R_t^r + \xi)}{w_2(R_t^r + 2\xi)} \tag{4.47}$$

由上述表达式可以看出，真实无风险利率 $R_t^r = \dfrac{R_t}{E[\pi_{t=1}]}$ 越下降，银行承担的风险（$1-q_t$）越大，资本比率 k_t 越小。这是因为，一方面，无风险利率的下降导致资本项目回报率的下降，稳健投资的回报率降低，导致银行不得不从事风险更大的业务。另一方面，无风险利率的下降也降低了存款融资成本，使银行支付利息的压力下降，使银行在资本结构的选择过程中，倾向于增加存款负债的比率，这就导致银行经营中出现道德风险，即风险决策的后果是内生化降低，存在着承担更高风险的动机。

3. 过量风险承担与无摩擦风险承担的比较

有限的债务和银行的风险决策的信息不对称性产生了银行的代理问题，得到并不是最优均衡，而是次优均衡。通过比较不完全合约、有限债务的银行模型的结果和无摩擦的银行模型（支付给基金经理的奖金和存款保险均为 0）的结果，代理问题导致的摩擦可以被测算出。在无摩擦模型中，选择 q_t 实现预期收益最大化：

$$\max_{qt}\left[\tilde{r}_{1,t}\left(w_1 - \frac{w_2}{2}q_t\right)q_t\right] \tag{4.48}$$

与有摩擦的银行模型相比：

$$q_t^f = q_t^0 \frac{\widetilde{R}_t + \widetilde{\xi}_t}{\widetilde{R}_t + 2\widetilde{\xi}_t} \approx q_t^0 \frac{R_t^r + \xi}{R_t^r + 2\xi} \tag{4.49}$$

现实的风险决策与无摩擦的模型相比较，表现出两大特征，首先，q_t^f 小于 1，由于存在代理问题，获得回报的可能性低，银行选择承担过量的风险。其次，两者区别取决于真实无风险利率 R_t^r，两者差别对 R_t^r 的一阶近似展开是增函数，这表示实际利率越小，区别越大，即承担越多的风险。

同理，资本结构的选择也是次优的。在无摩擦的情况下，银行承诺选择最优水平的风险，存款者拥有完全的信息，因此他们会完全选择存款，而不会选择股权投资，即 $K_t^0 = 0$。而在摩擦的情况下，存款者会选择 $K_t^f = \dfrac{\widetilde{R}_t}{\widetilde{R}_t + 2\widetilde{\xi}_t}$。两者的区别同样表现出两大特征：首先，两者比率远大于1，说明存在着股权基金的过度使用。其次，根据一阶近似，两者的差异是 R_t^f 的增函数。

而且，风险和资本结构的选择都有福利含义。q_t 的边际增加意味着更加有效的风险选择，在其他条件不变的情况下，会导致福利提升；而 k_t 的边际增加意味着更高的利润，在其他条件不变的情况下，会导致福利下降。

4. 带有存款保险和清算价值的完整模型

前文在构建银行的目标函数时假设 $\psi = \theta = 0$，本部分对 ψ 和 θ 非零的情况进行分析。由于假设资本项目失败时，存款者能够获得的是存款保险的赔付和失败项目剩余的清算价值，这意味着项目失败时，存款者的收益为：

$$\min\left(\frac{r_{d,t}}{\pi_{t+1}}, \max\left(\frac{r_{k,t+1} + (1-\delta)Q_{t+1}}{Q_t(1-k_t)}\theta, \frac{\psi}{1-k_t}\right)\right) \quad (4.50)$$

为了保证存款保险制度发挥作用，假设残值 θ 足够小，满足 $\dfrac{r_{k,t+1} + (1-\delta)Q_{t+1}}{Q_t(1-k_t)}\theta < \dfrac{\psi}{1-k_t}$ 的条件。结合存款基金的名义收益公式和居民部门的无套利条件，可以得出存款基金供给函数：

$$q_t \tilde{r}_{d,t} + (1-q_t)\frac{\widetilde{\psi}}{1-k_t} = \widetilde{R}_t \quad (4.51)$$

式（4.51）中假设存款保险的资金主要来源是通过对资本收税的方式实现的，则贷款的收益 $\tilde{r}_{l,t}$ 可以写为：

$$\tilde{r}_{l,t} \equiv \frac{r_{k,t} + (1-\delta)Q_{t+1} - \tau_t}{Q_t} \quad (4.52)$$

式（4.52）中，$\tau_t \equiv \dfrac{Q_t \dfrac{1-q_t}{q_t}\left(\psi - \theta\dfrac{r_{k,t+1} + (1-\delta)Q_{t+1}}{Q_t}\right)}{w_1 - \dfrac{w_2}{2}q_t}$，这一税收

能够恰好抵消由存款保险导致的投资量的变化，因此，存款保险只能影响银行的融资决策，进而影响银行的风险决策。

同理，股权比率和风险决策相关模型也可以得出。股权比率 k_t 或风险决策 q_t 偏离最优状态会导致实际利率的变动。

5. 货币政策、财政政策与宏观审慎政策

中央银行遵循名义利率规则，以调节通货膨胀波动和产出波动为目标：

$$R_t - \overline{R} = (1 - \rho)(\varphi_\pi \widehat{\pi_t} + \varphi_y \widehat{y_t}) + \rho(R_{t-1} - \overline{R}) + \varepsilon_t^R \qquad (4.53)$$

式（4.53）中，ρ 为平滑参数；$\widehat{\pi_t}$ 和 $\widehat{y_t}$ 分别表示通货膨胀率和产出距稳态值的偏离幅度；$\overline{R} = \dfrac{\pi_{ss}}{\beta}$ 表示稳态的名义利率；ε_t^R 表示货币政策冲击。考虑到外生政府支出与全要素生产率提高之间的关系，财政政策部门面临随机的支出冲击 $g_y \overline{Y} \boldsymbol{\epsilon}_t^G$，可以表示为：

$$\ln(\varepsilon_t^G) = \rho_g \ln(\varepsilon_{t-1}^G) + u_t^G + \rho G_A u_t^A \qquad (4.54)$$

6. 市场出清

货币政策冲击服从滞后一阶过程 AR(1)，则货币政策冲击的对数线性表达式为：

$$\widehat{\varepsilon_t^R} = \rho R \widehat{\varepsilon_{t-1}^R} + \varepsilon_t^R \qquad (4.55)$$

市场出清条件可以表示为：

$$Y_t = c_t + i_t + \left(1 - S\left(\frac{i_t}{i_{t-1}}\right)\right) i_t \qquad (4.56)$$

4.4　实证分析

4.4.1　数据来源及模拟

数据的周期是 2000 年第一季度至 2018 年第四季度。模型中用到的我国宏观经济数据包括一年存款基准利率、工作时间的对数、通货膨胀率、真实时薪的增长率、人均 GDP 的增长率、实际消费和实际投资等宏观经济变量。其中，通货膨胀率、实时薪的增长率、人均 GDP 的增长率、实际消费和实际投资的数据来源于国家统计局官网，一年期存款基准利率数据来源于中国人民银行网站。由于工作时间数据并没有官方统计，通过北京师范大学、中山大学分别发布的中国劳动力调查报告及世界银行的数据库得到。模型中用到的具体参数值估计，在国内外的文献中可以借鉴到。参考现有文献，本书中资本折旧比率为 0.05[1]，资本在生产中的权重为 0.35[2]，资本调整成本为 5[3]。通货膨胀率的稳态值一般在 2% ~2.5%，本书取值 2%。贴现率因子估计值为 0.980，即稳态的实际利率水平为 2%。其他参数参考艾伯特和泰勒（Abbate and Thaler，2015）的研究、银行观察数据库（Bankscope）及万得数据库（Wind）。

4.4.2　模型的模拟分析

表 4 -1 中比较了无银行摩擦的模型和有银行摩擦的模型的非随机稳态值。在无银行摩擦的模型中，因为不存在代理问题，因此资本结构并未确定，风险达到了最优水平，在给定估计值的情况下，最优值为角点解，即 $\bar{q}^v =1$。在有银行摩擦的模型中，资本比率小于 1，表明银行并没有将其风险决策的后果内生化，也没有选择符合社会福利最大化的最优风险，而是选择了符合银行利益最大化的风险水平。因此，可以看出，在有银行摩擦的情况下，银行存在着过度风险承担行为，即 $\bar{q}^v > q^f$。这也意味着模型中资本生产技术 q_t 并不是最优的，这也导致了模型中福利、产出、消费在稳态情况下的低于无银行摩擦的模型。

表 4 -1　　有摩擦模型与无摩擦模型的静态情况比较

变量	有银行摩擦的模型	无银行摩擦的模型
q	0.889	1.000
K	0.126	0.000

[1]　参见王小鲁和樊纲（2000）、马栓友（2001）及邓子基和唐文倩（2012）的测算。
[2]　资本在生产中的权重，国内主要文献对其校准值在 0.35 ~ 0.50，参照资本在生产中权重的不同测算，如，王小鲁和樊纲（2000）、黄颐琳（2005）、简志宏等（2013）的测算，由于产企业的生产要素有技术、劳动和资本，故我们取值 0.35。
[3]　参照庄子罐等（2012）采用的投资调整成本。

变量	有银行摩擦的模型	无银行摩擦的模型
C	0.753	0.836
K	7.268	20.591
I	0.193	0.242
L	1.000	0.915
Y	1.584	2.369
π	1.013	1.013
R	1.025	1.025
福利情况	−1273.502	−967.329

4.4.3　货币政策的应对

为了降低银行风险承担造成的损失，在假设中央银行只有利率政策这一种货币政策手段的条件下，本部分尝试构建一种新的货币政策规则（或称为"最优"货币政策），以限制银行的过度风险承担行为，并通过"最优"货币政策与基准模型中的最优货币政策相比较考察"最优"货币政策的有效性，这一比较有助于解释为什么中央银行视角下的最优货币政策在现实情况下会导致社会福利的损失。

本部分中，我们构建一种"最优"货币政策，实现社会福利的最大化，此规则可以表示为：

$$R_t - \overline{R} = \varphi_\pi \widehat{\pi_{t+s}} + \varphi_y \widehat{y_{t+s}} + \varphi_k \widehat{k_{t+s}} + \rho(R_{t-1} - \overline{R}) \qquad (4.57)$$

式（4.57）中，分别表示 t 期利率和 t − 1 期利率与稳态值的偏离程度；下标 s 表示前瞻性（s = 1）或同期（s = 0）的情况；$\hat{\pi}_{t+s}$、$\hat{y}_{t+s}$、$\hat{k}_{t+s}$分别表示通货膨胀率、产出、股权比率与各自稳态值的偏离幅度。为了避免不同变量单位的干扰，均用偏离幅度的百分比表示。当 $\varphi_k = 0$时，此货币政策规则等价于泰勒规则。当 $\varphi_k \neq 0$ 时，中央银行的货币政策则可以对银行的杠杆率作出反应。假设利率政策不直接取决于银行的风险承担行为，并假设 $\varphi_y \geq 0$，$\varphi_\pi \geq 0$，$\rho \in [0, 1]$。

社会福利标准，与前文保持一致，是居民部门贴现各期效用和：

$$V \equiv E_0 \sum_{t=0}^{\infty} \beta^t \varepsilon_t^B u(c_t, L_t) \tag{4.58}$$

　　根据以上模型，通过在非随机稳态值的二阶近似，得出了此货币政策在基准模型和银行摩擦模型中的相关系数。表4-2、表4-3列出的是经过稳健性检验得出的相关系数值，可以看出，两类模型的相关系数值存在一定的差异。

　　由表4-2、表4-3可以看出，基准模型情况下的社会福利要大于有银行摩擦模型情况下的社会福利，但相差幅度随着"最优"货币政策规则参数和前瞻性程度而表现出差异。而且基准模型中的通货膨胀和产出的最优相关系数要普遍大于银行摩擦模型的最优相关系数。也就是说，在通货膨胀和产出变化一定的条件下，受银行风险承担的影响，名义利率的变动幅度更小。如果最优的产出相关系数越趋近于0，则最优条件下的利率政策就越趋近于稳态条件下的实际利率政策，基准模型中的相关系数均小于等于有银行摩擦的情况。因此，根据本书设定的"最优"货币政策规则，中央银行应当优先限制实际利率的波动，能够有效地抑制银行的风险承担行为。同时，通货膨胀的相关系数在最优条件下表现出了较大的波动性，在银行风险承担渠道影响下，中央银行应当容忍较高的通胀波动以降低由银行风险承担行为所导致的福利损失。在限制实际利率的波动后，中央银行对银行杠杆率变化作出反应是最优的选择，因为银行的杠杆率可以反映银行的风险承担行为。而且，杠杆率和风险承担行为不仅取决于名义利率，而且还取决于预期通货膨胀率，因此，中央银行可以更准确地限制银行的风险承担行为。一旦风险承担行为得到有效控制，货币政策对通货膨胀偏离稳态值的情况可以做出应对措施。进一步讲，虽然本书设定的"最优"货币政策规则能够改善商业银行风险承担的水平，但无法在理论上实现其与货币政策目标的协调，这就意味着单独依靠货币政策是不够的，根据丁伯根法则，需要宏观审慎政策的配合，以真正实现政策目标的协调。

表 4-2　银行摩擦模型与基准模型的相关系数

项目			基准模型				银行摩擦模型					
s	政策条件		ρ	W	$\varphi_{\pi+s}$	φ_{y+s}	$\varphi_{\pi+s}$	φ_{y+s}	φ_{kt}	ρ	W	差值
0	$\varphi_k, \rho=0$		0	-95.423	8.538	1.826	3.525	0.366	0	0	-95.847	0.424
0	$\varphi_k=0$		0.014	-95.423	8.538	1.826	1.452	0.157	0	1.000	-95.974	0.551
0	$\rho=0$		0	-95.423	8.538	1.826	26.773	2.692	-3.519	0	-96.315	0.892
1	$\varphi_k, \rho=0$		0	-95.423	34.761	4.213	4.527	0.483	0	0	-96.538	1.115
1	$\varphi_k=0$		0.005	-95.423	34.761	4.213	0.764	0.259	-3.519	1.000	-96.829	1.406

注：W 表示最优规则下的福利水平，差值表示最优规则在两种模型产生的福利差异，即福利损失。

表 4-3　银行摩擦模型与基准模型的相关变量的变化情况

项目			平均值					标准差				
s	政策条件		q	R	π	y	c	q	R	π	y	c
0	$\varphi_k, \rho=0$		0.072	0.011	-0.017	0.113	0.164	-32.527	-32.527	46.861	3.574	-5.837
0	$\varphi_k=0$		0.096	-0.002	-0.025	0.154	0.277	-57.939	-57.939	77.643	1.953	-2.464
0	$\rho=0$		0.087	-0.005	-0.036	0.216	0.354	-44.582	-44.582	48.934	5.429	-6.362
1	$\varphi_k, \rho=0$		0.189	0.001	-0.023	0.473	0.716	-60.476	-60.476	88.148	4.962	-12.757
1	$\varphi_k=0$		0.218	-0.013	-0.058	0.731	0.855	-75.453	-75.453	93.470	2.553	-9.825

注：表中数字表示两个模型中各个变量的平均值（标准差）的差值的平均值（标准差），即银行摩擦模型的相关变量相对于基准模型相关变量的平均值（标准差），再除以基准模型相关变量相对于基准模型相关变量的平均值（标准差）得到的差值。

第5章 货币政策与宏观审慎政策双支柱协调配合路径研究

5.1 宏观审慎管理与货币政策目标的协调配合

如前所述，宏观审慎管理是为应对全球金融危机而发展起来的，其目标是防范系统性风险、维护金融稳定。更为深入的研究认为宏观审慎管理的目标还应包括优化金融体系的整体平衡性和结构合理性，增强对抗系统性风险冲击的弹性和金融体系修复能力（Weistroffer，2012）。货币政策的目标在不同国家虽略有不同，但基本都包括价格稳定和经济增长。《中华人民共和国中国人民银行法》明确规定，我国货币政策的目标是：保持货币币值稳定并以此促进经济增长。其中，币值稳定包括对内和对外币值稳定两个方面，对内币值稳定是指国内物价的稳定，对外币值稳定是指汇率的稳定。可见，宏观审慎管理目标与货币政策目标各有侧重、难以替代，从长期看二者趋于一致，但在短期可能产生冲突。

5.1.1 目标定位

从目标定位来看，宏观审慎管理与货币政策具有长期一致性，可以相互促进。一是都具有宏观特征，从长期来看都要实现价格稳定、金融稳定、经济增长。随着金融全球化的不断深入，虚拟经济对实体经济的影响迅速扩大，金融不稳定与实体经济波动性之间关系越发明显，宏观审慎管理的间接作用包括维持经济增长。金融稳定也包括一般商品价格和资产价格的平稳和利率、汇率的合理波动，宏观审慎管理对维持价格稳定也有帮助。二是都需要微观传导,目标实现都面向全部金融机构,政策效力通过单个金融机构汇总为金融体系而发生作用。宏观审慎管理内含微观审慎管理的所有要件,在微观路径上有利于单一金融机构的稳健运行,这无疑为货币政策执行提供了良好的微观基础。三是目标实现都具有逆向性,货币政策通过相机决策对经济波动(或周期性特征)进行调节,宏观审慎管理强调逆周期机制防控系统性风险。

5.1.2　目标执行

从目标执行来看,宏观审慎管理与货币政策短期各有侧重,可能出现冲突。维护金融稳定和保持经济增长都具有长期性,经济衰退尤其是发生系统性风险时则常表现为短期性。为达成政策目标,无论宏观审慎管理工具还是货币政策工具实施都具有即时性,政策效果的显现则具有明显滞后性,执行时点和执行目标可能出现不协调或冲突,抑制对方目标的实现。以货币政策调节经济波动情况为例,在经济衰退时期,货币当局为了抑制通货紧缩、提振经济,往往放松银根实施宽松的货币政策,但在此时监管当局对银行经营的流动性和安全性指标要求较严,导致银行贷款更为谨慎,使宽松货币政策传导不畅(熊丹,2013);在经济过热时期,货币当局为了抑制通货膨胀、经济泡沫,通常会收紧银根,但经济繁荣期,银行资本充足率、不良贷款率等指标往往较好,尽管监管当局希望加强监管,但银行出于竞争压力通常会维持宽松的信贷审批标准,使宏观审慎管理难于实施。

5.1.3　目标测度

从目标测度来看,需要消除宏观审慎管理目标和货币政策目标在实现程度测度上的差异。货币政策的价格稳定和经济增长目标可以通过CPI和GDP等指标进行监测,已经有了非常成熟的监测体系和较为可靠的测度结果。然而宏观审慎管理预防系统性风险和金融稳定目标的监测量化则十分困难,尽管近年来主要世界经济组织都发布有关报告,我国每年发布《金融稳定报告》,许多学者也都探讨建立系统性风险监测预警机制的可行性,但尚缺乏公认统一的标准,其测度量化也十分困难。

当前，全球金融危机的阴影犹在，世界经济仍处于低谷阶段，说明对系统性风险防控治理远未达到宏观审慎管理的理想状态。因此，如何判断宏观审慎管理目标的达成效果仍然是值得研究的问题，是实现二者协调配合的重要前提。

5.2 宏观审慎管理与货币政策工具的协调配合

宏观政策目标的实现需要通过中间工具操作来实现。因此，宏观审慎管理工具与货币政策工具的协调配合是宏观审慎管理与货币政策框架重要的组成部分。要实现宏观审慎管理和货币政策促进经济增长和维持金融稳定的共同目标，需要宏观审慎工具和货币政策工具在种类设置、使用规则、使用时机上协调配合好，相得益彰。

5.2.1 工具种类设置

从工具种类设置来看，宏观审慎管理和货币政策都有多种工具选项和组合。宏观审慎管理针对两个维度的风险传染及积累：时间维度，金融体系信贷行为、资产负债、资本充足率等具有的明显的顺周期特征；空间维度，金融机构之间的关联及共同风险敞口、系统重要性金融机构的"大而不倒"问题、流动性风险、影子银行监管缺失、国际金融监管合作缺乏等。针对上述两个维度的监管缺失，巴塞尔资本协议Ⅲ在已有微观审慎监管工具的基础上开发了系列宏观审慎管理工具，其中，最大杠杆率、留存资本缓冲和逆周期资本缓冲三种工具用以管理顺周期性，提出了对系统重要性金融机构的监管措施，以及针对短期和中长期流动性覆盖率（LCR）和净稳定融资比例（NFSR）监测管理流动性风险；而货币政策经过多年的实践，已经较为成熟。当前我国货币政策工具主要有公开市场操作、存款准备金、再贷款与再贴现、利率政策、汇率政策和窗口指导、常备借贷便利等。二者搭配方式具体见表 5-1。

表 5 - 1　　　　　　宏观审慎政策与货币政策搭配的工具解析

搭配方式	工具选择	目标市场	中介指标	最终目标
货币政策	利率	产品市场 货币市场	物价水平	价格稳定
宏观审慎政策	杠杆率，LTV，DTI	信贷市场 房地产市场	资产价格	信贷稳定

5.2.2　工具使用规则

从工具使用规则来看，宏观审慎管理和货币政策都有基于规则和相机决策的争论。货币政策的使用，有价格规则和数量规则，有多工具和单一工具，一直以来都是研究的热点问题。宏观审慎管理工具的使用也有基于规则和相机决策的争论，目前主流的观点认为应建立一种基于规则的基准政策在正常状态下使用，而时变部分可以相机决策，但强调提前设置好不同政策工具临时使用的满足条件，大多数政策实践也证明了这一点。基于规则有利于宏观审慎政策的透明性和与公众交流的方便性，同时也减少政策制定者压力；基于相机决策有利于在不同环境中有所作为。另外，不同经济体所处的发展阶段不同、金融市场结构不同、管理体制不同等因素也影响宏观审慎管理政策工具的使用（张敏锋和李拉亚，2013）。

5.2.3　工具使用时机

从工具使用时机来看，宏观审慎管理和货币政策需要密切配合。2012 年 12 月，国际清算银行（BIS）下设的全球金融体系委员会（CG-FS）发布的《宏观审慎工具的选择与应用》提出了宏观审慎工具的使用时机：在金融周期上行阶段，实体经济走强时，应收紧宏观审慎工具；实体经济增长乏力时，只要系统性风险未显现，可不启用宏观审慎工具。

在金融周期下行阶段，应区分是否伴随危机：如果危机爆发，可能需要迅速放松宏观审慎工具以避免过度去杠杆化；在未发生危机的情况下，如果经济增长乏力，放松宏观审慎工具有助于降低经济下行的影响，但在经济繁荣时期则需视情况而定。政策制定者应根据与宏观审慎工具的相关性、数据的可获得性以及使用的便利性等选择合适的指标，基于其发出的信号收紧或放松宏观审慎工具。政策制定者还应考虑风险的不确定性，如果有明确迹象表明存在风险，就应启用宏观审慎工具，采取小幅、快速调整的渐进方式。具体二者搭配方式见表 5 - 2。

表 5 - 2　　　　宏观审慎政策与货币政策搭配的时机解析

时期		货币政策	宏观审慎政策
上行金融周期	实体经济走强	紧缩	紧缩
	实体经济乏力	宽松	宽松
下行金融周期	伴随危机	宽松	宽松
	未见危机	宽松	视情况而定

5.3　宏观审慎管理与货币政策
组织安排的协调配合

宏观审慎管理和货币政策作为一种监管政策行为和宏观调控方式，需要实施主体在特定的组织安排下进行。宏观审慎管理和货币政策组织安排的协调配合要解决以下三个方面的问题：第一，制定及实施主体统一设置还是分别单设；第二，实施主体的权责设置、激励机制、约束机制、政策边界如何设计；第三，如何开展国际合作。

5.3.1　制定及实施主体的设置

关于制定及实施主体的设置问题尚存在一定的争议，统一设置占据一定优势。支持统一设置的观点主要集中于中央银行，既要负责货币政策的制定和实施，又要负责宏观审慎管理的制定和实施。理由是中央银行在应对系统性风险上具有信息优势，加之掌管货币政策的便利、作为最后贷款人的重要角色以及实施货币政策的丰富经验，在发挥宏观审慎和货币政策协同效应时更具主动性、前瞻性。

从主要国家的实践来看也支持这一观点，美国宏观审慎监管的核心权限在美联储（金融稳定监督委员会），欧盟则主要在欧洲中央银行（系统性风险管理委员会）。由于对宏观审慎管理和货币政策协调配合的必要性问题上的认识是一致的、必然的，支持单设的观点并非将宏观审慎和货币政策完全孤立，而是另外一种意义上的综合。主要观点是建立由多部门组合而成的协调委员会模式，亚古尔和沙玛（Agur and Sharma，2013）反对由中央银行独自承担货币政策和宏观审慎管理双重职能，理由是中央银行难以在二者发生冲突时平衡好独立性问题，当资产价格泡沫行将破裂时，往往采取增加流动性的货币政策去试图挽救，而不是运用宏观审慎管理去刺破泡沫，因此主张采取协调委员会模式。尽管有分歧，但无论在理论分析还是各国实践中，中央银行在实施货币政策和管理系统性风险方面都扮演着最重要的角色。

5.3.2　制定及实施主体的机制设计

关于制定及实施主体的权责设置、激励机制、约束机制、政策边界安排是一个更加难以量化，甚至难以定性的问题。这一问题无疑与其设置方式直接相关。我国学者针对我国金融监管现状，有的主张应在中央银行内部成立中央银行主导的、各个部门联合的宏观审慎监管委员会（刘志洋，2012），有的则主张由人民银行、银监会、证监会、保监会、财政部和发改委"一行三会一部一委"共同协调组成金融稳定办公室（彭刚和苗永旺，2010）。从《中国金融稳定报告（2013）》的编制来看，我国目前的宏观审慎管理属于以央行为牵头部门的联合工作组模式，在宏观审慎管理和货币政策的制定和实施上也具有我国监管机构安排的特殊性。

尽管如此，从长远来看，宏观审慎管理与货币政策的制定及实施需要在协调配合和保持独立性方面有效平衡，正确的目标界定、复合的工具选择、恰当的干预时机、动态的监测预警、诚信的决策机制、清晰的政策边界、有效的激励约束、透明的执行过程、完善的跟踪机制等对宏观审慎管理与货币政策发挥协同效应都极为重要。

5.3.3　开展国际合作的措施

关于货币政策和宏观审慎管理领域开展国际合作既是个老问题，又有新内涵。全球金融危机的教训表明，经济和金融的全球化使得系统性风险在空间维度的传染会跨越国界。量化宽松货币政策影响、通货膨胀跨国转移、短期资本跨国逐利流动、金融机构跨国经营、个人及企业跨国布局资产或生产等都要求货币政策和宏观审慎管理在做好国内协调的同时，要充分考虑国外因素冲击，加强国际层面的协调配合，才能有效应对。

一方面，要开展货币政策的国际合作。有学者通过构造货币政策国际协调福利收益函数的形式考察全球金融危机前后中美两国在各部门受到冲击的情况下开展国际货币协调的收益情况，结果发现当冲击的不确定性和不对称程度较低时，货币政策国际协调是双赢的选择（岑丽君和程惠芳，2012）。然而，从当前新兴经济体深陷量化宽松货币政策泥潭的现实来看，货币政策更多是以邻为壑，国际协调极为必要但极为困难。另一方面，防范系统性风险的国际合作较之货币政策更为统一。毫无疑问，目前最为公信的和得到主要国家支持的巴塞尔委员会在国际金融监管协调方面做了大量的工作，其中以不断修订、完善的巴塞尔协议（目前已经升级到巴塞尔协议Ⅲ），以及自2011年起定期更新全球系统重要性银行名单等做法而闻名，目前巴塞尔协议Ⅲ已经在世界主要国家得到不同程度的推广。除此之外，G20、国际清算银行、国际货币基金组织和一些多边合作组织也在尝试宏观审慎管理方面的合作。

5.3.4　宏观审慎管理与货币政策微观传导机制的协调配合

宏观审慎管理和货币政策作为宏观政策，微观传导渠道和传导机制对二者的目标选择、调节方式及协调配合有效性具有决定性意义。资产价格是将宏观审慎管理和货币政策联系起来的重要中介变量和传导因子。资产价格波动引发系统性风险的微观机制分为银行信贷机制、市场流动性机制、信息不对称机制和非理性行为机制（王俊，2012）。资产价格波动通过银行信贷机制影响金融稳定主要通过以下三个渠道：

一是抵押品价值渠道，利用各类资产作为抵押或担保向银行融资是企业最重要的融资方式，资产价格波动直接影响贷款规模波动。

二是资产负债表渠道，资产价格波动表现为企业资产负债表的变化并进一步影响信用贷款波动。

三是银行资本渠道，资产价格波动通过影响银行资本充足率间接作用于银行信贷投放行为。

资产价格波动通过市场流动性机制影响金融稳定主要通过银行信贷产品、金融衍生品保证金、股票、基金等金融产品或组织形式，在资产价格上行阶段会助推业务规模不断做大，当资产价格或收益下降则纷纷抛售，市场流动性紧张，可能引发系统性风险。

资产价格波动通过信息不对称机制影响金融稳定可以归咎于信息不对称引发的道德风险和逆向选择问题，金融市场难以实现资金资源的合理配置，实体经济难以根据自身风险状况获得信贷资源，从而导致金融的不稳定。资产价格波动通过非理性行为机制影响金融稳定表现为"羊群效应"，行为金融学认为投资者并非传统金融学假定的"理性人"，而是"有限理性"甚至"非理性"的。2013 年诺贝尔经济学奖得主罗伯特·席勒在其著名的《非理性繁荣》一书中将股票价格泡沫和房地产价格泡沫归结为结构因素、文化因素和心理因素推动的非理性行为所致，成功预测了全球金融危机的爆发。

资产价格波动与货币政策的关系也经历了重新认识的过程。金融危机爆发以前，世界主要经济体将稳定一般物价水平作为货币政策的主要目标，并未将资产价格纳入货币政策目标，原因在于一般物价水平变动与资产价格变动并不同步，过多关注资产价格会影响中央银行的信誉。他们认为货币政策在长期应该是中性的，将通货膨胀控制在一定水平，对经济增长而言是极为必要的，不应去干预资产泡沫，而应在资产价格泡沫破没之后要及时干预。

金融危机的爆发则证明一般物价水平的稳定无法保证经济的平稳增长，更无法保证金融体系的稳定，利率也不是治理资产价格泡沫的有效手段（李雅丽，2011）。金融危机发生后，美国、日本等国家相继采取了量化宽松货币政策以刺激经济增长，我国也采取了宽松的货币政策和扩张的财政政策，国内、国外两种因素的交互作用推高了以房地产价格泡沫为代表的资产价格泡沫。

由此看来，货币政策不但未能抑制资产价格泡沫，相反在更多时间内扮演了泡沫膨大剂的角色。货币政策的微观传导渠道包括利率渠道和信用渠道，最终对银行、企业和个人产生影响，这种影响表现为资产价格波动对银行信贷决策、企业投资决策、个人消费及储蓄决策的间接影响。

　　因此，要实现宏观审慎管理和货币政策在微观传导机制上的有效协调配合，把握资产价格这一中介变量对金融机构、企业和个人经济活动影响的方向和程度，是在中长期实现金融安全、经济增长、物价稳定的关键。

第6章 我国货币政策与宏观审慎政策搭配有效性研究

6.1 新冠疫情对经济及货币政策的影响及调整

2020年暴发的全球新冠疫情让世界经济陷入深度衰退。回顾历史，1931年经济大萧条和2008年次贷危机等对世界经济均形成了恶性破坏，疫情演变对全球经济的负效应逐步累积，部分国家和地区出现了经济"停摆"的迹象。普遍的共识是需要政府有效担当，即采取有效的刺激政策进行救市和经济复苏，但在疫情暴发过程中，主要发达经济体的降息和量化宽松等政策并没有取得预期效果，其中，货币政策短期内降到零阈值，造成了更大的恐慌情绪，美国股市甚至连续触发熔断机制。

反观中国的情形，2020年初突发的新冠疫情作为新中国成立以来传播速度最快、感染范围最广、防控难度最大的公共卫生事件，对我国经济社会运行和发展产生了严重的冲击。但在我们果断采取极严厉的防控举措下，在以习近平同志为核心的党中央坚强领导下，在全国人民艰苦卓绝并付出巨大牺牲的艰苦努力下，疫情防控取得了重大战略成果。[①] 进入2020年第二季度，在疫情尚未结束、国内出现反复、国际上仍在不断蔓延并产生"倒灌"的条件下，我国经济已然呈现较好的复苏状态，但是中国大宗商品对外依存度较高，大宗商品国际定价权缺失，极易受国际价格波动及汇率波动影响，随着全球疫情演进其对我国

---

① 李克强：《政府工作报告——2020年5月22日在第十三届全国人民代表大会第三次会议上》，人民出版社2020年版。

经济的影响还存在较大不确定性。

面对全球疫情冲击，各发达经济体相继推出低利率货币政策，缓解企业融资约束，降低因总需求疲软企业潜在的资产负债风险，然而，单纯的放松货币政策只能缓解本国经济暂时性衰退，利率政策在发挥刺激产出的作用同时又要防止疫情结束后的需求拉动型通货膨胀，利率政策如何做到"保增长"与"防通胀"的兼顾？从 2020 年下半年的经济数据上看，以推动复工复产为先导，以供给侧修复为标志的行政型（政府主导的）经济复苏已基本实现，但是以需求扩张为先导，以经济循环体系修复为标志的深度经济复苏（市场为主导的）尚未真正启动。居民收入和就业等各类市场预期恶化对消费需求的压抑，企业盈利预期下滑和高度不确定性对投资需求的限制，海外疫情的加速蔓延对出口需求的冲击，等等，不仅使总需求不足的矛盾进一步显现，而且使居民消费行为、企业投资行为、外向型企业转型升级行为等更加保守化，不仅制约了经济复苏的速度，而且制约了高质量发展的转换进程。

针对当时我国宏观经济失衡的新特点，特别是疫情冲击下经济复苏进程的特点，我国宏观经济政策需要做出了相应的调整，其中重要的便是货币政策的调整。后金融危机时代，巴塞尔资本协议Ⅲ中重点引入"宏观审慎管理"的理念，主要从宏观的、逆周期的视角采取措施，弥补货币政策在维护金融稳定方面的不足，同时提高货币政策对宏观经济调控的效力，协同防范系统性风险，维护金融体系稳定。在当前复杂严峻的国内外经济形势下，我国金融领域面临较多挑战，保持经济金融领域不发生系统性风险，对我国经济平稳健康发展具有重要意义。为了应对潜在的经济金融风险的影响，我国将健全货币政策和宏观审慎政策双支柱调控框架作为金融领域改革的重点任务。综上所述，在新冠疫情这种灾难风险下，科学地模拟实体经济应对冲击的表现，刻画监管当局的货币政策与宏观审慎政策效应，对于今后我国再次应对灾难风险时的宏观经济政策策略选择有重要的实践操作价值，本书提出的政策建议也对于健全货币政策与宏观审慎政策双支柱调控框架，实现党的二十大提出的金融改革目标，不断完善开放经济条件下符合中国国情的金融宏观调控体系，具有政策指导意义。

6.1.1　新冠疫情冲击对货币政策与宏观审慎政策搭配框架的影响

健全货币政策与宏观审慎政策双支柱调控框架，是党的十九大报告作出的明确部署。2019 年 2 月，中国人民银行设立宏观审慎管理局，其职责包括牵头建立宏观审慎政策框架和基本制度，以及系统重要性金融机构评估、识别和处置机制。同时，货币政策司参与健全货币政策和宏观审慎政策双支柱调控框架与宏观审慎评估工作。可见，积极推进货币政策与宏观审慎政策双支柱调控框架已具备政策层面与实施层面的充分条件，双支柱调控框架的协调行动及政策效果则密切关系到我国坚决守住风险底线及金融风险处置化解的重大问题。

本部分内容着眼于灾难风险下的货币政策与宏观审慎政策双支柱策略选择，无论在当前经济背景还是政策目标上来看都具有极强的现实意义。我国利率市场化进程中的货币政策机制，有别于美联储，纵观疫情暴发后，我国央行货币政策审慎稳健且不失灵活，在战"疫"中发挥显著成效，中国政府对疫情的有效防控成为全球典范，"中国策"为全球战"疫"开出药方。从现实情况来看，目前我国实行货币政策与宏观审慎政策的"双政策双工具"的货币政策体系，采用利率和汇率并重的货币政策框架，同时利用利率和汇率两种工具以实现人民币币值内外均衡稳定的目标。因此，如何进行双支柱策略选择以应对后疫情时代的国内外经济冲击，具体地采取怎样的政策组合以助于实现经济回归长期均衡路径，在保增长与防通胀、稳汇率与稳货币之间如何抉择，成为后疫情时代我国政策制定当局面临的新问题，也是本研究聚焦的关键问题。

6.1.2　国内外研究现状

本部分的研究对象为灾难风险经济冲击效应、货币政策和宏观审慎政策工具的选择与搭配问题，国内外对此领域的研究重点聚焦在灾难风险对经济周期的影响、货币政策应对性调控、宏观审慎政策工具及效应等几个方面。

在灾难风险对经济周期影响方面，古里奥（Gourio，2012）对灾难风险与真实经济周期模型进行研究发现，灾难风险直接导致失业、产出下降、投资减少和金融资产价格下跌的负面效应，灾难风险是影响经济周期的重要因素。斯特波维奇（Szczerbowicz，2013）在新凯恩斯模型中增加时变的灾难风险，基于预期对实体经济的影响，提出灾难发生概率的增加将对宏观经济总量和资产价格形成冲击。陈彦斌等（2009）在 DSGE 模型中引入全要素生产率（TFP）灾难风险，证明灾难风险对居民的行为模式，进而对整个宏观经济状况产生显著影响。丁志帆（2016）通过修正随机消费函数，测算了灾难事件对国民福利的减损效应，并提出宏观经济政策干预的必要性，其作用主要体现于缩短灾难状态的时长、降低发生的概率以及减轻经济衰退的幅度等。

在货币政策对灾难风险的应对方面，肯和帕科（Keen and Pakko，2011）发现，在飓风等灾难发生后，金融市场价格出现波动会造成投机卖空增加，这将引发美联储采取宽松的货币政策。米奇勒等（Mechler et al.，2016）指出，灾害事件发生的突然性造成了全部费用未充分计入政府救市预算，而且存在价格信号缺失（价格型货币机制的失效），财政政策和货币政策等应统筹考虑，构建共同利益方联盟，追求协同效应，促进经济发展。晁江锋（2019）构建了包含巨灾风险因素的新凯恩斯 DSGE 模型，分析巨灾事件对我国宏观经济的动态影响。研究表明，货币政策在提升宏观经济的整体防御能力方面显著优于财政政策和无政策因素两种情形。吉赛佩和马里奥（Giuseppe and Mario，2019）基于宏观经济变量的不确定性研究中央银行实施货币政策的习惯，提出由于风险对经济冲击持续性的差异，在不同情形下应择机选择激进的方式或者稳健审慎的方式。

在应对灾难风险的具体货币政策工具类型选择上，国内外较多文献探讨了利率政策与汇率政策的"双政策"协调机制。本尼斯等（Benes et al.，2012）将外汇冲销干预作为与泰勒规则同时操作的央行工具，以考虑外汇干预政策对资产负债表的影响，发现外汇干预可以帮助经济免受国际金融不利环境的冲击。奥斯特里等（Ostry et al.，2012）认为央行对汇率波动进行干预会提高福利，因此对新兴市场经济体而言，为应对金融稳定与危机，在政策工具方面除了使用传统的利率工具应对通胀外，还可运用对冲干预工具来管理汇率，稳定汇率与实现通胀并不矛盾。国际收支的现实特征表现为"双顺差"，积累了巨额外汇储备，为外汇干预的实施提供了政策工具，但也引起了国内通胀压力。金中夏、洪浩（2015）运用两国开放经济体动态随机一般均衡（DSGE）模型，分析并解释我国均衡利率和均衡汇率形成机制及其主要变动原因，他们认为利率和汇率失衡后的动态最优调整路径取决于利率和汇率相对于各自均衡状态的失衡程度，应先调整失衡程度较重者，后调整失衡程度较轻者。伍戈、刘琨（2015）对中国"多目标、多工具"的货币政策框架以及规则体系进行了系统分析和实证检验。在外部持续失衡的环境下，分别基于内部和外部均衡的货币政策反应函数能较充分地刻画转型中国的特征。陈师等（2015）发现汇率渠道会放大货币政策的宏观效应，对实际汇率做出反应优于不做反应或对名义汇率做出反应；在利率规则下，增加政策工具变化的持续性、放松对汇率变化的干预会增进社会福利。胡小文（2019）基于我国的汇率管理事实，构建不完全冲销下的外汇储备稳定汇率、利率调控通胀的"双目标双工具"DSGE货币政策框架，研究发现，面对国际贸易条件恶化，双目标双工具的固定汇率制度因阻止汇率变化反而引发较大的产出和通胀波动。朱孟楠、曹春玉（2018）发现通过外汇干预实施管理浮动汇率安排可根据逆经济风向行事原则权衡调整汇率浮动区间，比单纯使用利率规则实施管理浮动汇率更为有效。彭红枫等（2018）发现在现行有管理浮动汇率制度下，一味降低外汇市场干预力度或者放松资本管制会降低经济福利水平，资本账户管制和有管理的浮动汇率制度是当前作为应对短期国际资本冲击的有效工具。布兰查德等（Blanchard et al.，2013）认为新兴市场经济体由于金融市场的不完善，往往存在相比发达国家更大的金融摩擦，贸易顺差积累的外汇储备可以使央行将外汇干预作为一种政策工具，其中政策利率用于稳通胀，外汇干预则用于稳汇率。

对于全球新冠疫情对经济的冲击影响研究中，较为有影响力的观点认为全球新冠疫情会对世界经济造成的冲击表现为供给面断裂而引发总需求萎缩进而产生恶性循环，全球新冠疫情会从供给侧和需求侧共同影响宏观经济（Mckibbin and Fernando，2020；刘瑶、陈珊珊，2020；杨子晖等，2020），尤其是对于我国贸易部门企业的冲击影响更大，通过贸易渠道进一步全面降低国内家庭消费和企业投资，新冠疫情所带来的冲击包括总量冲击（GDP、投资、消费、进出口）、要素冲击（劳动力、资本等要素）和结构冲击（不同行业异质性影响）等（胡滨等，2020）。

目前，国内外学者对于宏观审慎政策的研究主要聚焦在其政策有效性上。布里奥和希姆（Borio and Shim, 2007）的研究总结了一些国家对宏观审慎工具有效性的评估，如在西班牙，拨备对信贷增长的影响较小，但在建立逆周期缓冲区以提高银行偿付能力方面具有较大作用（Caruana, 2005；Saurina, 2009）。在宏观审慎政策与货币政策的关系研究和搭配模式研究方面，以"逆风向而行"为主要特点的政策配合已得到更多学者的赞同（Trichet, 2009）。宏观审慎监管虽然可以对货币政策解决金融失衡或不稳定等问题提供支持和补充，但仅仅依靠宏观审慎监管来解决时间维度的金融不稳定会使该政策实施的成本过高，并导致不堪重负的情形（Borio and Drehmann, 2009；Diaye, 2009）；货币政策由于在本质上受到政策立场的影响，不应将信贷周期和资产价格视为外生变量，货币政策在应对经济衰退和繁荣时应更加全面，在面对金融失衡状态的积累时则应采取"逆风向而行"的政策（Caruana, 2010）。

6.2　灾难风险经济冲击效应与货币政策机制选择研究

本部分研究建立封闭经济体多部门动态随机一般均衡模型（New Keynesian Framework，以下简称 NK 模型）作为分析框架。具体地，在中央银行的货币机制设定中，包含泰勒规则的价格型货币机制以及反映外生货币供给的数量型货币机制，以及我国当前使用的混合型货币机制；实体经济设定包括生产商与家庭。灾难对宏观经济的作用机制的设定主要参照陈彦斌等（2009）、古里奥（Gourio, 2012）和陈国进等（2014）的研究，灾难对实体经济的影响存在对全要素生产率、对资本和对两者都产生影响的三种可能性。本部分的研究主旨在于分析新冠疫情冲击效应，由于疫情的破坏力主要是对人群的感染伤害，暂不对资本的受损情况进行考虑。数量型货币机制模型价格型货币机制模型主要用于发达经济体的经济模拟和脉冲冲击分析，因此，我们参照国外已有文献的参数取值进行设定，反映发达经济体在灾情发生情况下的货币机制反应和经济冲击效应。

在分析疫情演进和中国救市措施效应时，我们将混合型货币机制情形与我国的经济实际联系在一起，基于我国实际 GDP、通货膨胀率、居民消费及货币供给（M2）等数据，采用贝叶斯估计（Bayes estimation）方法对模型中的变量进行拟合。本部分研究着重从三个方面探讨灾难风险的动态冲击和政策应对机制：一是分别考量数量型货币政策机制、价格型货币政策机制和结构型货币政策机制情形下，灾难事件发生对宏观经济的影响；二是动态模拟新冠疫情对宏观经济的影响，分别观测灾难形成和持续加重情况下对宏观经济的冲击效应；三是结合三种货币机制下的冲击动态效应，模拟货币政策和技术进步因素在经济体灾难恢复中的作用。

6.2.1　异质性货币政策机制下灾难事件对宏观经济的影响

1. 对产出的影响比较

当灾难发生时，一个单位的可量化的灾难冲击将会对产出产生显著的负向冲击效应，而且从冲击的时变特看，短期内出现负向作用的增强（经济反应存在短暂的滞后特征），2~3 期负向效应达到最大值，5~6 期出现明显的负效应衰减，20 期后逐渐收敛到 0 值（产出回到最初的经济稳态）。

三种货币机制具有相同的冲击特征，但是冲击反应幅度存在差异，价格型货币机制的负向效应最为显著，在回到稳态前的各期均高于数量型货币机制下的效应。这说明，当灾难发生时，数量型货币机制具有更强的经济防御优势。其经济解释在于，价格型货币机制对应的金融市场处于较高的发展阶段，灾难发生对经济的冲击效应分为实际值和预期值两部分，发达的金融市场推进利率市场化是一把双刃剑，危机的负向冲击基于市场化的高效传导容易产生放大效用，从而对经济的负效应更大。混合型货币机制成为两者的优化组合，从对产出的冲击效应来看，灾难的防御能力优于纯粹的价格型，属于折中的逆周期调控策略。

2. 对实际利率的影响比较

当灾难发生时，一个单位的正向冲击对实际利率冲击效应存在正负交替的时变特征，负向效应的反应比较剧烈，但是在 1 ~ 2 期内反弹并出现超调现象，而且正向效应在随后的 10 ~ 16 期呈现倒"U"形时，具有一定的拖尾性。我们可以在各国央行应对危机的调控的回顾中判断这一特征与实际的吻合度。应对灾难，央行普遍会采取救市措施降低社会融资成本，不同政策机制操作和效果存在差异。上述两种货币机制对社会融资成本的影响存在明显的短板，折中的结构性货币政策成为应对灾难的优选方案，从模拟的效果看，初期实际利率的下降明显优于单纯的降息效果，避免了大水漫灌的政策隐患。在灾难持续期，融资成本上升幅度与数量型相差不大，具有较快回到稳态的收敛速度。

3. 对通胀的影响比较

当灾难发生时，一个单位的正向冲击对通货膨胀指标冲击的时变特征表现为：前期出现显著的通胀，4 ~ 5 期迅速收敛到 0 后，随后出现超调，转为较低的通缩逐步恢复到稳态（21 ~ 22 期）。三种情形中，价格型货币机制具有较好的防御特征，受负面影响的初期变化最少，相对平滑的收敛到 0 值后，出现较少的超调，对经济的稳定作用具有优势。混合型货币机制在面对灾难冲击时，通胀前期反应效应介于价格型和数量型之间，政策的有效收敛速度与数量型几乎一致，超调幅度明显小于数量型（下降 40% 以上），可以调整到经济体可以接受的范围内。

4. 对实际边际成本的影响比较

当灾难发生时，一个单位的正向冲击将触发边际成本的迅速上升，但是大幅的波动后将在 5 ~ 6 期内迅速收敛到 0 值，存在一定的超调的负向效应，但是不明显。从初期的影响效应来看，价格型货币机制的反应幅度较小，混合型货币机制的反应处于折中状态。从收敛速度来看，三种机制的差异性不大，均具有较快的收敛速度，价格型机制下政策偏离的超调效果最低。

6.2.2　救市措施（货币政策和技术革新）的风险化解作用

1. 货币政策救市措施的风险化解

本部分从金融市场稳定性和实体经济复苏效应两个方面，观测发达经济货币政策救市措施的传导机制。

（1）金融市场稳定性维护。通胀和利率是金融市场重要影响因素，设定为稳定性替代观测变量。发达经济体在灾难初期，货币机制的利率传导机制显著，降低政策利率水平将拉低实际利率水平，从而对债券市场形成助推作用，成为债市繁荣的主导因素。但是，政策利率下降并没有改变通胀水平激增，这说明，灾情对生产力的破坏不能改变市场负面预期的判断，这在一定程度上解释了股市暴跌很难由于货币政策逆周期调控而迅速扭转。价格型机制对货币政策调控存在零下限约束，降息存在理论和实际有界空间，这与危机严重程度和市场效率强弱密切相关。

（2）实体经济的复苏。发达经济体在灾难初期，实体经济受到的冲击明显强于以数量型调控为主的发展中经济体，市场悲观情绪和风险的不确定性制约降息对实体经济复苏的推动作用。降低政策利率并不能引导投资者市场繁荣，恐慌情绪造成了现金为王的资产抛售和风险厌恶型的降低产业投资规模。但是，即使发达经济体采取量化宽松，进行数量型货币工具操作，当期只能对金融市场形成直接的效果，对实体经济复苏仍需要价格传导机制才能发挥效用。因此，在此背景下，货币政策需要财政政策配套才能缩短政策的传导路径，政策搭配的有效执行又受到央行政策独立性的制约。

2. 技术革新救市措施的风险化解

本部分分别假定发达经济体在灾难初期（价格型货币机制）和灾难中后期（数量型货币机制）发生技术革新，并对此进行分析。

（1）金融市场稳定性维护。如果技术革新发生在发达经济体价格型政策工具用尽前，实际利率的冲击表现为短期急速下降，甚至表现为负向效应，收敛到坐标轴的观测期为 40 期。通胀也呈现类似的下降特征，利率和通胀的下行有利于金融市场的稳定。如果技术革新发生在量化宽松时期，实际利率的下降幅度明显缩小，在一定时期出现了实际利率上升，这对于债市稳定存在一定的抵消，上升的利率引导债券价格净值下行，5 期后具有显著的收敛特征。通胀指标在初期下降明显，负向效应的持续期明显缩短。

（2）实体经济的复苏。通过对价格型货币机制和数量型货币机制下的数据进行比较发现，发达经济体发生技术革新对实体经济的影响存在共性特征，即技术革新对产出有正向的激励作用，并能在短期降低生产的边际成本。从影响程度上看，在数量型货币政策调控下，技术革新对实体经济的改良作用更加显著，在观测期内具有更多的累计复苏效应。从脉冲冲击曲线的形态上看，数量型更加平滑，价格型呈现陡峭特征，且较为显著，经济复苏冲击效应持续时间明显短于数量型。

3. 中国救市方案效应模拟

在利率市场化改革进程中，我国金融市场深度和广度得到发展，中国人民银行货币政策逐步从数量型向价格型转换，符合模型设定的次优组合方案设计特征，属于混合型货币政策机制。中国人民银行货币政策执行遵循审慎灵活的原则，调控经济的逆周期操作表现出优于发达经济体极端类型政策操作的效果。本部分从混合型货币机制下的 LPR 新机制和技术革新的视角，观测中国救市方案模拟的政策效果（见图 6 - 1、图 6 - 2）。

（1）LPR 新机制的政策效应。LPR 新机制以中国人民银行中期政策利率（MLF）为基准，在逆周期调控中可以通过调降 MLF 利率（价格型）和增大对商业银行的 MLF 定向投入（数量型）实现降低社会融资成本。在混合型货币机制下，模拟 LPR 新机制一个单位的正向冲击表示为具有降息特征的利率下降。郭栋（2020）认为，LPR 属于混合型货币政策中价格定向工具。和其他两种货币机制相比较，LPR 新机制对利率和通胀的影响幅度相对较小，主要差异和机理的经济解释为：一是利率并没有出现预期的实际利率下降，这完全符合中期政策利率的逻辑。孙国峰（2016）指出，中期政策利率不是市场利率，是央行利率，因此，央行通过中期政策利率引导银行和市场的中期利率水平，但不承诺将中期市场利率精确控制在某一具体水平，赋予市场更多的定价空间。二是通胀的小幅下降更多地反映投资者基于混合型政策调控降低实体经济融资成本的预期效应。

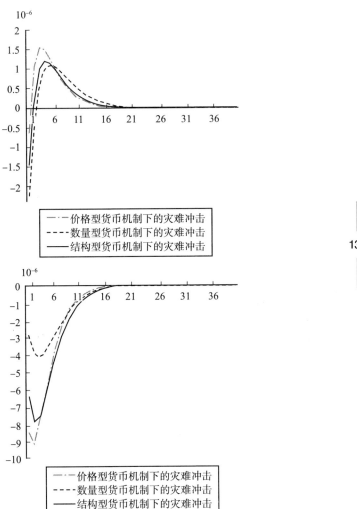

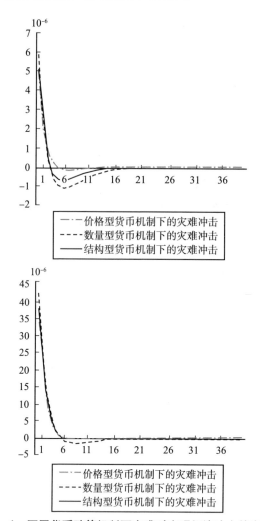

图 6-1 不同货币政策机制下灾难对宏观经济冲击效应比对

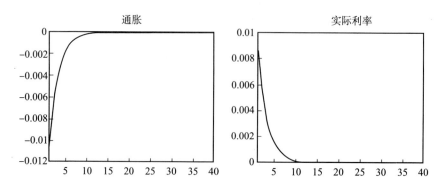

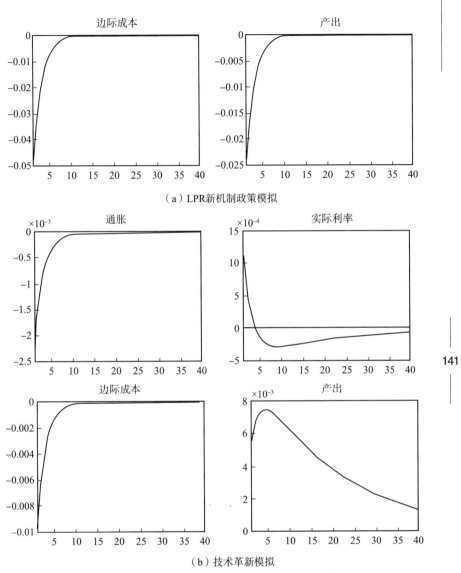

（a）LPR新机制政策模拟

（b）技术革新模拟

图6-2 混合型货币机制下的中国救市方案效应模拟

从实体经济复苏的效应来看，在混合型货币机制下，LPR新机制一个单位的利率下降在初期会导致边际生产成本降低，由于实际利率指标的正向效应，成本降低的主要作用应更多地来自LPR机制中资金投向的倾斜，混合型的数量定向工具发挥作用，从而对产出形成正向效应，该特征表象与价格型机制具有相似性，但其政策机理存在差异。同时，LPR 新机制的价格特征要求实现降低实体经济融资成本，在保证足够量的定向货币投放的前提下，存在确立 LPR 的市场基准地位，疏通政策利率传导渠道，规避传导梗阻，降低定向投放量，降低逆周期调控政策成本和防范滞后风险。

（2）技术革新的效应模拟。从金融市场和实体经济的视角，在混合型货币机制下模拟的技术革新效应与发达经济体两种极端机制具有同向的冲击效果。由于剔除价格型货币机制失灵概率对市场预期和信心的恢复更有帮助，脉冲曲线形态在混合型机制下更加平滑。

与 LPR 新机制的模拟效果比较，在金融市场稳定的视角下，通胀降低的幅度大于中期政策利率的效果，实际利率在 5 期后出现了相对显著的下降，两项指标有利于市场信心的重塑，技术革新形成的乐观市场预期具有实质性影响，将大于货币政策对金融市场的稳定作用。从实体经济模拟的效果看，边际成本下降并没有发达经济体两种极端货币机制的模拟显著，其经济解释为：发达经济体的技术革新受制于旧利益格局约束，危机在一定程度上有利于格局的改变，技术革新被称为实用技术的应用更为合适。而我国的技术革新存在供给侧改革和新技术应用两个方面，淘汰落后产能的结构调整具有优化作用，技术对产业格局和成本的冲击更加缓和。但是结构性货币机制下，具有结构优化特征的技术革新对产出增加的效果具有明显优势，且脉冲效应曲线形态平滑，呈现了倒 "U" 形的拖尾特征。在 1～5 期产出增加效应不断增强，体现了技术革新初期的规模递增效应；在 40 期观测期内，技术革新的正向效应一致大于 0，规模递减效应下降速度缓和，形成平滑下降的长拖尾，反映了技术革新对实体经济支持的持续性。

6.2.3 不同政策机制下疫情演进经济冲击效应的观测

基于上述不同经济体的货币机制特征分析，对本次新冠疫情演变进行模拟，主要模拟场景包括：一是发达经济体疫情模拟，存在价格型货币机制失灵的困境；二是混合型经济体（我国）疫情模拟，政策机制选择次优组合的最优搭配（"价格"+"数量"）。在模型构建中，依照疫情对生产函数的影响（σ^γ）划分新冠疫情在经济体内的发展阶段：第一阶段为初期（$\sigma^{\gamma} = 0.5\%$），新冠疫情在局部地区暴发；第二阶段为流行期（$\sigma^{\gamma} = 10\%$），新冠疫情全面暴发；第三阶段为分情景发展，当$\sigma^{\gamma} = 15\%$，新冠疫情恶化进入失控期；当$\sigma^{\gamma} = 0.1\%$，新冠疫情进入可控期。

1. 发达经济体疫情演进模拟

在疫情初期，美国货币机制处于价格型，政策利率对经济发挥有力的调控作用，虽然局部暴发对美国产出和通胀存在负面影响，但是冲击效应微弱，美联储并没有采取微调或预先处置。疫情蔓延迅速进入流行期，模拟结果显示产出负效应已经出现了大幅的增加，而且具有较持久的冲击破坏力，形成了预期的产出缺口。同时，通胀脉冲效应形成了大幅的上升，先出现正的通胀缺口，随后通胀冲击的负效应可能引发通缩隐患。产出缺口和通胀缺口的出现，触发基于泰勒规则下政策利率的调整。但是，金融市场由于疫情的恐慌情绪，在价格机制放大器作用下引发股市崩盘熔断，美联储短期内两次降息达150基点，利率水平已逼近零下限，价格机制下常规货币政策几近失效。

面对疫情，货币政策的良性作用在于营造机制和疏通传导，政府防控疫情的无力将进一步恶化市场情绪并增加不确定风险。如疫情进入失控期，将实质性地破坏生产力，金融泡沫破裂后将导致新的"大萧条"，模拟中出现了高通胀后的通缩趋势，这一信号，大概率符合经济衰退引发通缩的预警，滞胀的隐患将新冠疫情导致的危机与美国"大萧条"联系在一起。

2. 混合型机制下我国疫情影响模拟

如图6-2所示，期初由于疫情快速发展，在局部地区形成了恐慌情绪，灾难对通胀形成冲击效应使通胀出现短期调升，生产效应也存在显著的负影响，但由于疫情仅在局部暴发，整体的效应在经济可承受范围内，但仍存在继续恶化的不确定性。进入流行期前，我国政府高度重视疫情，随着疫情的发展逐级采取提高防控措施、隔离治疗、建立严格防护体系等举措被证实完全正确，但是政策成本不能小觑。

模型模拟了"停产"对产出和通胀的影响。进入流行期，"停产"因素提高了生产函数中破坏因子值（σ），脉冲冲击曲线发生了负向的

143

跳跃，从幅度和形态上呈现"短而深"的产出负影响。模型分析将疫情作为冲击变量，将疫情归属为经济事件，"短而深"负影响的经济解释为：积极的防疫措施扩大了疫情冲击，短期的"猛药"有助于避免后期严重隐患的发生。实际"短而深"特征的印证为2020年1~2月，工业增加值同比下滑13.5%，预期增长1.8%，前值增长6.9%；固定资产投资同比下滑24.5%，预期增长2.0%，前值增长5.4%。从当前疫情演进看，中国的疫情已经进入可控期，国内复产复工逐渐推进，但目前仍然存在输入型的风险隐患。当前，中央政府工作重点从防疫转向生产，包括投资、消费在内的多项指标将出现明显反弹。

对于通胀的模拟存在与实际的偏差，主要原因为：疫情在向流行期过渡初期，恐慌形成抢购造成局部通胀非正常上升；但是进入流行期，全国通胀的上升属于价格体系的结构性变化，新冠疫情的暴发对基本面构成了较大的短期负面冲击，疫情由于运输物流等因素造成食品端等扰动，但我国政府采取有效措施稳定物价，在年度数据的反映中将吸收疫情的阶段性扰动，因此，1~2期间的跳跃不会如此剧烈，这与模型在模拟复杂经济体中存在内生缺陷有关。2~3期间的通胀率恢复反映了复工后基本面改善的良性影响，但疫情已在全球蔓延，除中国外的其他国家政府是否能取得如此的防疫效果存在不确定性，该风险将对大宗商品等形成影响，与生产挂钩的PPI指标将存在不确定性。因此，本书模型设定为封闭经济体，因此，通胀在内生因素影响下恢复，可能由于其他外生变量冲击产生新的扰动。

6.3 基于 DSGE 模型的新冠疫情冲击下我国
货币政策与宏观审慎政策搭配策略研究

无论是国际贸易渠道还是资产负债表渠道，全球新冠疫情冲击对于我国实体经济的影响均与央行制定的货币政策和宏观审慎政策息息相关，本部分研究在已有研究基础上将央行货币政策和宏观审慎政策同时纳入包含金融加速器的开放经济模型，将全球新冠疫情冲击（供给端和需求端影响路径）引入开放经济动态随机一般均衡（DSGE）模型，研究全球疫情对我国宏观经济的影响以及央行政策偏好在减缓疫情冲击方面的作用。进一步从家庭动态福利角度探讨面对全球新冠疫情蔓延形势下，外国需求不足与外国投资实际价格骤降冲击下的央行最优货币政策选择。

6.3.1　我国实体经济的特征事实分析

构建我国开放经济 DSGE 模型需要体现我国实体经济的特征事实。首先，对于资本项目并非完全开放的国家而言，忽略汇率波动性本身会导致较高的成本，发展中国家进行外汇干预是较优的选择。奥斯特里等（Ostry et al.，2012）认为央行对汇率波动进行干预会提高福利，因此，对新兴市场经济体而言，为应对金融稳定与危机，在政策工具方面除了使用传统的利率工具应对通胀外，还可运用对冲干预工具来管理汇率，稳定汇率与实现通胀并不矛盾。国际收支的现实特征表现为"双顺差"，积累了巨额外汇储备，为外汇干预的实施提供了政策工具，但也引起了国内通胀压力。朱孟楠、曹春玉（2018）发现通过外汇干预实施管理浮动汇率安排可根据逆经济风向行事原则权衡调整汇率浮动区间，比单纯使用利率规则实施管理浮动汇率更为有效。彭红枫等（2018）发现在现行有管理浮动汇率制度下，一味降低外汇市场干预力度或者放松资本管制会降低经济福利水平，资本账户管制和有管理的浮动汇率制度是当前作为应对短期国际资本冲击的有效工具。

其次是我国的"世界工厂"特征，即作为全球产业链的上游供给方进口初级产品，出口最终产品，这也是全球新冠疫情冲击的渠道。因此，本部分参考钱德勒等（Gertler et al.，2007）和张等（Chang et al.，2015）的研究，模型将外国投资作为本国生产企业的中间投入引入本国经济体系更好地契合中国经济特征。最后一个特征事实就是我国存在金融摩擦（梅冬州、龚六堂，2011；康立、龚六堂，2014），尤其是对我国中小企业而言面临较强的信贷约束，由于信息不对称导致融资成本较高，在金融加速器机制下会放大全球新冠疫情冲击强度。布兰查德等（Blanchard et al.，2013）认为，新兴市场经济体由于金融市场的不完善，往往存在相比发达国家存在更大金融摩擦，贸易顺差积累的外汇储备可以使央行将外汇干预作为一种政策工具，其中政策利率用于稳通胀，外汇干预则用于稳定汇率。

6.3.2　理论分析

在选择最优货币政策应对全球新冠疫情冲击之前，需要对全球新冠疫情对我国实体经济影响的演进机制进行理论分析与刻画，全球新冠疫情会对世界经济造成的冲击表现为供给面断裂而引发总需求萎缩进而产生恶性循环，从供给侧和需求侧共同影响宏观经济（Mckibbin and Fernando, 2020；刘瑶、陈珊珊, 2020；杨子晖等, 2020），尤其是对于我国贸易部门企业的冲击影响更大，通过贸易渠道进一步全面降低国内家庭消费和企业投资，新冠疫情所带来的冲击包括总量冲击（GDP、投资、消费、进出口）、要素冲击（劳动力、资本等要素）和结构冲击（不同行业异质性影响）（胡滨等, 2020），全球新冠疫情冲击机制主要分为两个渠道，分别是国际贸易渠道和资产负债表渠道。国际贸易渠道具体表现为全球新冠疫情蔓延，世界各国贸易封锁带来的需求骤降，从我国外贸企业供给层面来讲，全球新冠疫情严重影响国内贸易企业的正常生产经营，国外订单减少出口下降，进一步影响企业利润，尤其对于我国外向型中小企业在资本市场上比大企业面临着更严重的融资约束，更加依赖贸易信贷融资，而在利率和汇率大幅波动的情况下，会影响贸易企业的贸易信贷融资成本，进而放大国际贸易渠道这一影响机制。资产负债表渠道具体表现为全球主要发达经济体量化宽松政策的溢出效应，在投资者情绪、预期和不完全信息等因素影响下，会逐步衍生为国际金融市场投资者的羊群效应与国际投融资的金融加速器效应，其对金融市场的冲击造成利率和汇率的大幅波动，引起全球资产价格波动，具体表现为国际大宗商品价格大幅波动，若企业未在金融市场进行套期保值等金融工具对冲风险，将对于企业成本造成较大冲击，进而导致贸易企业资产负债表的恶化。例如全球疫情暴发以来世界各国采取的旅行和货物限制，导致对燃料、煤炭和其他能源产品的需求下降，国际大宗商品价格持续走低。

本部分的创新之处包括：一是国内外相关文献（郭栋, 2020；汤铎铎等, 2020；周梅芳等, 2020）主要聚焦国内疫情暴发初期我国实体经济所受到的影响，而全球疫情暴发以来我国经济受到的外部冲击仍然处于经验分析阶段，我们利用 DSGE 模型模拟了在外国需求和外国投资实际价格供给冲击下，利率和汇率政策传导机制在我国的实施效果。二是针对全球新冠疫情蔓延对我国贸易部门产生的冲击，参考（康立、龚六堂，2014）将中间品厂商分为非贸易中间品厂商和贸易中间品厂商，针对性地探讨了外国需求负向冲击对我国贸易部门的影响。三是由于国外疫情冲击会对贸易部门就业产生冲击，我们在家庭部门融入异质性劳动供给，利用二阶泰勒展开式构建家庭福利函数，参考彭红枫等（2018）的做法，本书通过度量家庭福利水平变化研究"双政策双目标"政策偏好的社会效用。

6.3.3　模型构建

本部分模型构建首先参考张等（Chang et al.，2015）的做法，将外国投资中间品引入本国经济体系，其次设定银行与贸易和非贸易部门之间存在金融摩擦，央行为保持汇率稳定同时权衡外汇储备变动与基础货币供给的变动对汇率的影响。在模型分析基础上，我们再对央行不同利率政策和汇率政策偏好下的脉冲响应进行分析，探讨在外国需求冲击和外国投资实际价格冲击下经济变量的波动，继而通过对家庭效用利用二阶泰勒展开进行福利分析。

1. 最终品厂商

假设经济系统中存在一个代表性最终品厂商，对于非贸易中间品厂商，使用斯蒂格利茨生产函数生产最终品 Y，表示如下：

$$Y_t = \left(\int_0^1 Y_{D,t}(j)^{\frac{\varepsilon_p-1}{\varepsilon_p}} dj \right)^{\frac{\varepsilon_p}{\varepsilon_p-1}} \tag{6.1}$$

其中，ε_p 表示不同非贸易中间品之间的替代弹性，$1 < \varepsilon_p < +\infty$ 表示中间品厂商具有一定垄断能力，由最终品厂商利润最大化利润一阶条件可得非贸易品 $Y_{D,t}(j)$ 的需求函数为：

$$Y_{D,t}(j) = \frac{P_t(j)}{P_t}^{-\varepsilon_p} Y_t \tag{6.2}$$

式（6.2）表示非贸易中间品 $Y_{D,t}(j)$ 的需求依赖于相对价格和价格需求弹性 ε_p，非贸易中间品 $Y_{D,t}(j)$ 的需求随其价格 $P_t(j)$ 上升而下降，进而可得价格总水平指数决定方程为：

147

$$P_t = \left(\int_0^1 P_t(j)^{1-\varepsilon_P} dj \right)^{\frac{1}{1-\varepsilon_P}} \tag{6.3}$$

2. 家庭

假设经济中存在代表性家庭，在贸易部门与非贸易部门之间家庭劳动具有异质性，$i \in (0, 1)$ 均匀连续分布，每个家庭通过劳动获得收入，效用函数设定为：

$$\max_{(C_t, L_t, M_{t+1})} E_0 \sum_{t=0}^{\infty} \beta^t \left(\ln(C_t - bC_{t-1}) - \right.$$
$$\left. \psi_L \frac{[\gamma^{\frac{1}{\eta}} L_{D,t}^{\frac{\eta-1}{\eta}} + (1-\gamma)^{\frac{1}{\eta}} L_{F,t}^{\frac{\eta-1}{\eta}}]^{\frac{\eta}{\eta-1}}}{\eta} + \psi_M \ln \frac{M_t}{P_t} \right) \tag{6.4}$$

代表性家庭预算约束可表示为：

$$C_t + \frac{B_{H,t}}{\omega_t P_t}(1 + \Theta_{B,t}) + \frac{M_t}{P_t} \leqslant w_{D,t} L_{D,t} + w_{F,t} L_{F,t} + \frac{\Pi_t + \Xi_{D,t} + \Xi_{M,t}}{P_t} +$$
$$\frac{R_{H,t-1} B_{H,t-1} + e_t R_{Hf,t-1} B_{f,t-1} + M_{t-1}}{P_t} + \frac{M_{t-1}}{P_t} \tag{6.5}$$

其中，β^t 为家庭贴现因子，C_t 为家庭消费，$L_{D,t}$ 为家庭对非贸易部门提供的劳动供给，$L_{F,t}$ 为家庭对贸易部门提供的劳动供给，γ 反映了家庭在两个部门劳动中负效用的异质性，本书设定劳动供给为贸易厂商与非贸易厂商劳动供给的复合，其中参数 $\gamma \in [0, 1]$ 表示劳动供给偏好，因此 $1 - \gamma$ 越大表示经济开放程度越高，当 $\gamma = 1$ 时表示该国劳动供给完全满足本国需求，当 $\gamma = 0$ 时表示该国劳动供给完全满足外国需求，参数 $\eta > 0$ 表示非贸易厂商与贸易厂商劳动供给之间的替代弹性。

这里设定本国家庭同时持有本国债券和外币债券，用 $\omega_t = \frac{B_{H,t}}{B_{H,t} + e_t B_{Hf,t}}$ 表示本国家庭持有的债券组合中本币债券占比，e_t 为直接标价法下即期名义汇率，$B_{H,t}$ 和 $B_{Hf,t}$ 分别表示本国家庭持有的本币债券与外币债券，$\Theta_{B,t} = \frac{\Omega_B}{2}(\omega_t - \bar{\omega})^2$ 表示家庭债券组合调整成本函数，Ω_B 为家庭债券组合调整成本系数，以衡量表示资本管制程度，$\bar{\omega}$ 为经济系统处于稳态时的家庭债券组合分配，Ω_w 为家庭工资率调整成本系数，以衡量工资粘性程度。$R_{H,t}$ 和 $R_{Hf,t}$ 分别表示家庭购买的本国和外国债券名义利率，$S_{H,t}$ 为家庭在银行的储蓄，P_t 为价格指数，M_t 为货币余额，这里假定厂商和银行利润最终流向家庭，Π_t 为家庭受到的厂商支付红利，$\Xi_{D,t} + \Xi_{M,t}$ 为银行信贷与中间业务支付红利。

最优消费一阶条件为：

$$\lambda_t = \frac{1}{C_t - bC_{t-1}} - \beta E_t \frac{b}{C_{t+1} - bC_t} \tag{6.6}$$

非贸易和贸易部门最优劳动一阶条件分别为：

$$\frac{\gamma^{\frac{1}{\eta}}}{\eta} \left[\gamma^{\frac{1}{\eta}} L_{D,t}^{\frac{\eta-1}{\eta}} + (1-\gamma)^{\frac{1}{\eta}} L_{F,t}^{\frac{\eta-1}{\eta}} \right]^{\frac{1}{\eta-1}} L_{D,t}^{-\frac{1}{\eta}} \psi_L = \lambda_t w_{D,t} \tag{6.7}$$

$$\frac{(1-\gamma)^{\frac{1}{\eta}}}{\eta} \left[\gamma^{\frac{1}{\eta}} L_{D,t}^{\frac{\eta-1}{\eta}} + (1-\gamma)^{\frac{1}{\eta}} L_{F,t}^{\frac{\eta-1}{\eta}} \right]^{\frac{1}{\eta-1}} L_{F,t}^{-\frac{1}{\eta}} \psi_L = \lambda_t w_{F,t} \tag{6.8}$$

两式相除可得两部门最优劳动工资比：

$$\frac{w_{F,t}}{w_{D,t}} = \left(\frac{1-\gamma}{\gamma} \frac{L_{D,t}}{L_{F,t}} \right)^{\frac{1}{\eta}} \tag{6.9}$$

货币需求函数 M_t 一阶条件表示如下：

$$E_t \beta \frac{\lambda_{t+1}}{\lambda_t \pi_{t+1}} + \frac{\psi_M}{\lambda_t m_t} = 1 \tag{6.10}$$

其中，λ_t 为拉格朗日乘子，$m_t = \frac{M_t}{P_t}$ 为实际货币需求，E_t 表示基于 t 期信息的期望算子。

本国债券 $B_{H,t}$ 一阶条件表示如下：

$$E_t \beta \frac{\lambda_{t+1} R_{H,t}}{\lambda_t \pi_{t+1}} = 1 + \Theta_{B,t} + \Omega_B (1-\omega_t)(\omega_t - \bar{\omega}) \tag{6.11}$$

外国债券 $B_{Hf,t}$ 一阶条件表示如下：

$$E_t \beta \frac{\lambda_{t+1} R_{H,t}}{\lambda_t \pi_{t+1}} \frac{e_{t+1}}{e_t} = 1 + \Theta_{B,t} + \Omega_B (1-\omega_t)(\omega_t - \bar{\omega}) \omega_t \tag{6.12}$$

两式相减得到：

$$E_t \beta \frac{\lambda_{t+1}}{\lambda_t \pi_{t+1}} \left(R_{H,t} - R_{Hf,t} \frac{e_{t+1}}{e_t} \right) = \Omega_B (\omega - \bar{\omega}) \tag{6.13}$$

其中，$\pi_t = \frac{P_t}{P_{t+1}}$，上式表示带有资本管制的非抛补利率平价，当家庭配置更多外国债券时，有 $\omega < \bar{\omega}$，此时调整成本会越高，则有 $R_t < R_{Hf,t} \frac{e_{t+1}}{e_t}$，即需要更多的盈利来弥补外国债券配置成本。当 $\Omega_B = 0$ 时，

也即无调整成本时,退化为标准非抛补利率平价。

3. 中间品厂商

将中间品厂商分为贸易厂商和非贸易厂商,并且均按照柯布道格拉斯生产函数进行生产。

(1) 贸易部门。

贸易厂商生产函数为:

$$EX_t = A_t K_{F,t-1}^{\alpha F} FL_{F,t}^{1-\alpha F} \tag{6.14}$$

贸易中间品厂商资本累积函数为:

$$K_{F,t} = \left[1 - \frac{\Omega_F}{2} \left(\frac{I_{F,t}}{I_{F,t-1}} - 1 \right)^2 \right] I_{F,t} + (1-\delta) K_{F,t-1} \tag{6.15}$$

贸易厂商的预算约束为:

$$D_{F,t} = R_{F,t-1} D_{F,t-1} - EX_t + w_{F,t} L_{F,t} + r_{F,t} k_{F,t} + \Omega_{F,t} \tag{6.16}$$

其中,$D_{F,t}$ 表示贸易厂商债务余额,$\Omega_{F,t}$ 表示贸易厂商净利润,$R_{F,t-1}$ 表示债务利息率。

最优资本劳动比为:

$$\frac{k_{F,t}}{L_{F,t}} = \frac{\alpha_F}{1-\alpha_F} \frac{W_{F,t}}{r_{F,t}} \tag{6.17}$$

贸易厂商边际成本满足:

$$mc_{F,t} = \alpha_F^{-\alpha F} (1-\alpha_F)^{\alpha F-1} A_t^{-1} w_{F,t}^{1-\alpha F} r_{F,t}^{\alpha F} \tag{6.18}$$

(2) 非贸易部门。

非贸易厂商生产函数为:

$$Y_{D,t} = A_t K_{D,t-1}^{\alpha D} L_{D,t}^{1-\alpha D} \tag{6.19}$$

同样设定贸易中间品厂商资本累积函数为:

$$K_{D,t} = \left[1 - \frac{\Omega_D}{2} \left(\frac{I_{D,t}}{I_{D,t-1}} - 1 \right)^2 \right] I_{D,t} + (1-\delta) K_{D,t-1} \tag{6.20}$$

参考张等(Chang et al.,2015)的做法,本书假设非贸易厂商投资 $I_{D,t}$ 是国内投资 $I_{Dd,t}$ 和国外投资 $I_{Df,t}$ 的组合函数:

$$I_{D,t} = I_{Dd,t}^{\rho} I_{Df,t}^{1-\rho} \tag{6.21}$$

其中,ρ 表示国内投资权重,设国内投资价格成本为 $P_{Id,t}$,国外投资价格成本为 $P_{If,t}$,由成本最小化问题可表示为:

$$\frac{I_{Dd,t}}{I_{Df,t}} = \frac{\rho}{1-\rho} \frac{e_t P_{If,t}}{P_{Id,t}} \tag{6.22}$$

由于投资价格波动会导致最终品价格产生同向波动，这里假设实际汇率 $q_t = \dfrac{e_t P_{If,t}}{P_{Id,t}}$，代入非贸易厂商投资组合函数可得：

$$I_{Dd,t} = \left[\rho^{1-\rho}(1-\rho)^{\rho-1} q_t^{1-\rho}\right] I_{D,t} \tag{6.23}$$

$$I_{Df,t} = \left[\rho^{-\rho}(1-\rho)^{\rho} q_t^{-\rho}\right] I_{D,t} \tag{6.24}$$

由此国内和国外投资相对于复合中间品的实际价格为：

$$Q_{Dd,t} = \rho^{1-\rho}(1-\rho)^{\rho-1} q_t^{1-\rho} \tag{6.25}$$

$$Q_{Df,t} = \rho^{-\rho}(1-\rho)^{\rho} q_t^{-\rho} \tag{6.26}$$

其中，Q_{Dd} 作为国内异质性非贸易中间品生产商资本成本进入生产函数，Q_{Df} 作为外生冲击变量。

将第 i 个非贸易中间品生产商表示为：

$$Y_{D,t}(i) = A_{D,t} K_{D,t-1}^{\alpha D}(i) L_{D,t}^{1-\alpha D}(i) \tag{6.27}$$

其成本最小化问题为：

$$\min Q_{Dd,t} K_{D,t}(i) + w_t L_{D,t}(i) \quad \text{s. t. } Y_{D,t}(i) = A_{D,t} K_{D,t-1}^{\alpha D}(i) L_{D,t}^{1-\alpha D}(i) \tag{6.28}$$

由资本或者劳动一阶条件可得：

$$\frac{K_{D,t(i)}}{L_{D,t(i)}} = \frac{\alpha_D}{1-\alpha_D} \frac{w_{D,t}}{Q_t} \tag{6.29}$$

由资本或者劳动一阶条件可得边际成本为：

$$mc_t = \alpha_D^{-\alpha D}(1-\alpha_D)^{\alpha D-1} A_t^{-1} w_t^{1-\alpha D} Q_t^{\alpha D} \tag{6.30}$$

参考罗特姆伯格（Rotemberg，1982）的二次项价格调整成本函数，设定产品价格有劲性，设定具体形式为：

$$\Theta_{\pi,t} = \frac{\Omega_\pi}{2}\left(\frac{P_{t(j)}}{\bar{\pi} P_{t(j)}} - 1\right)^2 (C_t - bC_{t-1}) \tag{6.31}$$

其中，Ω_π 为非贸易中间品厂商调整成本参数。

价格最优化问题为：

$$\max_{P_{t(j)}} E_t \sum_{t=0}^{\infty} \beta^t \frac{C_t - bC_{t-1}}{C_{t+k} - bC_{t+k-1}}\left[\left(\frac{P_{t+k}(j)}{P_{t+k}} - mc_{t+k}\right)Y_{D,t+k}(j) - \Theta_{\pi,t+k}\right] \tag{6.32}$$

中间品厂商 J 的选择 py 独立于 J，所有中间品厂商选择相同的最优调整价格，有

因此由一阶条件可得最优价格方程为：

$$mc_t = \frac{\varepsilon_p - 1}{\varepsilon_p} + \frac{\Omega_\pi}{\varepsilon_p} \frac{C_t - bC_{t-1}}{Y_{D,t}} \left[\left(\frac{\pi_t}{\bar{\pi}} - 1 \right) \frac{\pi_t}{\bar{\pi}} - \beta E_t \left(\frac{\pi_{t+1}}{\bar{\pi}} - 1 \right) \frac{\pi_{t+1}}{\bar{\pi}} \right]$$

(6.33)

4. 商业银行

本书假设银行部门分为信贷业务与中间业务,信贷业务主要负责为本国贸易部门和非贸易部门提供信贷,中间业务主要负责承销本国央行发行的本币债券,同时为本国家庭提供外币债券交易。

(1) 信贷业务。

银行同时为贸易厂商和非贸易厂商提供信贷业务,这里假定银行部门与贸易、非贸易部门存在信息不对称和融资约束,当银行调整两类信贷结构时,会增加厂商的外部融资溢价增大金融摩擦程度进而提高调整成本,即存在金融加速器效应,同时调整成本与两类信贷规模成正比,并且假设银行对于贸易厂商提供外币信贷,因此银行部门信贷业务调整成本设定如下式:

$$\Theta_{L,t} = \frac{\Omega_L}{2} (k_t - \bar{k})^2 (D_{D,t} + e_t D_{F,t})$$

(6.34)

其中,用 Ω_L 表示银行信贷业务运营成本系数,$k_t = \dfrac{D_{D,t}}{D_{D,t} + e_{tD_{F,t}}}$ 表示银行持有的信贷组合中对非贸易厂商信贷占比,银行信贷业务最大化问题为:

$$\max \sum_{t=0}^{\infty} \frac{\Xi_{D,t}}{DR_t^t}$$

(6.35)

s. t. $\quad S_{H,t} = DR_{t-1} S_{H,t-1} + (DR_{t-1} - R_{LD,t-1}) D_{D,t-1} + (DR_{t-1}$
$$- R_{LF,t-1}) D_{F,t-1} + \Theta_{L,t} + \Xi_{D,t}$$

(6.36)

其中,$S_{H,t}$ 为家庭储蓄,表示来自家庭的银行债务余额,DR_t 为银行存款利率,$D_{LD,t}$、$D_{LF,t}$ 分别表示非贸易厂商和贸易中间品厂商的债务余额,即银行贷款。假定银行每期债务余额($S_{H,t} - DR_{t-1} S_{H,t-1}$)等于零,以满足非蓬齐博弈条件,分别求解非贸易厂商和贸易厂商债务一阶条件可得:

$$R_{LD,t} = DR_t + \left[\frac{\Omega_L}{2} (k_t - \bar{k})^2 + \Omega_L (k_t - \bar{k})(1 - k_t) \right] DR_t$$

(6.37)

$$R_{LF,t} = DR_t + \left[\frac{\Omega_L}{2}(k_t - \bar{k})^2 + \Omega_L(k_t - \bar{k})\overline{k_t} \right] DR_t \qquad (6.38)$$

本书假设我国存在金融体系非有效，因此式（6.36）、式（6.37）加号右侧表示银行部门与两个实体部门之间的利差，以衡量银行部门国内信贷业务的金融摩擦程度，这里存款利率等于央行无风险利率，即 $DR_t = R_t$。

（2）中间业务。

参考尤里布和岳（Uribe and Yue，2006）、北野（Kitano，2011）以及彭红枫等（2018），设定本国银行由于金融体系不完善，设定为非有效状态，中间业务同样存在运营成本，设定如下：

$$\Theta_{M,t} = \frac{\Omega_M}{2}(\omega_t - \bar{\omega})^2 (B_{H,t} + e_t B_{Hf,t}) \qquad (6.39)$$

其中，Ω_M 表示银行中间业务运营成本系数，中间业务运营成本同样取决于银行本外币债券结构变动和家庭持有本外币债券规模。银行中间业务最大化问题为：

$$\max \sum_{t=0}^{\infty} \frac{\Xi_{M,t}}{R_t^t} \qquad (6.40)$$

从流动性的角度考虑，国家债券因期限长而缺乏流动性，金融债券和企业债券的流动性要强于国家债券，我国国券利率高于金融债券利率，因此设定商业银行中间业务面临预算约束为：

$$S_{H,t} = DR_{t-1}S_{H,t-1} + (R_{H,t-1} - R_{t-1})B_{H,t-1} + (R_{Hf,t-1} $$
$$- R_{F,t-1})e_{t-1}B_{Hf,t-1} + \Theta_{M,t} + \Xi_{M,t} \qquad (6.41)$$

求解银行中间业务关于 $B_{H,t}$ 和 $B_{Hf,t}$，一阶条件可得：

$$R_t = R_{H,t} + \left[\frac{\Omega_M}{2}(\omega_t - \bar{\omega})^2 + \Omega_M(\omega_t - \bar{\omega})(1 - \omega_t) \right] R_t \qquad (6.42)$$

$$R_{F,t} = R_{Hf,t} + \left[\frac{\Omega_M}{2}(\omega_t - \bar{\omega})^2 + \Omega_M(\omega_t - \overline{\omega)\omega_t} \right] R_t \qquad (6.43)$$

式（6.42）右侧表示本国央行发行债券利率与本国家庭持有本币债券利率之差，式（6.43）右侧表示外国央行发行债券利率与本国家庭持有外币债券利率之差，两者共同体现了在开放经济条件下银行部门中间业务的金融摩擦程度。

5. 政府部门

央行当期储备资产变动受到家庭当期本币债券余额增长和实际货币

余额变动的约束:

$$e_t\left(B_{Gf,t} - R_{F,t}B_{Gf,t-1}\right) \leqslant \left(B_{H,t} - R_{H,t}B_{H,t-1}\right) + \left(m_t - m_{t-1}\right) \quad (6.44)$$

在封闭经济条件下当经济体中仅包含价格扭曲时,央行在防通胀和保增长之间会存在"神奇的巧合",当一种目标实现时另一种目标也会实现,但是当经济包含更多扭曲和摩擦时,央行就会存在权衡取舍,尤其是在开放经济条件下,汇率不会立即对利率波动做出反应的原因在于我国资本账户管制下资本流动成本较高,央行的"双政策双工具"首先体现在我国目前正在由数量型向价格型转变的利率政策,按照泰勒规则设定如下式:

$$R_t = (1 - \rho_R)\overline{R} + \rho_R R_{t-1} + (1 - \rho_R)\left[\varphi_\pi(\pi_t - \overline{\pi}) + \varphi_Y(Y_t - \overline{Y})\right]$$

$$(6.45)$$

其中,ρ_R 为利率平滑系数,$\overline{R}$,$\overline{\pi}$ 与 $\overline{Y}$ 分别表示稳态时利率、通胀与产出。

对于汇率政策规则而言,设定央行的汇率政策由两个目标推动,一是央行利用外汇储备实施非冲销式外汇干预,对汇率波动进行逆风干预;二是央行实施冲销式外汇干预,通过外汇冲销手段来对冲因外汇占款增加而被动发行的基础货币,维持基础货币供给稳定,以往我国央行多实行的是冲销式干预。然而,通过利用外汇储备的公开市场操作来进行逆风外汇干预,可以同时兼顾基础货币供给的弹性,以维持汇率波动与基础货币供应、外汇储备波动之间的平衡。2002 年我国加入 WTO 后出口和外商直接投资增长迅速,央行资产负债表科目下的外汇占款大幅增长,成为央行投放基础货币的主要形式。由于外汇占款不受央行直接调控,为了有效控制货币供给总量,央行利用公开市场操作等政策工具进行基础货币发行量及流动性管控,具体表现为"逆风式"的汇率政策,参考楚塔斯潘奇等(Chutasripanich et al.,2015)设定如下等式以体现我国央行有管理的浮动汇率制度:

$$\left(\frac{B_{Gf,t}}{\overline{B_{Gf,t}}}\right)^{\theta_{Gf}} = \frac{e_t}{e_{t-1}} \quad (6.46)$$

$$\left(\frac{M_t}{\overline{M}}\right)^{\theta_M} = \frac{e_t}{e_{t-1}} \quad (6.47)$$

这里 θ_M 表示汇率波动的货币供给弹性,θ_{Gf} 表示汇率波动的外汇储备弹性,由购买力平价可知,当汇率高于目标汇率水平往往伴随着货币供给增加造成本币贬值，因此 $\theta_M > 0$，此时央行在公开市场售出美元债券兑换本币，外汇储备减少以降低本币供给，所以 $\theta_{Gf} < 0$。当 $\theta_{Gf} \to 0$ 时表示央行对外汇市场干预程度较高，更侧重"稳汇率"的汇率政策。当 $\theta_{Gf} \to -\infty$ 时表示央行对外汇市场干预程度较低，并且若 $\theta_{Gf} \to +\infty$ 表示央行更加侧重"稳货币"的汇率政策。

本研究中"双政策双目标"的特点是将汇率政策规则作为一个独立的工具，当汇率波动幅度较大或者基础货币供给波动偏离较高时，央行会采取逆风式外汇干预政策。结合式（6.46）、式（6.47）并参考纽曼和曼弗雷德（Neumann and Manfred，1984）、本尼斯等（Benes et al.，2012）的汇率政策模型，建立如下央行汇率政策规则：

$$e_t = (1-\rho_e)\bar{e} + \rho_e e_{t-1} + (1-\rho_e)\left[\theta_M(M_t - \overline{M}) + \theta_{Gf}(B_{Gf,t} - \overline{B_{Gf}})\right]$$
(6.48)

由支出法总产出可表示为：
$$Y_t = C_t + I_{D,t} + I_{F,t} + NX_t$$
(6.49)

根据收入法等于支出法，总产出可表示为：
$$Y_t = W_{D,t}L_{D,t} + W_{F,t}L_{F,t} - \Theta_{B,t}(B_{H,t} + e_t B_{Hf,t}) - \Theta_{L,t} - \Theta_{M,t}$$
(6.50)

6. 外国部门

设定本国净出口为：
$$NX_t = EX_t - q_t I_{Df,t}$$
(6.51)

本国经常账户余额为净出口与外币债券利息之和为：
$$CA_t - CA_{t-1} = NX_t + e_t\left[B_{Hf,t-1}(R_{Hf,t-1}-1) + B_{Gf,t-1}(R_F-1)\right]$$
(6.52)

我们假设国外进口需求与本国出口实际价格成反比，与国外总需求成正比，因此设定出口满足下式：

$$EX_t = \left(\frac{P_{d,t}}{e_t P_{f,t}}\right)^{-\theta} FD_t$$
(6.53)

其中，$P_{d,t}$ 为国内最终品价格，$P_{f,t}$ 为国外最终品价格，设 $q_t = \dfrac{P_{d,t}}{e_t P_{f,t}}$ 为实际汇率。

本研究假设涉及外国变量均为外生变量，均服从如下外生平稳过程：

$$\begin{Bmatrix} \ln FD_t \\ \ln Q_{Df,t} \\ \ln R_{Hf,t} \\ \ln R_{F,t} \end{Bmatrix} = \begin{pmatrix} 1 - \rho_{FD} \\ 1 - \rho_{Q_{Df}} \\ 1 - \rho_{Hf} \\ 1 - \rho_F \end{pmatrix} \begin{pmatrix} \ln \overline{FD} & \ln \overline{Q_{Df}} & \ln \overline{R_{Hf}} & \ln \overline{R_F} \\ \ln FD_{t-1} & \ln Q_{Df,t-1} & \ln R_{Hf,t-1} & \ln R_{F,t-1} \\ \varepsilon_{FD} & \varepsilon_{Qf} & \varepsilon_{Hf} & \varepsilon_F \end{pmatrix}$$

$$\text{(6.54)}$$

6.3.4 脉冲响应与政策分析

1. 参数校准

我国 2007~2019 年国债 3 个月到期年化收益率均值为 2.83%，本书将贴现因子（β）校准为 0.993，参考王彬（2015）将消费习惯参数（b）校准为 0.5，参考查理等（Chari et al., 2000）将家庭效用函数中货币余额权重参数（ψ_M）校准为 0.06，根据稳态计算劳动权重参数（ψ_L）为 3.46，参考康立、龚六堂（2014）劳动工资弹性的倒数（η）校准为 1.5，参考张等（Chang et al., 2015）将家庭投资组合调整成本参数（Ω_B）校准为 0.6。参考北野（Kitano, 2011）将银行中间业务和信贷业务运营成本参数分别校准为 0.001 和 0.01，价格调整成本校准为 $\Omega_\pi = 31.76$。参考孙俊、于津平（2014）的研究，将中间产品替代弹性参数（ε_p）校准为 11，代表中间品厂商的成本加成率为 10%，资本折旧率校准为 0.025，代表年折旧率为 10%，自中国加入世贸组织以来，我国出口贸易依存度均值约为 0.25，因此本书将 γ 校准为 0.75，根据库克和德雷克斯（Cook and Devereux, 2006）对亚洲国家的研究，贸易部门和非贸易部门的资本份额分别校准为 0.7 和 0.3。参考彭红枫等（2018）将异质性中间品厂商本国投资权重（P）校准为 0.74；参考钱德勒等（Gertler et al., 2007）和张勇（2015）将出口需求汇率弹性（θ）校准为 1。

对于外国需求冲击参数（ρ_{FD}）的校准，我们基于中国 2002 年第一季度至 2020 年第二季度出口数据，首先进行季节调节，其次通过 HP 滤波得到波动趋势后进行一阶自回归，外国需求冲击参数最终近似为 0.810 对于外国投资实际价格冲击（$\rho_{Q_{Df}}$）的校准，我们基于 2006 年 6 月至 2020 年 3 月国际大宗商品价格指数月度数据，通过 HP 滤波得到波动趋势后进行一阶自回归，外国投资实际价格冲击参数最终近似为

0.95。对于国外央行利率冲击参数（ρ_F）的校准，基于 2002～2019 年美国联邦基金利率季度数据进行一阶自回归，冲击参数近似为 0.98。对于国外债券利率冲击参数（ρ_{HF}），基于 2002～2019 年美国三月期国债收益率均值进行回归校准，冲击参数近似为 0.98，所有外部冲击随机项标准差设定为 0.01。参考王曦等（2017）将货币政策泰勒规则中利率持续性参数（ρ_R）、通货膨胀缺口（φ_π）和产出缺口（φ_Y）分别校准为 0.32，1.46 和 0.3。汇率政策规则中汇率持续性参数（ρ_e）根据人民币汇率一阶自回归近似为 0.51，汇率波动对货币供给弹性（θ_m）和外汇储备变化弹性（θ_{Gf}）的校准，我们采用 2002～2019 年我国外汇储备、美元兑人民币汇率和广义货币供应量（M2）月度数据测算，将货币供给弹性近似为 0.05，外汇储备变化弹性近似为 -0.11，数据来自万得数据库。

2. 脉冲响应分析

（1）利率政策目标。

图 6-3 展示了不同利率政策下外国需求负向冲击的脉冲响应，在基准模型中可以看到外国需求的负向冲击使我国出口降低，对经常账户产出大约 10 期的负向冲击，由于出口直接影响央行资产负债表中的外汇占款，出口贸易放缓导致央行外汇占款进一步萎缩，外汇储备进而下降，同样大约在 10 期回归稳态与经常账户在时间上保持一致，当出口额下降时，央行与企业通过换汇使央行外汇占款降低，从而导致国内流动性对国内流动性产生影响，国内货币供应量相应下降。外汇储备来源的降低同时降低了货币余额，在外国需求的负向冲击下净出口降低，本来会降低外汇市场美元供给，造成人民币贬值，进而造成人民币名义汇率的上升，但是在"逆风干预"的汇率政策规则下，可以看到名义汇率的反应为小幅升值后再进入贬值区间，可以看到逆风干预的汇率政策会降低人民币汇率波动，名义汇率、外汇储备和货币余额都表现出了较为平稳的驼峰状走势。在家庭效用函数作用下，货币余额效用的降低，会使家庭增加消费进而产生需求拉动型的通货膨胀，同样在家庭最优货币需求函数中货币余额的降低会使通货膨胀上升，可以看到面对外国需求负向冲击，经济状态为维持大约 40 期的"滞胀"，其短期影响表现为通货膨胀会降低家庭消费需求，进而导致经济产量下降，降低企业劳

动供给需求导致失业率上升，高失业率最终导致国民收入下降。整个经济呈现衰退的趋势。

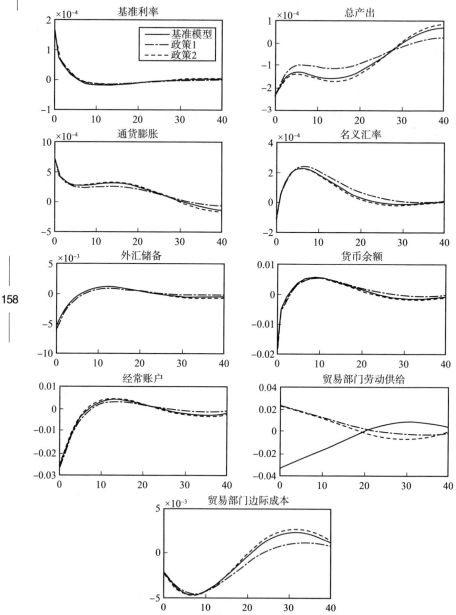

图 6-3　不同利率政策目标下外国需求负向冲击脉冲响应

　　在通货膨胀上升总产出下降的情况下，央行泰勒规则利率政策使基准模型利率上升，表明在外国需求冲击下央行表现出"防通胀"的政策偏好，同时在资本账户管制的作用下，非抛补利率平价发生扭曲，使利率的波动也显著降低，在第 10 期回归稳态。最后可以看到外国需求负向冲击使贸易部门劳动供给下降，劳动供给的下降使贸易部门边际成本降低。对比基准模型，政策 1 表示较大的产出缺口系数，表示央行以"保增长"为主的利率政策转变，政策 2 表示较大的通胀缺口系数，表示央行以"防通胀"为主的利率政策转变，将两种利率政策与基准模型对比，可以看出"保增长"的政策 1 偏好，降低了外国需求冲击对产出的负向冲击，但对于通货膨胀的冲击略微升高，不论是政策 1 还是政策 2 均有利于贸易部门就业率的提高，并且"保增长"的政策对于外贸部门的刺激效果更好。因此，央行"保增长"的政策 1 偏好要优于政策 2 和基准模型，能够缓释外国需求对经济波动的冲击。

　　图 6 - 4 显示了外国投资实际价格成本负向冲击，与外国需求冲击不同，外国投资实际价格成本是一种供给冲击，从模型结构来看外国投资实际价格下降，能够降低国内非贸易部门的成本，增加对于非贸易部门劳动供给的需求拉动就业，可以看出其对总产出产生正向冲击，不难猜测与外国需求冲击相反，外国投资负向冲击使国内贸易部门成本降低，使最终消费品价格下跌引起通货膨胀的下降，总体而言，由全球疫情冲击造成的外国投资实际价格下降会刺激国内消费需求，中国作为国际大宗商品净进口国受到了经济上的正面影响，有利于我国经济的恢复。另一方面，相比较外国需求冲击，外国供给冲击对于名义汇率、外汇储备和货币余额的冲击更强，回到稳态的时间更加持久，大约在 40 期回到稳态，对于总产出和通胀的影响也大于外国需求冲击，在外国投资实际价格成本供给负向冲击下，进口企业需要的外汇减少，造成外汇储备和货币余额的升高，名义汇率和货币余额的同向变动，在基准模型中央行表现出"稳货币"的汇率政策偏好，由式（6.24）外国投资实际价格成本与实际汇率的关系可知，外国投资实际价格成本负向冲击会使实际汇率出现较大幅度的升高进而导致名义汇率升高，这在新冠疫情蔓延至全球以来国际大宗商品价格和人民币汇率走势得到了验证（见图 6 - 5）。对比基准模型，可以发现政策 1 在降低外国投资实际价格成本负向冲击的作用仍然优于政策 2，在对总产出正向冲击程度相同

的情况下，政策 1 引起的各经济变量变动更小。

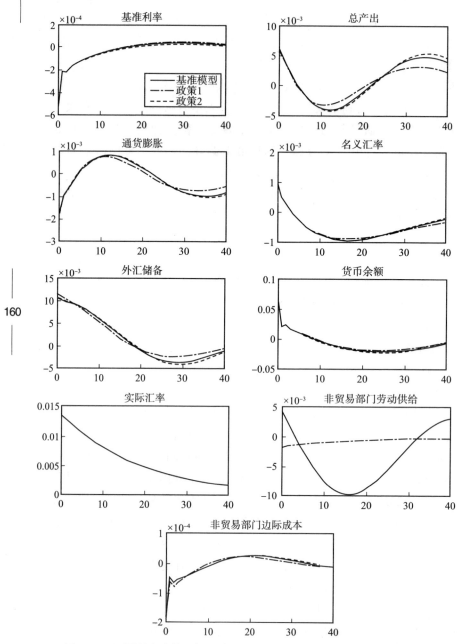

图 6-4 不同利率政策目标下外国投资实际价格成本负向冲击脉冲响应

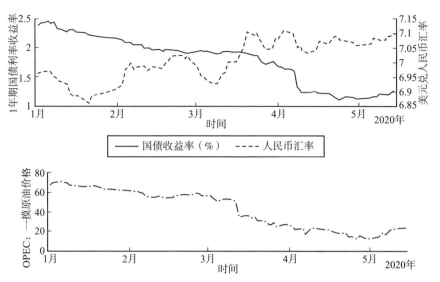

图6-5　全球新冠疫情冲击下原油价格、我国国债和人民币汇率走势
注：数据来源于 Wind 数据库。

（2）汇率政策目标。

图6-6显示了不同汇率政策目标下外国需求负向冲击脉冲响应。与利率政策相比，汇率政策的调整对于基准利率与名义汇率的影响更大，政策3表示"稳汇率"的央行汇率政策偏好，政策4表示"稳货币"的央行汇率政策偏好，可以明显看到政策3下名义汇率的波动要显著低于基准模型与政策4，对货币余额的负向冲击也较小。同时相比于政策4和基准模型，政策3会降低外国需求对基础利率的正向冲击，这是由于外汇储备弹性降低，使央行表现出"稳汇率"的政策偏好，同时在非抛补利率平价扭曲的情况下，造成国内资本外流面临更高的成本，减少了短期资本外流，降低了国内资金压力，从而降低了对利率的冲击，因此政策3对于利率的正向冲击要低于政策4和基准模型，进而降低了对于总产出的负向冲击和对通货膨胀的正向冲击，从对经济波动的影响考虑，政策3优于政策4和基准模型。

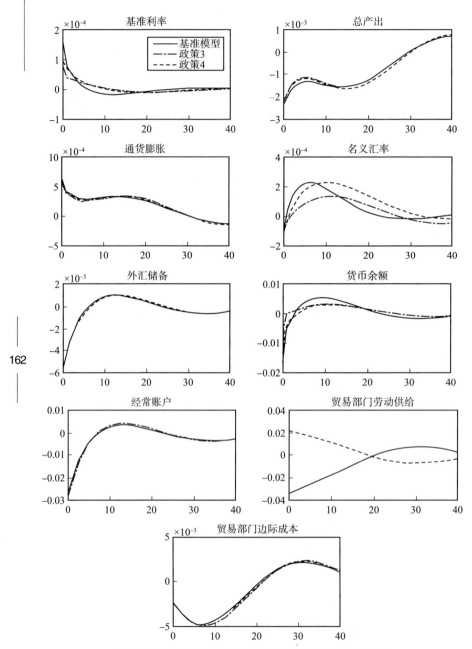

图6-6 汇率政策目标下外国需求负向冲击脉冲响应

注：政策3表示外汇储备弹性系数由基准模型的 -0.11 提高至 -0.01，政策4表示货币供给弹性系数由基准模型的0.05提高至0.1。

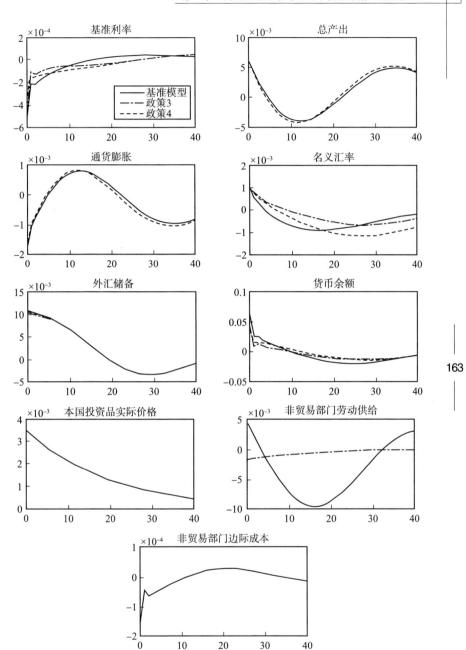

图 6 - 7　汇率政策目标下外国投资实际价格成本负向冲击脉冲响应

注：政策 3 表示外汇储备弹性系数由基准模型的 - 0. 11 提高至 - 0. 01，政策 4 表示货币供给弹性系数由基准模型的 0. 05 提高至 0. 1。

从图 6-7 可以看出，在外国投资实际价格成本负向冲击下，不同于利率政策、汇率政策目标的差异对于名义利率的影响较为显著"稳汇率"的政策 3 大幅降低了外国投资对名义汇率的波动程度，对比基准模型，政策 3 对于基准利率的冲击更小，对于产出和通货膨胀的影响能够达到基准模型的程度，这对于央行而言是有利的，降低了刺激经济的成本同样能够达到预期的效果。可以看到，相比于利率政策 1 和政策 2，汇率政策 3 和政策 4 与基准模型在面对外国投资实际价格负向成本冲击差异明显，原因仍然在于非抛补利率平价扭曲，降低了资本外流，导致国内资金流动性充足，进而缓解了利率政策压力，而"稳汇率"的政策 3 显然优于"稳货币"的政策 4，其对基准利率、外汇储备甚至是货币余额的冲击更小。

6.3.5 福利分析与政策评估

本部分通过设定不同总产出缺口系数和通货膨胀缺口系数，来模拟不同利率政策偏好下带来的家庭动态福利变化，以及设定不同外汇储备弹性和货币供给弹性，来模拟不同汇率政策偏好下带来的家庭动态福利变化，以研究央行的最优货币政策组合。

首先我们参考戈尔（Gall，2015）利用泰勒二阶展开，以即期效用与稳态效用的偏离度量家庭福利损失，可表示为：

$$U_t - \bar{U} \approx U_c \bar{C}\left(\frac{C_t - \bar{C}}{\bar{C}}\right) + \frac{1}{2}U_{cc}\bar{C}^2\left(\frac{C_t - \bar{C}}{\bar{C}}\right)^2 + U_L\bar{L}\left(\frac{L_t - \bar{L}}{\bar{L}}\right)$$

$$+ \frac{1}{2}U_{LL}\bar{L}^2\left(\frac{L_t - \bar{L}}{\bar{L}}\right)^2 + U_m\bar{m}\left(\frac{m_{t+1} - \bar{m}}{\bar{m}}\right) + \frac{1}{2}U_{mm}\bar{m}^2\left(\frac{m_t - \bar{m}}{m}\right)^2$$

对无穷期终生效用加总并取期望，可得家庭福利水平相对稳态时的变化，如下式：

$$E_0 \sum_{t=0}^{\infty} \beta^t (U_t - \bar{U}) \approx \frac{1}{1-\beta}\left\{ U_c\bar{C} \times \frac{1}{2}\left(1 + \frac{U_{cc}}{U_c}\bar{C}\right)Var(\widehat{C}_t) + U_L\bar{L} \right.$$

$$\times \frac{1}{2}\left(1 + \frac{U_{LL}}{U_L}\bar{L}\right)Var(\widehat{L}_t) + U_m\bar{m}$$

$$\left. \times \frac{1}{2}\left(1 + \frac{U_{mm}}{U_m}\bar{m}\right)Var(\widehat{m}_t) \right\}$$

图 6-8 显示了泰勒规则下货币政策组合选择，对应于图 6-3 和图

6-4 中的脉冲响应分析，可以明显看到政策 1 路径要优于政策 2，在利率政策变动区间，提高产出缺口系数并降低通胀缺口系数的"保增长"政策 1 路径会经历福利增益，而提高通胀缺口系数并降低产出缺口系数的"防通胀"政策 2 会经历福利损失，从模型角度分析其原因在于"防通胀"的政策 2，抑制了本币贬值，进一步削弱出口竞争力，造成贸易部门产出的降低，使得家庭消费的降低超过劳动供给的减少，引起家庭总体福利水平下降，适宜的通胀水平有助于家庭福利的提高，因此从利率政策福利角度分析得出"保增长"的政策 1 的社会效用大于"防通胀"的政策 2。

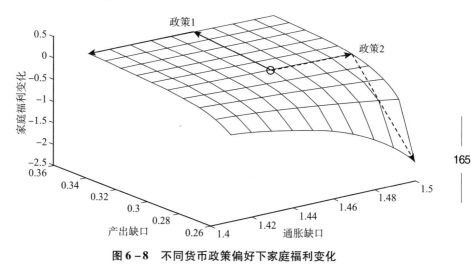

图 6 - 8　不同货币政策偏好下家庭福利变化

注：O 点表示稳态时家庭福利变化值，X 轴和 Y 轴分别对应产出缺口与通胀缺口系数。

政策 3 表示稳汇率政策，表现为加强对于外汇市场的干预，使人民币汇率稳定后，再逐步适度扩大人民币汇率浮动区间，逐步调整由外汇储备变动引起的基础货币供给变动，制定以稳定货币供给为偏好的政策，政策 4 表示首先实现"稳货币"的汇率政策，具体表现为首先央行不断减少外汇市场干预，适度扩大人民币汇率浮动区间，再考虑外汇储备变动对于基础货币供给变动的影响，从图 6 - 9 可以看出"稳汇率"的政策 3 能够达到福利最高水平，而"稳货币"的政策 4 对于家庭福利影响较小，"稳汇率"的政策 3 之所以能够使家庭福利水平达到较高的水平，在于外汇储备弹性的提高，使汇率波动大幅降低，从而降低了汇率政策规则中货币余额与汇率的联动性，基础货币供给的增加使家庭持有更多的货币余额，以此来提高家庭福利水平。

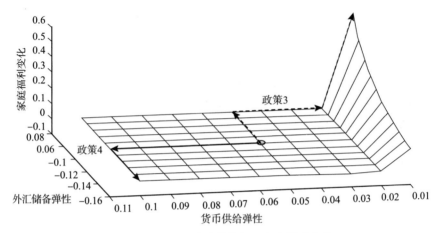

图6-9　不同汇率政策偏好下家庭福利变化

注：O点表示稳态时家庭福利变化值，X轴和Y轴分别对应外汇储备弹性与货币供给弹性。

6.4　疫情冲击下我国的经济复苏与货币政策调整策略研究

在前述研究的基础上，我们拟在丁伯根法则指引下，对灾难风险冲击效应下宏观审慎政策和货币政策配合的必要性和配合模式展开理论分析，分别根据灾难事件的不同类型、不同发展阶段、应对灾难时政策工具种类的不同组合、目标市场的不同定位及金融风险类别的不同表现，细化和层次化灾难风险冲击下的宏观金融政策搭配方案，构建一个切合中国金融监管现状的整体金融稳定框架。

6.4.1　新冠疫情对我国经济的冲击影响

从我国疫情危机的经济复苏过程特点看，从经济几近停摆到最终实现经济运行常态化，大体需要经历生产复苏、需求复苏、供需平衡三个阶段。我国在2020年第一季度迅速控制疫情并成功守住经济下滑的底线，而且疫情救助政策相对更加侧重于保企业、保产业链供应链，使得国民经济的生产供给能力未遭系统性破坏。因此，企业有能力加快复工复产，特别是生产与消费在时空上可以相对分离的工业产品生产，有条件推动供给侧率先实现复苏。相比而言，需求方面实现自主复苏面临更为严重的阻碍。疫情产生的巨大经济和心理预期的冲击，导致各类市场主体行为模式产生剧烈变化和重新调整，居民消费和企业投资行为均趋于保守。

以推动复工复产为先导，以供给侧修复为标志的行政型（政府主导的）经济复苏已基本实现，但是以需求扩张为先导，以经济循环体系修复为标志的深度经济复苏（市场为主导的）尚未真正启动。居民收入和就业等各类市场预期恶化对消费需求的压抑，企业盈利预期下滑和高度不确定性对投资需求的限制，海外疫情的加速蔓延对出口需求的冲击，等等，不仅使总需求不足的矛盾进一步显现，而且使居民消费行为、企业投资行为、外向型企业转型升级行为等更加保守化，不仅制约了经济复苏的速度，而且制约了高质量发展的转换进程。

2020年我国经济复苏正处于以生产复苏向需求复苏转换的关键时期，经济工作和政策作用的重点应当从行政性复工复产向市场型需求扩展。由于需求侧的投资和消费复苏的速度滞后于供给侧复苏的速度，导致核心CPI的回落，PPI的跌幅扩大，工业环比复苏放慢，综合领先指标的停滞，等等，表明总需求不足的矛盾已经开始明显制约经济复苏进程，国民经济循环体系常态化的瓶颈性约束已经开始从产业链供应链等供给侧因素转向市场需求不足、订单缺乏等需求侧因素。因此，宏观经济政策的着力点应当从疫情救助向有效需求刺激转变，政策效应重点应从供给侧扶持向需求侧扩张转变，实现机制应从政府行政主导向市场推动转变。

从金融市场运行情况看，虽有疫情冲击，但我国各类金融市场和房地产市场基本稳定，避免了资产负债表缩表效应，主要是由于前期金融风险防范攻坚战取得阶段性成果。疫情暴发以来，我国各类金融市场保持平稳运行，股票市场和外汇市场没有大起大落式的波动，债券市场蓬勃发展，债务违约风险有效缓解，房地产市场总体平稳。但是在宏观经济层面就业风险增大，由于经济增速放缓，疫情冲击导致经济下行压力进一步增大，不仅需要重视城镇居民显性失业问题，而且还需要高度关注农民工隐性失业和新出现的已返城民工二次返乡潮的问题。尽管2020年《政府工作报告》上调了城镇调查失业率政策目标控制水平，从2019年的5%左右调至6%左右（登记失业率5.5%），一方面，实现这一目标需要新增900万个以上就业岗位，如果经济结构等方面没有显著变化，这需要经济增长达到4.5%左右，而实现当年4.5%的经济增长是有相当大的不确定性的；另一方面，实现这一目标还受劳动力供需结构制约，特别是高校毕业生就业受结构性因素制约更为明显，结构性摩擦失业的压力更大。同时，这一失业率政策目标所包括的范围不含农民工，而农民工的大规模返乡潮不仅加剧了全社会（而不仅是城镇失业率）失业的压力，同时也会产生一系列其他方面的负面效应，包括可能对脱贫攻坚目标实现产生重要影响。

6.4.2　改革开放以来我国货币政策的变迁

改革开放以来，伴随我国经济持续高速增长和进入经济新常态发生一系列新的变化，我国宏观经济失衡的方向、程度以及导致失衡的主要动因等，都在不断发生变化。相应地，我国宏观经济政策，包括货币政策在政策倾向上、政策强度上以及与财政政策的组合方式上等都有相应的改变。

首先，1978～1998年近20年的时间里（除其中个别年份外），宏观经济失衡总体特点是需求膨胀、供给不足，整个国民经济呈现的是"短缺经济"，宏观经济矛盾突出集中在需求拉动的通货膨胀的压力上。1985年、1988年、1994年先后发生了三次大的通胀（CPI分别上涨9%以上、18%以上和24%以上），相应的宏观经济政策倾向（包括货币政策在内）长期紧缩。

其次，从1998年下半年起至2010年底的十几年里（除个别年份外），我国宏观经济失衡总体特点逆转为内需不足、产能过剩，尤其是1998年亚洲金融危机对我国经济产生冲击之后，需求不足的矛盾更为尖锐，相应的宏观经济政策从以往长期紧缩转变为以扩大内需为基本倾向，即"积极的财政政策，稳健的货币政策"。到2008年全球金融危机的冲击，需求疲软导致经济下行的压力进一步增大，产能过剩由1998年下半年开始凸显的工业消费品产能过剩进一步深化为投资品产能过剩，相应的宏观经济政策倾向进一步调整为"更加积极的财政政策和适度宽松的货币政策"，增强了扩张力度。

最后，自 2010 年 10 月起退出全面反危机政策轨道之后，尤其是经济进入新常态以来，宏观经济政策再调整为"积极的财政政策与稳健的货币政策"，一方面，扩张强度较全面反危机时期有所减弱；另一方面，更重要的是在政策倾向上虽然重新回到 1998～2010 年的"积极的财政政策与稳健的货币政策"组合方式，但在内容上是有所不同的。1998年之前的宏观经济失衡是"短缺"，政策倾向是"紧缩"，相对于"紧缩"而采取"积极的财政政策"和"稳健的货币政策"，倾向自然是扩张性的。而 2010 年之后重新回到"积极"与"稳健"的财政与货币政策倾向组合，相对于此前的全面反危机强力扩张而言，政策倾向具有松紧搭配的"反方向组合"结构特点。特别是提出以深化供给侧结构性改革为主线之后，包括货币政策在内的宏观经济政策倾向、力度和结构都根据供给侧结构性改革的需要作出了新的调整，以适应经济进入新常态之后宏观经济失衡的新特点，即既有需求疲软导致的经济下行的压力，又有要素成本等上升导致的潜在的通货膨胀的压力的双重风险。

169

6.4.3　当前货币政策短期调整策略与疫情冲击下的经济复苏

1. 货币供应量的适时调整

针对现阶段我国宏观经济失衡的新特点，特别是疫情冲击下经济复苏进程的特点，我国宏观经济政策需要作出相应的调整，其中重要的便是货币政策的调整。在疫情冲击、经济增长下行压力空前增大的宏观格局下，货币增速需要适度高于名义 GDP 增速，主要原因在于：

一是当经济增长进入下行区，尤其是在潜在经济增长率处于新旧动能转换期进而进入下降趋势时期，实际经济增长速度也相应呈现趋势性下滑。货币政策如果盯住名义 GDP 增长率，就难以起到宏观经济政策逆周期调节的作用，而是顺周期加剧或顺应经济下滑趋势。我国经济进入新常态以来，潜在增长率趋势性下降，实际增速进入换挡期，特别是在疫情冲击下，经济增长速度显著降低，要保持必要的增长速度，要求包括货币政策在内的宏观经济政策加强其逆周期调节功能，货币增长速度应适度高于名义 GDP 增速。

二是货币供应增速要适应经济均衡增长要求，需要抵消货币流通速度下降的因素。我国的货币流通速度进入经济新常态后明显降低（1992年为 1.07，2018 年降至 0.5），疫情冲击下经济活跃程度急剧下降，货币流通速度显然会进一步降低，这就需要提升货币增速。

三是货币增速要考虑金融本身供给侧结构性改革的要求，以保证金融体系对整个国民经济结构转型的支持力，在目前也需要货币增速适度高于名义 GDP 增速。一方面，紧盯住名义 GDP 增速更多考虑的是经济在一定基础上的增长要求，对经济存量本身，特别是金融资产存量本身进行交易和市场结构性调整形成的货币需求考虑不充分，事实上这部分需求也具有很大的市场不确定性。为满足这部分需求，同时考虑对其中不确定性的消化，需要在名义 GDP 增速基础上适当提高货币增速。另一方面，货币增速在一定条件下，特别是在经济结构发生深刻调整的时期，既要使企业具有将已有资产置换为新兴产业投资的融资能力，又要使金融业具有支持经济转型的能力。这就要求货币政策关注资产价格，尤其是盯住金融资产价格，维持资产价格温和上涨，为资产相对价格市场调整创造空间，从而为国民经济结构升级和金融供给侧结构性改革提供必要的相对宽松的宏观经济条件，这也需要相对宽松的货币政策。否则企业资产大幅贬值，使之既无抵押置换能力，也无偿债和新的融资能力，难以推动结构转变；金融企业资产存量大批坏账、大幅贬损，使其无力支持国民经济升级转型。

当然，在深化供给侧结构性改革，适应经济新常态下的新失衡要求，特别是在经济进入下行区间、受疫情冲击下行压力空前加剧的条件下，货币增速需要高于名义 GDP 增速，但也不是无限制的，只能是"适度"高于。而"适度"的基本约束条件便是控制通货膨胀的政策目标要求，而具体标准的把握则需要根据不同时期经济失衡的不同特点和不同程度而定，一般应快于名义 GDP 增速 2~3 个百分点。从我国近年来的情况看，GDP 增速目标维持在 6%~7%，相应的通胀目标 CPI 控制在 3% 左右，城镇调查失业率政策目标控制在 5% 左右，M2 增速控制在 8%~9%，社会融资规模增速控制在 10% 左右，实践表明是可行的，也是必要的。

2. 货币政策体系与宏观审慎政策的搭配

为有效地实现货币政策目标，需要进一步改革和完善货币政策体系，加强与宏观审慎监管的搭配效应：

一是完善基础货币投放机制，稳定货币政策预期，稳定货币与价格和产出的联系。我国基础货币投放机制主渠道从外汇占款到信贷，不确定性有所加大，阻碍货币政策传导，相较于外汇占款，银行信贷内生性形成银行存款，通过准备金形成国内基础货币。目前，为适应信贷扩张，各类公开市场操作及法定准备金率的不定期下调成为商业银行获取基础货币的主要渠道，但这些渠道未形成规则化的机制，在加大不确定性的同时，加剧了市场利率的波动性，导致商业银行在资产配置上更倾向于短期流动性资产，降低了贷款意愿，阻碍货币政策传导。因此，需要稳定各层次金融机构流动性获取能力。

二是使逐步降低准备金率常态化。现有的高准备金率是为了对冲外汇占款，但自 2014 年后，外汇占款已不再是我国基础货币投放的主渠道。从一定意义上可以说，准备金是对商业银行销售产品（存款）的征税，降低准备金相当于对银行减税，意味着降低商业银行成本。

三是拓展货币政策工具。除采取常规货币政策工具组合外，如公开市场借贷便利等手段调控利率等，需要将一些非常规货币政策逐渐转化为中央银行资产负债表各项目的内容与组合。我国央行在新创设了常备借贷便利（SLF）、中期借贷便利（MLF）、短期流动性调节工具（SLO）、临时流动性便利（TLF）等货币政策工具后，资产负债表中资产项更加充分，也需要进一步利用这些新丰富的工具进行资产结构和规模的调整，以提高金融市场的容量和灵活性，使不同的货币政策工具对不同的金融市场更具不同的定位和针对性，在提高证券市场、债券市场等不同市场的效率同时，降低其风险，从而推动企业融资和金融业本身的结构调整。

四是在政策力度上，稳健的货币政策要更加灵活适度。一方面在政策结构上与"积极的财政政策更加积极有为"相配合，形成财政、货币政策"双扩张"的合力格局；另一方面在政策强度上不仅需要总体上创造相对宽松的货币政策环境，而且需要更好地发挥政策效率和预期引导作用，合理推动金融机构一般贷款利率下行，有效处理政策利率传

171

导和风险分担的机制问题。"稳投资"的关键在于实际贷款利率的下降，稳定的可预期的低利率政策是市场复苏的重要条件。此外，为防止通货紧缩风险和各类金融指标内生性的收缩，在宏观上需要保持货币供给的稳步上升，其增速高于名义 GDP 增速的同时，在微观上在经济下行压力不断加剧和不确定性持续上扬的背景下，还需要贷款市场报价利率（LPR）改革与其他改革举措协调配套。在对商业银行的风险溢价加点进行有效对冲，切实降低企业所获贷款的实际利率，提高更加灵活适度的货币政策效应传导效率，降低企业融资成本刺激投资的同时，有效扩张市场总需求，从供给与需求两方面加强宏观逆周期调节力度和有效性。

五是在宏观审慎监管上，要与逆周期的更加灵活适度的货币政策相协调，重点在于加强市场约束力度，完善市场秩序，而非松紧力度的简单调整和改变。从而在防范金融风险累积的同时，避免导致市场预期的紊乱，以有助于"稳预期"。在经济下行和疫情严重冲击下，金融风险加剧，违约可能进入常态化。因此，宏观审慎监管的核心使命在于金融风险的预防和缓释。这就更加需要推进货币政策、宏观审慎监管、微观审慎监管等方面在机制上的一体化，需要强化货币投放、信贷投放、社会融资投放之间的协调性，提升货币政策与金融监管之间的统一性，而不是处于相互对立的矛盾状态。事实上，宽松的货币政策必须辅之以市场秩序约束的强化和完善，克服金融市场的价格刚性和缺陷，提高金融市场的资源配置竞争性能力，是相对适度宽松的货币政策得以有效实施的制度前提。

作为改革进入深水区的我国经济，宏观调控政策体系的改革和完善首先便是市场化的改革和完善，否则宽货币、宽信用下的金融领域很可能形成严重的泡沫化，从而进一步诱发资金"脱实向虚"，加剧实体经济与金融部门和虚拟经济的背离，导致"衰退性泡沫"出现。这就要求，一方面，宏观审慎监管与深化供给侧结构性改革和抗疫情冲击的逆周期调节的货币政策在根本目标上必须一致，即营造相对宽松的高质量的需求环境；另一方面，宏观审慎监管的核心是防风险，即"稳金融"，应当以不发生系统性金融风险为底线。实际上在现阶段，宏观审慎监管应既要维护逆周期调节所需要的相对宽松的货币环境，又要守住不发生系统性金融风险。而其有效性的重要微观基础在于：市场秩序的建设和完善，使适度宽松的宏观货币政策的实施和传导建立在市场主体秩序（企业产权制度）和市场交易秩序（市场价格制度）不断完善的微观基础上。

6.4.4 长期货币政策调整与深化供给侧结构性改革

货币政策作为宏观经济政策体系的重要构成部分，其政策倾向应与宏观经济调控的总体方向一致，而宏观经济政策总体倾向又应与克服宏观经济失衡的总体要求相统一，其政策力度应与宏观经济失衡的程度相适应，其与财政政策等其他宏观政策的组合方式应与宏观经济失衡的结构性特征相一致。就货币政策倾向与深化供给侧结构性改革相适应而言，货币政策需要一方面为供给侧结构性改革提供总体上相对较为宽松的需求环境，另一方面又不能对需求加以强刺激，尤其不能采取"大水漫灌"式的总需求扩张。

一方面，之所以深化供给侧结构性改革需要相对宽松的总需求环境，是因为如下四个方面。

一是市场化的供给侧结构性改革实际是通过市场总需求的拉动实现结构转变。经济结构的转型一般都是危机导向型的，或者说是经过危机来倒逼式的推进。因此，结构转型的过程往往是经济走出危机实现恢复的过程，而这一过程同时就是需求逐渐强劲、经济逐渐复苏的过程。要求这一过程中的货币政策具有一定的扩张性，特别是在进入复苏阶段之后，或者说危机之后的"后危机"时期，货币政策能够也需要为营造宽松的需求环境发挥更有力的作用。

二是我国现阶段结构升级的动力重点在于收入增长，消费升级的主要力量依靠收入增长形成的恩格尔系数变化，收入效应是导致消费者和不同部门消费支出结构变化的主要动力，正是这种消费支出结构变化成为推动产业结构变化的重要力量。因此，供给侧结构性改革需要有效需求，即收入增长的不断支持，而收入增长需要维持较为宽松的货币政策来支持有效需求的扩张。

三是供给侧结构性改革需要金融本身供给侧结构性调整予以支持，而金融供给侧结构性调整需求相对宽松的资产价格环境，需要维持温和的资产价格上升，而这一点也需要相对宽松的货币政策。因为一般而言，结构转型往往会引发资产价格波动，旧产业资产可能贬值，新兴产业资产价格上升。但若波动幅度过于猛烈，传统产业部门企业资产贬值过快过猛，便失去抵押的价值，难以通过抵押贷款的方式进行新融资实现新产业转型。同时，金融业本身若持有与传统产业相关的金融产品存量较大，短期内又大幅贬值、坏账，那么金融业企业本身也缺乏能力支持产业转型。

四是供给侧结构性改革要求以创新来推动结构升级，而创新无论是从成本上还是从周期上均需要稳定的较低的成本风险控制，这也要求货币政策持续营造较为宽松的资金环境，以维持相对稳定和较低的利率。一方面，相对从紧的货币政策会通过利息等渠道加大企业成本，特别是间接融资为主的企业成本，使其缺乏创新的资金能力；另一方面，新兴产业往往需要长期累积性的创新，成本高、风险大、周期长，从紧的货币政策进一步增大其创新成本和风险，进而系统性地降低其创新力，因而需要相对宽松的货币政策[1]。

另一方面，深化供给侧结构性改革不能采取长期强力刺激的货币扩张政策。首先，强力扩张的货币政策，特别是总量上的"大水漫灌"会推动需求膨胀，形成普遍的经济过热和通货膨胀，在这样的市场需求环境下，实际上不需要也不可能深化供给侧结构性改革，供给侧结构性改革触及的是生产者的竞争力和效率，包括企业、产业及国民经济生产体系。若面对的是需求膨胀甚至是普遍短缺的市场环境，生产者根本不必提高质量降低成本，也不需要转型升级便可以生存。之所以强调以深化供给侧结构性改革为主线，重要原因就在于适应需求疲软的市场变化，并且这种需求疲软的市场变化具有系统性和趋势性，依靠短期性的强力刺激总需求的调控方式难以根本克服，因而才将调控重点转向供给侧。

其次，以强力扩张刺激总需求拉动经济增长，在短期或许会有较明显效果，但这种短期效果是以牺牲经济长期发展质量为前提的，这种需求的扩张能够把一些低质量低效率的项目带动起来，需求膨胀形成的经济泡沫本身是对创新升级的根本性阻碍，短期的繁荣将会严重阻碍长期发展，一时的速度将会严重牺牲发展的质量。

---

① 熊彼特曾指出，创新的资金应当是在存量资金之外的增量资金，是在保证经济正常运行基础上扩大规模。正如马克思分析的，是在简单再生产基础之上的（原有生产基础之上）扩大再生产。扩大再生产包含技术进步推动的结构升级，但同时必须以追加新的投入为前提。

再次，强力扩张的货币政策在增大货币总供应量的同时，会大幅降低利率。低利率一方面能够刺激需求也有利于降低投资者利息成本，但若长期以降低利率刺激经济会使对投资者的盈利门槛要求标准越来越低，势必累积起大量低效率的项目，这些项目在市场需求条件宽松时具有盈利能力，尤其是在低利率条件下具有竞争性（内部收益率高于利率），但当经济条件变化，利率降至无以再降而不得不回升时，这些低利率刺激起来的低竞争力项目便成为不具生存能力的经济泡沫。实际上，1998 年的亚洲金融危机和 2008 年的全球金融危机发生的根本原因之一便在于此（刘伟、苏剑，2014）。

因此，为促进深化供给侧结构性改革，一方面需要相对宽松的货币政策，另一方面又不能过于刺激，不能采取强力扩张的货币政策。如何选择？从经济发展史来看，特别是从各国处理失业与通货膨胀相互关系的经验来看，重要的是在货币政策目标上要选择一个"名义锚"。20 世纪 60 年代各国普遍认为失业与通胀之间存在稳定永久性的替代关系，货币政策目标可以视需要在这两个目标之间转换。后来研究发现并不存在这种长期替代关系，长期里失业会保持在自然率水平下，不因刺激性政策而有所改变，而长期刺激性政策只能带来通货膨胀，这就需要为货币政策目标构建一个"名义锚"，以稳定通货膨胀预期。20 世纪 80 年代各国普遍以货币增速为"名义锚"，但并不成功，主要原因在于以货币供给作为"名义锚"，但若由于种种原因货币流通速度发生了改变，会导致货币增速与价格和产出之间的关系并不稳定。因而从 20 世纪 90 年代起，各国开始直接将通货膨胀率作为新的"名义锚"，从而在控制货币供给的同时，把货币流通速度也纳入政策考虑范围，克服了货币与价格和产出之间联系变动不稳定的问题。那么，在我国深化供给侧结构性改革过程中，既要兼顾供给侧结构性改革所要求的相对宽松的货币环境，既要求保持适度经济增长，又要防止过于扩张所导致的严重通胀，如何选择货币改革"名义锚"？从我国现阶段货币政策目标、工具及传导机制之间的联系上看，即从货币政策对供给侧结构性改革发生作用的过程看，一般条件下，要求我国货币政策的"名义锚"首先在于盯住名义国内生产总值增速（同时适当关注资产价格）。名义国内生产总值增速是直接的总需求度量指标，盯住名义 GDP 增速能够既考虑实际经济增长又考虑通胀两方面因素，并据此保持总需求适度增长，使之维持在深化供给侧结构性改革所要求的适度宽松的需求状态。

6.4.5 主要结论及政策建议

1. 主要结论

我们的研究结论主要体现在以下方面：

第一，数量型机制防御效果最优，但是存在滞后风险，因此，价格和数量次优组合的混合型货币政策是应对灾情的最优策略。从冲击效应比较来看，数量型货币政策机制对实体经济具有较好的防御能力，但是存在滞后的政策隐患和较高的政策执行成本。在价格型和数量型选择的博弈中，混合型货币政策是次优方案组合的最佳选择。中国人民银行货币政策调控灵活审慎，利率调控留有余地，LPR 新机制降息和定向降准等结构性货币政策具有价格指引和数量投入的双重作用，符合模型博弈的次优组合选择。

第二，任何货币机制应对灾情都存在政策工具失灵的边界约束，发达经济体缺乏审慎的极端救市操作事倍功半。发达经济在应对灾难危机时，降息等价格型货币政策在危机期和繁荣期存在政策效果的不对称性，量化宽松为代表的数量型货币政策是底线方案；数量型货币政策对金融市场的作用效果优于实体经济，但由于传导不畅，需要财政政策配合实现经济复苏目标。技术革新是摆脱危机的有效途径，在数量型机制下对实体经济的复苏效应更加显著；但市场信心短时期很难恢复，如缺乏价格型机制下有效市场传导机制，技术革新对金融市场的稳定作用将不显著。

第三，经济模拟论证了我国在混合型货币机制下疫情防控的有效性和合理性。发达经济体现有的价格型货币机制无法有效对疫情进行防御，在疫情全面暴发的情形下，模拟的结果与实际情况高度吻合，降息的政策无法通过利率市场传导机制救市，政府处置不力成为金融稳定和经济衰退的最大不确定因素。混合型货币机制的模拟从产出效应的视角，较好地解释了我国疫情的演进变化。由于全球疫情蔓延存在的风险，通胀模拟需要考虑更多的外生冲击，模型的模拟在考虑复杂经济体问题上存在缺陷。

2. 政策建议

在全球疫情冲击蔓延下，未来我国将面临外国需求与供给降低的双重冲击，本书通过构造包含非贸易部门和贸易部门的开放经济 DSGE 模型，探讨了在两种冲击下我国主要经济变量的波动，同时利用二阶泰勒近似方法对家庭效用进行福利度量，对利率与汇率政策偏好引起的家庭福利变化进行对比分析。研究发现："保增长"的利率政策和"稳汇率"的汇率政策，能够更好地缓释新冠疫情带来的外部冲击，在"保增长"的利率政策下家庭福利水平高于"防通胀"的利率政策，而在"稳汇率"的汇率政策下家庭福利水平高于"稳货币"的汇率政策。在外国需求和供给双重冲击下，我国央行"双政策双目标"的最优选择是制定以"保增长"为主的利率政策和以"稳汇率"为主的汇率政策。

第一，树立央行公信力，灵活审慎，发挥 LPR 新机制等混合型政策工具作用，避免极端政策。数量型货币机制虽然具有危机的防御特征，也需要有效疏通市场传导机制才能发挥效用，应避免欧美量化宽松的新困境。应对疫情对经济体的冲击，不能只聚焦于融资成本的降低，应着力通过价格指引、配套资金投入和政策倾斜等树立市场信心。LPR 改革疏通了货币政策向实体经济传导的渠道，在新冠疫情期间适度下调，是政府有效应对疫情冲击的重要举措，但不宜大幅下调和频繁操作，否则，将出现美联储降息引发的市场恐慌。

第二，应对国际危机是复杂系统工程，央行货币政策发挥作用对内需要多部门合作，对外需要构建国际政策协调机制。在疫情期间需要发挥 LPR 新基准的价格定向功能，有效疏通政策传导梗阻将提高数量型货币政策的"精准滴灌"，这需要宏观审慎管理、财政政策、产业政策、银行监管政策等协调合作。在疫情全球蔓延下，各国和地区央行相继出台逆周期调控的货币政策，中国、美国、欧元区和日本等应建立货币政策协调机制，避免极端货币政策的外溢效应通过利率和汇率渠道对国际金融市场稳定和经济秩序形成扰动。

第三，建立疫情防范的备用资金池，借鉴巨灾债模式筹集资金，发挥政府和市场的共同优势。按国际惯例，巨灾应对应该由政府和市场共同分担，中央政府是承压和应对的主体，市场缺位无疑增加了货币机制的调控成本和财政支出的压力。当前，我国债券市场容量庞大，尤其是银行间债券市场的流动性具有很强的政策特征。建议借鉴国外巨灾债模式，充分利用债市优势发行长期限甚至永续债券筹措资金储备，相关债券在非疫情期表现为高收益投资品特征，在疫情期则免息或延期还本，以市场手段集中资金用于疫情防控。

第四，在新冠疫情冲击下外国需求下降，央行以外汇占款增量增加的基础货币供给将逐渐减少，"稳汇率"的政策应降低对外汇储备的依赖，逐步扩大人民币汇率双向浮动区间，通过多种传统汇率政策调节工具增强央行调控主动性，不断通过鼓励"藏汇于民"、加强外汇市场预期管理等非常规政策工具协调管理货币供给流动性。另一方面，增强货币政策有效性与独立性。通过将货币发行机制由"以人民币汇率为锚"的被动型调控转向"以债券利率为锚"的主动型调控转变，逐步由数量型转变到价格型货币政策，切实降低实体经济融资成本，以增强金融服务实体经济的能力。货币政策要更加灵活适度，针对受疫情严重影响的部门制定差异化信贷支持政策，对于支持小微企业复工复产的民营银行制定差异化的存款准备金率等特殊支持政策，通过"精准发力"实现"保增长"效力。

6.5　总结及展望

6.5.1　近期国内外经济政治形势及货币政策实践分析

1. 三大经济周期叠加下货币政策不确定性风险增大

近年来，贸易壁垒、新冠疫情、地缘政治冲突等不利因素叠加，对全球经济增长造成较大负面影响，世界经济发展环境、经济周期的不确定性显著增强。国际货币基金组织报告显示[①]，2023 年全球经济增长动能趋弱，全球经济增长率为 3.1%，低于新冠疫情前 10 年的平均水平为3.8%。2023 年全球各经济体之间的经济增速出现显著分化，其中，欧美发达经济体采取加息缩表等紧缩政策，缓解疫情期间财政扩张带来的

---

①　国际货币基金组织（IMF）在 2024 年 1 月发布《世界经济展望报告》（WEO）更新内容。

高通胀问题，2023 年发达国家增速为 1.6%；而亚洲地区经济增速达 4.7%，其中中国 2023 年的经济增速达 5.2%，对全球经济增长的贡献率超过 30%。

胡晓鹏和李琦（2024）的研究提出，世界经济进入全球化阶段以来，经济周期的全球联动效应显著增强，在发达经济体和新兴经济体之间，经济的繁荣、衰退和复苏往往存在着速度、结构和时间的差异，并因此诱发全球资金流向的空间变化。通常来说，国际资本流动具有明显的顺周期特征，即经济衰退期资金大量抽离，在这一时期资金大量抽离，加剧经济衰退；而在经济上升期资金大量流入，加速经济复苏。如 2008 年全球金融危机发生之初，由于新兴经济体受影响较小、复苏速度更快，以金砖国家为代表的国家涌入了大量国际资本，成为当时拉动世界经济增长的主体。因此，对全球经济周期的判断识别是探讨中国经济发展机遇的重要依据。2023 年 12 月召开的中央政治局会议提出"2024 年要坚持稳中求进、以进促稳、先立后破，强化宏观政策逆周期和跨周期调节"。在当前全球经济下行压力仍存、经济复苏不确定性较大的情况。

经济周期是影响一国经济发展潜力的趋势性因素，在当前不确定性较强的全球发展环境下，研判一国经济发展趋势是向好还是向坏，就必须立足全球经济周期大趋势挖掘可能机遇、规避潜在挑战。按照康波长周期理论判断，疫情期间全球经济正处于第五波康波周期中期阶段，2004 年之后已进入从繁荣向衰退的转换，这个过程持续到 2020 年，但此后发生的新冠疫情使周期底部下探，在不发生全球性重大恶性冲突前提下，预计 2025 年后世界经济将开始从底部回调，逐渐步入缓慢上升的萧条复苏期。

当前，数字技术发展迅猛、生成式人工智能等生产工具的突破正不断加速新一轮科技革命进程，这意味着第五波康波周期的萧条和复苏时间也极有可能大大缩短。5G、人工智能、新能源应用、生物医药、航空航天等领域的革命将会触发新一轮产业变革，快速提升新质生产力的发展水平，其中关键是基础层研究领域的突破及应用。中国拥有举国体制和超大规模市场两大优势，对于抢占创新先机具有非常重要的作用，应聚焦关键环节、实现高水平自立自强，避免被新一轮技术革命边缘化。

朱格拉周期又称设备投资周期，是为 9～10 年的中周期性波动规律。以历史经验为观察视角，相关研究显示，1971 年至今美元指数运行周期为 15～16 年，全球朱格拉周期仅 7～10 年，即每一轮美元周期对应两轮朱格拉周期。这意味着在强美元阶段全球将开启弱朱格拉（资本开支）周期，而在弱美元环境下全球大概率将启动强朱格拉（资本开支）周期。相关研究普遍认为，2024 年以后美联储将开启降息通道，美元指数下行的弱美元环境即将到来，因此，2025 年后全球将进入强朱格拉周期。兴业证券研究机构（2023）认为，2023 年中国已经迈入朱格拉周期复苏期的元年。但从 2023 年 3 月后的表现来看，此判断或许过于乐观，因为中国设备投资能否有效启动取决于世界经济周期大势和国内经济政策周期性双重因素作用的程度。2025 年后中国将开启第十五个国民经济发展计划，提振经济信心的政策不断出炉，从这时起中国的朱格拉复苏周期才会真正到来。库兹涅茨周期是 15～20 年的中长期人口周期，它与建筑和与房地产需求变化以及人口繁衍和迁移密切相关。美国曾经历 1987～2006 年、2007～2022 年两轮显著的库兹涅茨周期，胡晓鹏和高洪民（2021）的研究显示，中国的库兹涅茨周期是从 1998 年住房货币化改革开始，到 2015 年前后触顶回落，已结束第一个库兹涅茨周期上行期。在国家房地产政策严格控制下，可以认为中国此轮库兹涅茨周期下行期从 2016 年开始，目前已经持续 7 年。预计 2025 年后，随着中国城市化进程全面推进和房地产政策适度放松，库兹涅茨周期有可能进入新一轮中周期的上行阶段。

当前，全球经济最大不确定性仍是美国货币政策调整。2022 年 3 月，美联储为缓解通胀压力开启了第五轮加息周期，与此前各轮加息周期相比，本轮加息的强度、频度显著高于历史均值，引发了美国本土及国际金融市场的剧烈反应。美元指数、美债收益率一度达到历史最高，特别是美元的强势升值，形成了"美联储加息—非美元主要货币下跌—国际资本快速回流美国"的叠加循环模式，对新兴市场国家甚至欧洲等经济体都产生了显著影响。根据达利欧的研究，每隔 70 年左右的一次高负债都伴随着一次经济危机，这期间工资增长都超过劳动生产率的增长，负债增长都大大超过税收能力①。而另一篇关于 20 世纪 30 年代和 2008 年两次危机的经典对比研究（刘鹤，2013）显示，"货币当局对宏

① 瑞·达利欧：《原则：应对变化种的世界秩序》中信出版集团 2022 年版。

观经济形势都缺乏准确的理解，大萧条时期美联储的决策者基本没有总需求管理的意识，而这次美联储则对已经全球化的世界经济与美国作为储备货币国所应该执行的货币政策认识很不到位"。其实，这种情况一直持续到现在，主要体现为美国货币政策被选票政治捆绑、被民粹主义福利预期绑架，以及被美国优先的主导理念锁定等。

事实上，美联储货币政策不仅会改变国际投资者的预期以及国际热钱的短期流向，对国际金融市场造成影响，而且会通过美元的全球货币属性传导到全球实体经济领域，具有显著外部性。从历史事实来看，美联储进入加息周期往往引发海外市场波动，一旦加息结束进入降息通道，全球市场风险和压力有望得到充分释放，一些国家或会迎来新一轮阶段性复苏。

在降息周期（如新冠疫情期间）时，由于利率低，大量企业家或投资机构会从美国借出美元，投向利率相对高的新兴市场；当进入加息通道后，基准利率上升会推动美元走强，前期流出的资本又会加速从新兴市场国家撤离，甚至他国国内资本也会基于两国息差的套利空间、本国货币贬值预期等考虑，选择将国内资金兑换为美元后流入美国。在无外汇管制政策环境下，热钱流出会对该国外汇储备造成直接冲击，促使本国货币贬值。最终结果是，资本加速外流一方面会带来金融震荡，另一方面会造成输入型通货膨胀。尤其是当该国在国际市场上进口石油等大宗商品或以美元计价的原材料或商品时，还会引起国内消费品价格上涨，进而引发通胀，抑制社会公众消费和实体投资。因此，美国加息的外溢影响是从金融领域通过外汇市场逐步传递到其他国家实体领域。

每一次美元加息导致的国际资本流动转向及强势美元冲击都会导致不同程度的全球经济震荡。从受美国货币政策的影响程度来分析，外溢效应对各国经济发展冲击的程度一般与本国的边际进口倾向、经济结构及美元债务占比等密切相关，也同该国金融发展水平、汇率机制弹性等抵御冲击的能力关联，并因此呈现出显著的国别异质性。在刘金全和刘悦（2023）的研究中，他们把受影响的国家分为三类样本，研究发现，美国货币政策变动对资源进出口型国家的冲击最为强烈，其次是债权债务国，而合作紧密的发达经济体则影响相对微弱。经济结构单一、金融发展水平低、边际进口倾向偏大的国家在面临美国货币政策外溢冲击时表现得尤为脆弱。

根据"蒙代尔不可能三角"理论，中国因为实行较为严格的资本管制，在一定程度上获得了相对独立的货币政策和相对稳定的汇率政策，所以以早期几轮美元加息对中国实际产出和金融市场影响较小，人民币汇率也仅仅表现出小范围波动。但随着中国金融开放程度的提升，尤其是 2015 年汇改以来，美国的两轮加息周期对中国外溢影响较以往明显扩大。

2. 美国货币政策转向：复苏通道的机遇与挑战

美联储自 2022 年 3 月开启本轮加息周期以来，共加息了 11 次，利率水平已经达到了 5.25% ~ 5.50%，站上 2021 年以来的最高点。美国国内通胀率在 2022 年 6 月一度达到 40 年来的最高水平 9.1%，多轮加息后经过一定反复，自 2023 年以来有所缓解。虽然通胀还没有实现降低到 2% 的目标，但 2023 年 9 月以后美联储已连续 4 次暂停加息，在 2024 年 3 月 20 日公布的一次美联储议息会议决议中，美联储再次将利率维持在 5.25% ~ 5.50% 的水平。然而，鉴于持续的高利率对银行业、股市和贸易产生的影响，美联储已释放出 2024 年或将进行降息的信号，重新开启适度宽松货币政策。

美联储公布的 2024 年 3 月基本利率预期点阵图显示，2024 年年内会降息 75 个基点，年底利率均值预期是 4.65%；此外，预计 2025 年将降息 3 次，2026 年将降息 3 次，直至联邦基金利率稳定在 2.6% 左右。很明显，一旦美国降息预期形成，前期回流美国的美元将增强全球范围内寻求产业投资的冲动，全球资本的活跃度将迅速提高。历史经验显示，当康波周期进入复苏通道后，新科技产业与全球游资的深度结合将是获得康波机遇的唯一途径。因此，美国在 2 ~ 3 年内实现通胀高位回落和宏观经济企稳之后，全球将会迎来一波以新科技为助推动力的强势复苏。但同时要特别注意两大问题：一是抢夺新科技革命阵地以及新技术不确定所带来的发展风险。正如刘鹤（2013）研究中指出的那样，"今后当重大的技术革命发生之后，不仅需要认识它的进步作用，抓住它带来的机遇，同时要充分意识到重大变革会随之出现，充分估计震动性影响和挑战"。二是三大周期叠加下，全球经济因受到美国货币政策和政府债务的影响，复苏的时限存在极大不确定性，全球再度迈入更长期的萧条仍然是不可回避的问题。

3. 中国的货币政策实践面临抉择和挑战

对中国来说，当前国内外经济政治形势既是机遇，也是挑战，要重点观测三大可能变化趋势：一是前期回流到美国的资金将在全世界范围内重新寻找新的投资地，资本波浪式流出美国后势必增强世界经济特别是新兴市场增长复苏的动力。二是美元流出美国将引发美元贬值，如果新兴国家资本管制未同步收紧，新兴国家有可能发生本币汇率升值下的贸易失衡风险，并放大全球经济泡沫。与此同时，美元贬值还会抬高大宗商品价格，对新兴国家实体经济投资造成生产成本冲击。三是美国政府转嫁国内困境的策略客观上会迫使其他国家选边站队，各国经济发展与政治选择的对抗矛盾或将显著提高。

2023 年以来，我国经济运行延续回升向好态势，高质量发展扎实推进，但仍面临有效需求不足、社会预期偏弱等挑战。在此背景下，"要稳中求进、以进促稳、先立后破，不断巩固稳中向好的基础。精准有效实施稳健的货币政策，更加注重做好逆周期调节，更好发挥货币政策工具的总量和结构双重功能，着力扩大内需、提振信心，推动经济良性循环"。

从中国经济自身需求来看，我国经济供给活力提示着长远发展的前景光明，但需求持续偏弱成为制约短板，也是很现实的问题。要想破解这一难题，一方面需要加大积极的宏观调控的力度，另一方面还要推进结构性改革，以及继续弘扬实事求是、集思广益。宏观调控政策力度需适度加大，并在实施策略上根据经验加以调整。就宏观政策中最重要的货币政策和财政政策而言，应对现实总需求偏弱形势，货币政策需适度增加总量积极调节力度，更充分利用总量和价格手段尤其是利率工具。在财政政策方面，中央层面则一直强调要"适度加力、提质增效"。

中国的货币政策宏观调控在继续坚持供给侧结构性改革这一主线的同时，适度加大了逆周期调控的力度；货币政策在总量稳健的前提下，转向"结构性宽松"。在货币政策目标方面，把促进就业（稳定就业）纳入货币政策目标框架，把握好消费领域"防通胀"和工业领域"防通缩"的结构性平衡。在货币政策工具方面，更加注重运用结构性货币政策工具来应对结构性冲击、化解结构性矛盾。具体到当前形势下，我国央行通过公开市场操作引导债券市场利率和 LPR 利率下行，降低实体经济融资成本，必要时可实施存贷款基准利率"非对称降息"。

从全球视角看，国际经济政策协调在应对全球性问题上发挥重要作用，包括贸易战、货币战和资本流动波动等。各国经济状况、政策目标和发展阶段存在差异，加强国际经济政策协调有助于减少负面溢出效应，降低全球经济风险。虽然面临挑战，如各国经济发展阶段和政策目标的差异、国家主权和经济利益的矛盾等，但国际经济政策协调仍蕴含着巨大的机遇。通过建立有效的对话和沟通机制、推动国际经济组织的作用、促进信息共享和透明度、寻求共同利益和合作空间以及提升发展中国家的参与度和话语权等措施，可以加强国际经济政策协调，共同应对全球性挑战，促进全球经济稳定与繁荣。

6.5.2　我国未来货币政策实施展望及建议

面对艰巨繁重的国内改革发展稳定任务和严峻复杂的国际环境，我国货币政策仍将维持低利率状态，甚至面临利率进一步下调的压力。首先，在目前距离零利率下限仍存在一定空间的低利率背景下，我国传统货币政策尚且有效，确实能起到刺激经济复苏的作用。我国的低利率情形不同于日本、美国、欧元区等发达经济体，我国暂未陷入"流动性陷阱"，常规货币政策尚能有效刺激消费和投资意愿，进而拉动总需求。从投资渠道来说，低利率环境会增强扩张性货币政策的银行风险承担渠道，继而扩大投资规模，从消费渠道来说，低利率环境下流动性约束弱、选择消费的机会成本低以及耐用品的信贷成本低，均会强化货币政策扩张时居民的消费行为①。

其次，无论是高利率还是低利率时期，我国扩张性货币政策都能有效拉动产出增长。尽管近年来经济不确定性、国外货币政策溢出效应、金融摩擦等因素确实影响了我国货币政策有效性，但与全球相比，2018～2022 年，我国 GDP 年均增速超过 5%，明显高于全球水平，证明我国当前宽松的货币政策确实起到了良好的调控效果。

最后，高杠杆会增强低利率时期产出和投资对扩张性货币政策的响应，但会削弱消费的响应，与目前我国消费未得到较好的带动的现状相

---

① 张小宇、黄沁怡：《"杯水车薪"抑或"雪中送炭"——低利率环境下货币政策的有效性研究》，载于《南方经济》2024 年第 5 期。

匹配。高杠杆尤其增强了低利率时期扩张性货币政策对投资的长期累积效应，这是由于高杠杆促使企业减少用于缓解日常运转的资金，增加用于长期投资的资金，而对于消费，高杠杆增加了居民房地产投资，增强了流动性约束，从而挤占了居民消费。

基于以上分析，我们对未来我国货币政策的实施及工具组合提出如下政策建议：

尽管当前我国处于低利率环境，但是货币政策仍运行在正常区间，央行在保证货币政策稳健的基础上可以适当降息引导市场利率下行。相较于 2015 年央行调整 10 次公开市场操作（OMO）利率，累计下调 185 基点，2019~2023 年 OMO 利率仅下调 75 基点，调整力度并非很大，仍留有充足的政策空间。不过，央行应珍惜正常的货币政策空间，下调利率时要灵活适度，精准把握调整节奏，形成货币政策操作的"居中之道"，既要采取宽松的货币政策，又不能因急于求成而强力扩张，权衡好实施低利率政策的成本与收益显得尤为重要。另外，当前处于经济振荡期，在下调利率的同时要稳定经济主体的信心，协助主体形成乐观预期，这将有利于提升货币政策的实施效率，保持经济运行在合理区间。

央行要加强货币政策和宏观审慎政策的协调配合，促进金融体系健康发展，从而更好地服务实体经济。低利率环境虽能起到一定扩大内需、促进就业的积极作用，但也易加速信用扩张，若信用增速长期超过实体经济增速会导致无效信用堆积，继而造成经济泡沫并加剧金融体系的脆弱度，最终诱发系统性金融风险。而且低利率环境会降低投资者盈利门槛，促使银行增加风险承担，这可能会催生部分低质低效的项目，一旦经济环境发生变化导致风险迅速暴露，就容易引发危机。因而需要双支柱政策并驾齐驱，力求实现经济的"稳增长"与"防风险"。

在低利率环境下实施货币政策时也要密切关注杠杆周期的状态，持续优化信贷结构，增强金融持续支持实体经济的能力。目前来看，我国杠杆率仍可保持现有的水平，维持目前的杠杆率在一定程度上可以有效促进投资和产出增长，不过要避免债务的过度扩张，否则会给经济带来不必要的波动。央行可以选择在经济上行期进行去杠杆，若当下选择信贷紧缩可能引起经济增速下降与资产价格下跌，不利于实现"稳增长"的目标。

针对提振实体经济复苏方面，一是可借鉴国外央行的做法，设立专门针对劳动力密集行业和重点用工行业的定向"就业借贷便利工具",在特殊时期加强对该类市场主体的信贷资金供给,缓解其稳岗稳就业的成本负担,帮助其在困难时期持续经营,保住就业岗位。二是在市场化原则下,加大对小微企业的信贷投入,降低小微企业融资成本,助力小微企业发挥吸纳就业主力军的功能。三是鼓励商业银行等金融机构创新金融服务模式,为线上、线下融合、企业合作用工、灵活就业等新模式提供更加便利的金融支持。

此外,中央银行要及时根据国债和地方政府债券发行规模和节奏的变化,调整基础货币投放,做好流动性管理,避免公共融资挤出私人部门融资。

6.5.3 后续研究方向

全球金融危机发生后,在微观审慎管理基础上更加关注时间和空间维度风险传染的宏观审慎管理,以及加强宏观审慎管理与货币政策的协调配合成为各国学者和政策当局的共识。世界主要经济体在反思修正货币政策框架和推进宏观审慎管理实践中已经积累了一定的经验,明确了宏观审慎管理在宏观政策中的重要地位,设计出了一系列有效的政策工具,建立了政策制定及实施组织机构,注重加强宏观审慎管理和货币政策的国际合作,逐步探索出了一条适宜宏观审慎管理与货币政策协调配合的路径。

依据上述研究成果追踪,结合我国经济发展趋势性特征,今后聚焦宏观审慎管理和货币政策协调配合的研究将越来越多,可能在以下几个方向上进行展开。

理论研究层面,一是在研究方法方面将更多采用动态随机一般均衡分析(DSGE 模型),进行更为精准的模型构建和数值分析,从微观主体经济行为出发模拟宏观审慎管理政策和货币政策协调配合的程度和有效性;二是在研究跨度上更加关注宏观审慎管理与货币政策、微观审慎协调配合的有效性,甚至可能关注到宏观审慎与财政政策、汇率政策的协调配合问题;三是在经验验证方面,随着巴塞尔协议Ⅲ的实施和不断推行,宏观审慎管理政策和货币政策协调配合的经验验证将摆脱数值模拟可能带来的误差,进行更切合实际的有效验证结果。

政策研究层面，一是结合中国转轨经济大背景和新常态阶段的新情况，宏观审慎管理将如何与"稳增长、调结构、促改革、防风险"的宏观管理目标相协调，将是我国学者长期探索的重要方向；二是基于我国汇率管理制度和资本项目管制的现状和未来变化趋势，研究资本项目开放、外部风险冲击、人民币升值贬值、短期资本流动冲击等因素下宏观审慎管理和货币政策如何协调配合同样十分重要。

187

参 考 文 献

［1］巴曙松、金玲玲：《巴塞尔协议 3 下的资本监管进程及其影响》，载于《西部论丛》2010 年第 10 期。

［2］陈守东、王森：《我国银行体系的稳健性研究—基于面板 VAR 的实证分析》，载于《数量经济技术经济研究》2011 年第 28 卷第 10 期。

［3］邓超、叶晓辉、潘攀：《政策不确定性、银行风险承担与企业转型升级》，载于《湖南社会科学》2020 年第 4 期。

［4］邓向荣、张嘉明：《货币政策、银行风险承担与银行流动性创造》，载于《世界经济》2018 年第 4 期。

［5］邓向荣、张嘉明、李宝伟、张云：《利率市场化视角下货币政策对银行流动性创造的影响——基于银行风险承担的中介效应检验》，载于《财经理论与实践》2018 年第 39 卷第 1 期。

［6］范从来、高洁超：《银行资本监管与货币政策的最优配合：基于异质性金融冲击视角》，载于《管理世界》2018 年第 1 期。

［7］方意、赵胜民、谢晓闻：《货币政策的银行风险承担分析—兼论货币政策与宏观审慎政策协调问题》，载于《管理世界》2012 年第 11 期。

［8］方意：《中国银行业系统性风险研究——宏观审慎视角下的三个压力测试》，载于《经济理论与经济管理》2017 年第 2 期。

［9］高国华：《基于系统性风险的银行资本监管及其宏观经济效应》，上海交通大学博士学位论文，2013 年。

［10］龚峰：《试论银行业稳健经营指标体系的构建及现实意义》，载于《金融论坛》2003 年第 4 期。

［11］郭丽娟、沈沛龙：《银行异质性、系统性风险与宏观经济运行——兼论货币政策与宏观审慎政策的协调与搭配》，载于《财经论丛》2023 年第 12 期。

［12］郭田勇、贺雅兰：《我国宏观审慎政策对银行风险承担影响的研究》，载于《经济与管理》2020年第4期。

［13］郭豫媚、戴赜、彭俞超：《中国货币政策利率传导效率研究：2008～2017》，载于《金融研究》2018年第12期。

［14］何德旭、娄峰：《中国金融安全指数的构建及实证分析》，载于《金融评论》2012年第5期。

［15］贺雅兰：《货币政策和宏观审慎政策双支柱框架下的银行风险承担研究》，中央财经大学博士学位论文，2020年。

［16］胡晓鹏、李琦：《经济周期叠加、美国货币政策与中国的战略应对》，载于《世界经济研究》2024年第5期。

［17］黄海波、汪种、汪晶：《杠杆率新规对商业银行行为的影响研究》，载于《国际金融研究》2012年第7期。

［18］李斌、雷印如、王健：《美联储货币政策溢出、央行预期管理与中国资产价格》，载于《世界经济》2024年第1期。

［19］李文汪：《关于宏观审慎监管框架下逆周期政策的探讨》，载于《金融研究》2009年第7期。

［20］梁璐璐、赵胜民、田昕明、罗金峰：《宏观审慎政策及货币政策效果探讨：基于DSGE框架的分析》，载于《财经研究》2014年第3期。

［21］刘骏民、王国忠：《虚拟经济稳定性，系统风险与经济安全》，载于《南开经济研究》2005年第6期。

［22］刘骏民、伍超明：《虚拟经济与实体经济关系模型——对我国当前股市与实体经济关系的一种解释》，载于《经济研究》2004年第4期。

［23］刘晓欣：《当代经济全球化的本质——虚拟经济全球化》，载于《南开经济研究》2002年第5期。

［24］刘晓欣：《个别风险系统化与金融危机——来自虚拟经济学的解释》，载于《政治经济学评论》2011年第10期。

［25］刘晓欣：《解析当代经济"倒金字塔"之谜——对20世纪80年代以来虚拟资产日益膨胀现象的思考》，载于《经济理论与经济管理》2006年第11期。

［26］卢获、张强、蒋盛君：《金融不稳定性是外生冲击引起的

吗?》,载于《当代经济科学》2011年第8期。

[27] 马勇、陈雨露:《宏观审慎政策的协调与搭配:基于中国的模拟分析》,载于《金融研究》2013年第8期。

[28] 苗永旺、王亮亮:《金融系统性风险与宏观审慎监管研究》,载于《国际金融研究》2010年第8期。

[29] 曲洪建、孙明贵:《特许权价值和单体银行稳健性的关系研究》,载于《财经研究》2010年第12期。

[30] 邵英听:《银行业稳健经营与宏观经济政策》,载于《世界经济》1999年第5期。

[31] 史建平、高宇:《宏观审慎监管理论研究综述》,载于《国际金融研究》2011年第8期。

[32] 王爱俭、王璟怡:《宏观审慎政策效应及其与货币政策关系研究》,载于《经济研究》2014年第4期。

[33] 王志强、李青川:《资本流动、信贷增长与宏观审慎监管政策——基于门限向量自回归的实证分析》,载于《财贸经济》2014年第4期。

[34] 温博慧:《资产价格波动与金融系统性风险关系研究》,南开大学博士学位论文,2010年。

[35] 吴培新:《以货币政策和宏观审慎监管应对资产价格泡沫》,载于《国际金融研究》2011年第5期。

[36] 徐明东、陈学彬:《货币环境,资本充足率与商业银行风险承担》,载于《金融研究》2012年第7期。

[37] 徐明东、陈学彬:《中国微观银行特征与银行贷款渠道检验》,载于《管理世界》2011年第5期。

[38] 薛立国、林辉、张润驰、马永远:《中国货币政策规则与央行政策取向》,载于《财贸经济》2024年第4期。

[39] 战明华、李帅、吴周恒:《中国结构性货币政策的有效性——基于金融加速器边际效应的理论和实证研究》,载于《中国社会科学》2023年第11期。

[40] 张健华、贾彦东:《宏观审慎政策的理论与实践进展》,载于《金融研究》2012年第1期。

[41] 张健华、王鹏:《银行风险,贷款规模与法律保护水平》,载

于《经济研究》2012 年第 5 期。

　　[42] 张小宇、黄沁怡:《"杯水车薪"抑或"雪中送炭"——低利率环境下货币政策的有效性研究》,载于《南方经济》2024 年第 5 期。

　　[43] 张晓慧:《关于资产价格与货币政策问题的一些思考》,载于《金融研究》2009 年第 7 期。

　　[44] 张晓慧、纪志宏、崔永:《中国的准备金、准备金税与货币控制:1984~2007》,载于《经济研究》2008 年第 7 期。

　　[45] 张雪兰、何德旭:《货币政策立场与银行风险承担——基于中国银行业的实证研究 (2000~2010)》,载于《经济研究》2012 年第 5 期。

　　[46] 张翼、徐璐:《杠杆率监管及其对我国银行业的影响研究》,载于《财经问题研究》2012 年第 6 期。

　　[47] 朱元倩:《顺周期性下的银行风险管理与监管——基于巴塞尔新资本协议的视角》,中国科学技术大学博士学位论文,2010 年。

　　[48] Aglietta M., Scialom L., A Systemic Approach to Financial Regulation: A European Perspective. *Economic Working Paper*, 2009, 29.

　　[49] Agur I., Demertzis M., A Model of Monetary Policy and Bank Risk Taking. Mimeo, Netherlands Bank, October, 2009.

　　[50] Angelini P., Neri S., Panetta F, Grafting Macroprudential Policies in a Macroeconomic Framework: Choice of Optimal Instruments. Mimeo, Banca Italia, 2010.

　　[51] Angeloni I., Faia E, A Tale of Two Policies: Prudential Regulation and Monetary Policy with Fragile Banks. *Kiel Working Papers*, No 1569, Kiel Institute for the World Economy, 2009.

　　[52] Basel Committee on Banking Supervision, An Assessment of the Long-Term Economic Impact of Stronger Capital and Liquidity Requirements. Bank for International Settlements, 2010.

　　[53] Beau D., Clerc L., Mojon B. Macroprudential Policy and the Conduct of Monetary Policy. Mimeo, *Banque de France*, January, 2011.

　　[54] Bernanke B. S., Gertler M., Should Central Bank Respond to Movements in Asset Prices? *American Economic Review*, 2001, 91 (2): 253-257.

[55] BIS, Cycles and the Financial System. *21st Annual Report*, June, 2001: 123 – 141.

[56] Blanchard O., Ariccia, G., Mauro P., Rethinking Macroeconomic Policy. *IMF Staff Position Notes*, SPN/10/03, 2010, 12 February.

[57] Blinder A. S, How Central Should the Central Bank Be. *Journal of Economic Literature*, 2010, 48 (1).

[58] Borio C., Drehmann M., Assessing the Risk of Banking Crisis-revisited. *BIS Quarterly Review*, March, 2009.

[59] Borio C., Lowe, P, Asset Prices, Financial and Monetary Stability: Exploring the Nexus. *BIS Working Paper*, 2002, 114.

[60] Borio C., Towards a Macroprudential Framework for Financial Supervision and Regulation. *BIS Working Papers*, 2003, 128.

[61] Borio C., White W., Whither Monetary and Financial Stability? The Implications of Evolving Policy Regimes. *BIS Working Papers*, 2004, 147.

[62] Brunnermeier M. K. Deciphering the 2007 – 2008 Liquidity and Credit Crunch. *Journal of Economic Perspectives*, 2009 (1): 77 – 100.

[63] Calomiris and Khan, The Role of Demandable Debt in Structuring Optimal Banking Arrangements. *American Economic Review*, 1991 (81).

[64] Caruana J. Macroprudential Policy: Working towards a New Consensus, Remarks at the High-level Meeting on "The Emerging Framework for Financial Regulation and Monetary Policy" Jointly Organized by the BIS's Financial Stability Institute and the IMF Institute. Washington DC, 2010 (23) April. http://www. bis. org/speeches/sp100426. pdf.

[65] Christensen I., Meh C., Moran K. Bank Leverage Regulation and Macroeconomic Dynamics. *Bank of Canada Working Paper*, 2011, 32.

[66] Claessens S., S. R. Ghosh, and R. Mihet, Macro – Prudential Policies to Mitigate Financial System Vulnerabilities. *Journal of International Money and Finance*, 2013, 39: 153 – 185.

[67] Crocket A., Marrying the Micro-and Macro-prudential Dimensions of Financial Stability. *Remarks before the Eleventh International Conference of Banking Supervisors*, Basel, 2000 (9): 20 – 21.

［68］Diaye P. N. , Countercyclical Macro Prudential Policies in a Supporting Role to Monetary Policy. *IMF Working Paper*, WP/09/257, 2009 (11): 30.

［69］Farhi E. , Tirole J. , Collective Moral Hazard, Maturity Mismatch and Systemic Bailouts. Mimeo, 2009, Harvard University.

［70］FSA, A Regulatory Response to the Global Banking Crisis. *The Turner Review*, 2009 (3).

［71］Galati G. , R. Moessner, Macroprudential Policy: A Literature Review. *Journal of Economic Surveys*, 2013, 27 (5): 846 – 878.

［72］Gauthier C. , A. Lehar, and M. Souissi,, Macroprudential Regulation and Systemic Capital Requirements, *Bank of Canada Working Paper*, 2010 (4).

［73］G20. Enhancing Sound Regulation and Strengthening Transparency. http: //www. g20. org//g20_wg1_010409. pdf, 2009.

［74］Glocker C. , and P. Towbin, Reserve Requirements for Price and Financial Stability: When are they Effective? *International Journal of Central Banking*, 2012, 8 (1): 65 – 114.

［75］Goodhart C. , Tsomocos D. P. , Vardoulakis, A. P. Modelling a Housing and Mortgage Crisis. *Working Paper*, Oxford Financial Research Center, 2009.

［76］Hanson S. , Kashyap A. , Stein J. C. A Macroprudential Approach to Financial Regulation. *Journal of Economic Perspectives*, 2010 (23): 113 – 145.

［77］Hart, O. , Zingales, L. To Regulate Finance, Try the Market, Foreign Policy. 25, March, 2009. http: //experts. foreignpolicy. com/posts/2009/03/30/to regulate finance try the market.

［78］Hyunduk Suh. , Dichotomy between Macro Prudential Policy and Monetary Policy on Credit and Inflation. *Economics Letters*, 2014 (12).

［79］IMF, Initial Lessons of the Crisis. http: //www. imf. org/external/np/pp/eng/2009/020609. pdf, 2009.

［80］IMF, Macroprudential Policy: An Organizing Framework. *Background Paper*, 2011.

［81］IMF, The Interaction of Monetary and Macroprudential Policies. *Background Paper*, 2012.

［82］Issing O. Monetary Stability, Financial Stability and the Business Cycle. Bank for International Settlements, Basel, 2003（3）: 28 – 29.

［83］Jiménez G. , and J. Saurina, Credit Cycles, Credit Risk, and Prudential Regulation. *International Journal of Central Banking*, 2006, 2（2）: 65 – 98.

［84］Jiménez G. , S. Ongena, J. Peydró, and J. Saurina, Macroprudential Policy, Countercyclical Bank Capital Buffers and Credit Supply: Evidence from the Spanish Dynamic Provisioning Experiments. *European Banking Center Discussion Paper*, 2012（11）.

［85］Kannan P. , Rabanal P. , Scott A. Monetary and Macroprudential Policy Rules in a Model with House Price Booms. *IMF Working Papers*, 2009, WP/09/251.

［86］Kenneth French, Martin Baily, John Campbell, et al. , The Squam Lake Report: Fixing the Financial System. *Journal of Applied Corporate Finance*, 2010（4）.

［87］Kohn D. Monetary Policy Research and the Financial Crisis. Speech Delivered at Washington D. C. , 2009, 10（9）.

［88］Lehar A. Measuring Systemic Risk: A Risk Management Approach. *Journal of Banking and Finance*, 2005（29）: 2577 – 2603.

［89］Lim C. H. , A. Costa, F. Columba, P. Kongsamut, A. Otani, M. Saiyid, T. Wezel, and X. Wu, Macroprudential Policy: What Instruments and How to Use them? Lessons from Country Experiences. *IMF Working Paper*, 2011, 238.

［90］Mc Donald R. L. Contingent Capital with a Dual Price Trigger. 2010（2）. Available at SSRN: http: //ssrn. com/abstract = 1553430.

［91］Montoro C. , and R. Moreno, The Use of Reserve Requirements as a Policy Instrument in Latin America, *BIS Quarterly Review*, 2011（3）.

［92］Padoa – Schioppa T. , Central Banks and Financial Stability. Member of the Executive Board European Central Bank, 2003（7）.

［93］Perotti E. , Suarez J. Liquidity Risk Charges as a Primary Macroprudential Tool. Duisenberg School of Finance, *Policy Paper*, 2010 (1).

[94] Reinhart C. , Rogoff K. *This Time Is Different*: *Eight Centuries of Financial Folly*. Princeton, N. J. , Princeton University Press, 2009.

[95] Repullo R. , Saurina J. The Countercyclical Capital Buffer of Basel III: A Critical Assessment. Banco de Espana, mimeograph, 2011.

[96] Smaghi, Lorenzo Bini. ECB: Macro Prudential Supervision and Monetary Policy. The OENB Annual Economic Conference on the Future of European Integration: Some Economic Perspectives, 2011.

[97] Taylor J. Discretion Versus Policy Rules in Practice. Carnegie – Rochester Conference Series on Public Policy, 1993 (39): 195 –214.

[98] Tovar C. , M. Garcia – Escribano, and M. Vera Martin, Credit Growth and the Effectiveness of Reserve Requirements and Other Macroprudential Instruments in Latin America. *IMF Working Paper*, No. 142, 2012.

[99] Trichet J. C. Credible Alertness Revisited, Intervention at the Symposium on Financial Stability and Macroeconomic Policy. Sponsored by the Federal Reserve Bank of Kansas City, Jackson Hole, 2009 (8).

[100] Vinals J. , Feichter J. The Making of Good Supervision: Learning to Say No. IMF Staff Position Note SPN 10/08 (Washington: IMF), 2010.

[101] Wang B. , and T. Sun, How Effective are Macroprudential Policies in China? *IMF Working Paper*, 2013, No. 75.

[102] Weber A. A. , Lessons for Monetary Policy from the Financial Crisis. Keynote Speech at the XII Annual Inflation Targeting Seminar of the Banco Central do Brasil, 2010 (5).

[103] White W. Modern Macroeconomics Is on the Wrong Track, Finance and Development. International Monetary Fund, 2009.

后　记

　　谨以本书献给我亲爱的家人们，感恩我拥有如此温暖的家庭。深深感谢我的父母，是他们给予我积极的家庭环境和良好的教育条件，也是他们在我求学、工作和生活的道路上始终陪伴着我，给我无尽的关怀、鼓励与支持。感谢我的爱人对我科研工作的支持与鼓励，对家务事项倾其所能的分担，对孩子孜孜不倦的教育，更感谢他在人生道路上温情的陪伴与扶持。感谢我鬼灵精怪的儿子，他今年十岁，十年来欢笑与泪水相伴，幸福与痛苦随行，无论走到哪里都有他的陪伴，所谓母子这场深厚的缘分，总是让我感觉人生值得。

　　本书得到山东财经大学学术专著出版基金资助，在此深表谢意！诚挚感谢山东财经大学科研处的领导和同事们的努力工作，感谢经济科学出版社的编辑老师们为本书顺利出版付出的辛勤劳动，并感谢山东财经大学金融学院的诸位领导及同事们给予的大力支持和诸多帮助。山东财经大学是个温暖团结、奋发向上的大家庭，我为自己能作为学校的一名教师在此传道授业解惑深感自豪。深深感谢澳大利亚科廷大学的 Shams Mohammed 教授和 Chen Zheng 在我访学期间的学术指导和生活上的帮助，与你们一起工作非常愉快，忘不了在校园美丽餐吧的一个个下午 seminar 的讨论，思想的交流与碰撞是如此激动人心。在澳洲访学一年间，我与科廷大学商学院的诸多老师在学术上互动频繁，生活上也得到很多华裔老师的照拂，尤其感谢罗天培博士夫妇的倾力相助，使我们在异国他乡也感受到祖国人民的友好情谊，澳洲的访学之旅不仅是知识的探索，更是心灵的奇遇。回国半年多，至今我还时常怀念印度洋暖暖微风的味道，脑海中时常浮现澳洲西海岸的美丽风光，以及各种颜色皮肤人们的友好笑脸。

　　期待本书能为货币政策研究方向的学者提供一些有益的启示，也希望今后有更多的学者参与这一领域的研究，致力于转型期中国宏观政策的协调性和有效性，为全力发展新质生产力提供政策支持。

人生如逆旅，我亦是行人。我愿在学术之路和生活之路上，做那个倔强的一遍遍推石上山的西西弗，虽然有时候无论如何努力，都一无所获，但不妨碍我们仍然日进一寸，功不唐捐。

吴　琼

2024 年 8 月于济南

197